重庆理工大学MBA "三融" 案例精选丛书 第 2 辑 丛书主编：李 巍

DIGITAL–INTELLIGENCE INNOVATION
TECHNOLOGY EMPOWERS VALUE CREATION

数智创新
技术赋能价值创造

李 巍 丁 超 成 卫 江信红 主编

学科融通

产教融合

知行融升

经济管理出版社
ECONOMY & MANAGEMENT PUBLISHING HOUSE

图书在版编目（CIP）数据

数智创新：技术赋能价值创造 / 李巍等主编.

北京：经济管理出版社，2025. -- ISBN 978-7-5243
-0245-2

Ⅰ. F279. 23-39

中国国家版本馆 CIP 数据核字第 2025WL7766 号

组稿编辑：赵天宇
责任编辑：董杉珊
责任印制：许　艳
责任校对：王淑卿

出版发行：经济管理出版社
　　　　　（北京市海淀区北蜂窝 8 号中雅大厦 A 座 11 层　100038）
网　　址：www. E-mp. com. cn
电　　话：(010) 51915602
印　　刷：唐山玺诚印务有限公司
经　　销：新华书店
开　　本：720mm×1000mm/16
印　　张：14. 75
字　　数：273 千字
版　　次：2025 年 6 月第 1 版　　2025 年 6 月第 1 次印刷
书　　号：ISBN 978-7-5243-0245-2
定　　价：98. 00 元

重庆理工大学MBA"三融"案例精选 丛书编委会
（第2辑）

丛书序言（一）

奋进有为，共创案例教学新时代

自 1991 年国务院学位委员会办公室批准 9 所国内高校开展 MBA 教育试点工作以来，我国 MBA 教育事业已经走过了 33 年的发展历程。经过全体 MBA 教育工作者 30 余年的奋斗，我国 MBA 教育完成了从无到有、从有到优的历史性跨越。在如今的数字经济时代，如何让 MBA 教育从优到强？如何平衡 MBA 教育的传承与创新、变与不变？这已成为全体 MBA 人需要思考的问题。

在 20 世纪初，由哈佛大学创造和推广的案例教学法成为 MBA 教育的重要教学手段，它通过情景化和典型化的管理案例研讨提升 MBA 学生分析和解决实际问题的能力。我国自引进 MBA 教育以来，案例教学法便成为 MBA 课堂教学的重要方法，但当时使用的大多是哈佛大学等国外的教学案例。我于 2003 年至 2018 年担任全国 MBA 教育指导委员会委员，在 2008 年兼任 MBA 教指委案例分委员会召集人时，我们开始组织全国担任 MBA 教学的老师撰写中国企业管理案例。随后，中国管理案例共享中心在苏敬勤教授、朱方伟教授、王淑娟教授的带领下，围绕案例库建设、案例师资培训、案例研究、案例企业基地建设以及国际交流合作等开展了一系列工作，组织了形式多样的活动，如"管理案例开发与案例教学"师资培训班、"全国百篇优秀管理案例"评选、系列重点企业"案例采编工作坊"等，培养了一批又一批"会写案例、会用案例、会教案例"的教师团队，探索出一条具有中国特色的 MBA 案例开发新模式。后来，中欧国际工商学院案例中心、南京大学、中国人民大学等院校先后成立工商管理案例中心，极大地促进了我国 MBA 培养院校案例教学与研究的繁荣与发展。

管理学大师彼得·德鲁克在 1999 年出版的《21 世纪的管理挑战》一书中谈到的第一个变化就是新兴的信息技术，认为信息技术将会影响人类，并将改变我们每个人的生活方式和工作方式。在数字经济时代背景下，MBA 教育正面临着在线教育、人工智能等数字技术和教育新形态的冲击和挑战。数字经济与数智化转型既带来了广阔的前景，又提出了严峻的挑战。要想在未来取得成功，我国 MBA 教育需要培养一大批具有全球视野、战略眼光和跨文化管理能力的工商管理高级人才。这个时代唯一不变的就是"变"，没有人能够左右变化，唯有走在变化之前。把握数字化浪潮将成为影响中国经济高质量发展的重要因素。鼓励并帮助企业适应数智化发展趋势，打造基于数智化的竞争优势，是企业管理实践中面临的重要课题，更是 MBA 教育的责任和使命。

重庆理工大学是我国第八批开办 MBA 教育的高校之一，是我国西部地区具有兵工特色的高等学府。在 15 年的 MBA 教育办学历程中，重庆理工大学紧扣工管结合，突出技术与管理的交叉，办出了具有理工科特色的 MBA 项目。重庆理工大学 MBA 教育在学生案例竞赛和教师案例开发方面进行了持续的投入，取得了显著的成效，并选派骨干教师和导师参与了由中国管理案例共享中心、中欧国际工商学院案例中心等机构组织的各类案例研修项目；同时，一年一度的管理案例精英赛、商业诊断实践、案例行动学习和主题案例分析等活动的持续开展，不仅推动了 MBA 教育中的产教融合，培养了学生的洞察力和行动力，还进一步强化了 MBA 教育中的"案例意识"，从而形成了重庆理工大学 MBA 的办学特色。

这套重庆理工大学 MBA "三融"案例精选丛书的策划和出版，在我国省属 MBA 培养院校中具有一定的开创性和示范性意义，也是 MBA 师生案例共创的一次有益尝试。丛书所展示的案例均是重庆理工大学 MBA 师生通过年度商业诊断实践和主题案例分析完成的作品，是师生共创的成果，体现了人才培养和教师发展的多重效果，更是重庆理工大学 MBA 人为我国 MBA 教育及案例教学事业做出的贡献。我相信，在这些不同主题案例开发的基础上，重庆理工大学 MBA 的案例教学和研究将会取得更大的进步。

面对数字技术与人工智能的冲击，数字技术带来的变化不单单体现在组织机构、组织边界、柔性战略、知识创造的优势上，更体现在对生活方式、生产方式和管理方式的转变上，也将会带来经济社会领域的深刻变革。这就要求 MBA 教育能够革新教育教学方式，培养更多深谙数字之道的新型数字化管理人才，同时也将使 MBA 人才培养中的案例教学地位比以往任何时候都更加重要。我们唯有努力，才能不负这个时代。

赵曙明　博士

南京大学人文社会科学资深教授

商学院名誉院长、行知书院院长、博士生导师

丛书序言（二）

以高质量案例建设驱动高质量商科人才培养

世界一流商学院广泛采用的案例教学法通过教师的规范引导和学生的深度参与，可启发学生从案例中学习并掌握知识和理论点，显著提高思辨、分析和解决问题的能力。但案例教学在中国的发展是近些年的事，作为国内案例教学起步较早的中欧国际工商学院对此颇有一些心得与经验。

其实在很长的一段时间内，中欧国际工商学院使用的教学案例大多来自哈佛大学等国际商学院的案例库。但国家和地区之间的文化与制度环境差异在一定程度上制约了西方国家案例的普遍适用性，尤其是中欧国际工商学院既然决定立足于中国，就必须使用中国本土的教学案例。同时，随着经济全球化、中国经济体量的扩大，众多的海外企业进入中国市场并获得新的发展机遇，中国优秀企业也走向世界、崭露头角，中国商界出现了无数值得研究的案例，国际学术界对中国企业的研究兴趣也大大增加，国际上众多的商学院对中国主题的案例产生了前所未有的关注。因此，中欧国际工商学院在 2001 年成立案例中心后，自主开发中国本土案例并应用于课堂，目前，中国主题案例的开发与教学已经成为中欧国际工商学院的办学特色之一，在国内外产生了极大的影响力。中欧的案例在"中国工商管理国际最佳案例奖"评选、"EFMD 案例写作大赛"、"欧洲案例交流中心全球案例写作竞赛"等各类国际竞赛中频频获奖。

在教育部的指导和各地区教委的支持和努力下，国内商学院尤其是 MBA 教育中的案例教学法日益普及。作为提高教育质量的实用方法，案例教学法已成为响应国家管理教育改革要求的优先事项。因此，在完善自身案例建设的基础上，中欧国际工商学院也在努力把案例教学经验推广到国内各大兄弟院校，从而真正推动中国管理教育的发展。在上海市政府和市教委等部门的委托和支持下，2013 年起中欧国际工商学院承担建设"上海 MBA 课程案例库开发共享平台"并开始运行"中国工商管理国际案例库"（ChinaCases. Org）；同时，秉承"聚焦中国问题，坚持国际标准，服务课堂教学"的理念，中欧国际工商学院面向国内外商学院教师开展了一系列案例教学和案例写作培训。"中欧案例大师成长营"由中欧国际工商学院的教授示范案例教学并分享案例开发经验。

随着案例库建设具备了一定规模和影响力，中欧国际工商学院案例中心自 2020 年起向全国更多院校推广案例库服务，希望让案例赋能中国管理教育发展。通过"中国案例百校行"等定制化培训进院校活动，组织院校交流拜访、区域性和城市案例建设研讨会，参与全国性的教学主题研讨会等多维度推广案例方法，截至目前，案例库已为全国 100 多所院校的 8000 多位教师提供了案例下载教学服务，课堂教学累计教授学生逾百万人次，有效地促进了案例教学在国内管理教育领域的发展，尤其对于帮助包括重庆理工大学在内的各高校的 MBA 教学起到了积极的作用。

重庆理工大学地处我国西南地区，在多年的 MBA 办学中立足区域经济发展与管理人才需求，逐渐摸索出适合自身学校定位和学科特色的 MBA 商学教育体系，为重庆乃至西南地区的经济繁荣和企业发展培养和输送了大批高水平工商管理人才。重庆理工大学 MBA 学院非常重视案例教学和开发工作，努力打造具备较高案例教学素养的师资团队。我们也很高兴地看到，中欧国际工商学院的案例教学经验在此间发挥了很大的作用：近 10 位重庆理工大学的优秀任课教师参加过由中欧国际工商学院举办的"案例大师成长营""案例开发共创营"等培训活动，这些优秀师资团队将案例教学的理念、方法运用到 MBA 课堂教学及人才培养中；同时，重庆理工大学也在 2024 年 1 月正式成为 ChinaCases. Org 案例库用户院校，这无疑表明其发展案例教学的决心和信心。我们也希望借助 ChinaCases. Org 案例库的平台，在案例开发师资培养、课程共建等方面展开更深入的合作，将中欧国际工商学院的全球化教育资源与重庆理工大学的地方实践经验相结合，进一步推动重庆理工大学乃至我国西南地区管理教育的发展。

重庆理工大学 MBA "三融"案例精选丛书是 MBA 师生共创的案例成果，充分体现了产教融合、知行合一的 MBA 人才培养要求，使 MBA 学员从课堂案例学习者转变为案例开发的参与者，实现了管理案例的教学价值和教育价值并举。这套案例精选丛书基于跨专业、跨学科的角度，收录重庆地区的知名企业以及重庆理工大学的优秀校友企业，充分体现了重庆理工大学 MBA "立足重庆、服务西南、触达全国"的办学定位，客观展现了重庆地区经济发展以及重庆理工大学人才培养的积极面貌。事实上，以重庆为中心的我国西部工业基地萌芽于清末开埠时期，经过抗战内迁、"三线"建设、改革开放的百年积淀和成长，如今已成为具有全产业链优势的产业中心和区域经济中心。这里的历史文化基因、转型变革"阵痛"、开拓创业精神和科技突破新风，使我对这套案例精选丛书充满期许，并坚信这是一项经得起时间考验和专业评判的案例共创事业。

面对百年未有之大变局，党和国家将带领全国人民全面建设社会主义现代化强国。过去十年，中国企业落实创新战略，推进产业和组织改革，实现经济和社会双重效益，有大量值得梳理和传播的经验及故事。中欧国际工商学院案例中心将与所有案例教学事业的参与者持续努力，共建案例开发、使用和流通的产学研用共融生态圈，我们将在 PILOT 定位的指引下，一群人（People）为了让案例发挥更大的影响力（Impact）组成学习型团队（Learning），更好地发挥主人翁精神（Ownership），持续共创（Teamwork）。

陈世敏　教授

中欧国际工商学院朱晓明会计学教席教授

副教务长、案例中心主任

丛书序言（三）

因应时代浪潮，创新 MBA 案例教学实践

四十多年前，未来学家阿尔文·托夫勒在《第三次浪潮》一书中旗帜鲜明地指出，科技发展促成世界更新迭代，信息技术浪潮席卷了世界各地，每个人都无法置身事外，要么胜利，要么淘汰。如今，数字化和智能化引发了新一轮浪潮，技术迭代与场景革命不断兴起，给整个社会经济带来前所未有的机遇和挑战，MBA 教育也不能"置身事外"。

在新的历史机遇与技术进步面前，我们 MBA 教育者需要对案例教学进行重新思考与认识。如今，MBA 学生比以往更需要具备科技认知能力、历史认知能力和文化认知能力，案例教学在其中扮演着重要角色。MBA 案例教学需要注重培养学生的"三力"，即分析能力、创造能力和实践能力。同时，管理的世界充满着智慧。在管理的理论与实践两个领域，学者们追求理论智慧，管理者探求实践智慧。当前管理教育与研究的实践转向，其目的就是促成这两种智慧的融合，推动实践智慧向理论智慧转变，进而形成管理智慧。这是 MBA 教育的重要使命和职责，案例教学则占据独特地位。

要回归和深化 MBA 教育，我们应该主动"打开多样性的大门"，与时代最前端的事物实现接轨，从而激发多维度思考的能力。在这个充满复杂性和变化的商业环境下，尤其是在生成式人工智能（GAI）加速生产力提升的今天，MBA 教育应该为人才培养注入更多元化的价值。《2023 中国人才管理状况研究报告》显示，全球劳动力市场正在经历新一轮的技术创新和人口与社会结构变化。数字和

人工智能技术的进步推动了不同工作角色的变化，使持续的人才稀缺和以人为本的发展需求成为 MBA 人才培养不得不面临的"市场悖论"，引领 MBA 教育的有序变革。

MBA 教育注重以前沿思想、系统理论培养学员解决现实问题的能力，这意味着 MBA 学员需要"向上"拓展理论认知、"向下"扎根商业实践，追求融会贯通与知行合一。肇始于哈佛大学的案例教学方法因其高度的互动性、启发性和实践性成为 MBA 教育重要的方法论。随着科技革命深度影响商科教育，其推动着"新商科"范式的快速发展，案例教学在 MBA 教育中显得更加重要和迫切。我们已深切感受到，在组织管理的某些领域，企业实践已经领先于经典的学科理论，甚至给一些传统的管理认识带来冲击和挑战。如何在 MBA 课堂教学中保持"与时俱进"？案例开发与教学便是重要答案。

我从 2021 年 3 月开始受邀担任重庆理工大学 MBA 管理案例中心学术顾问，指导 MBA 骨干教师团队的案例开发及教学工作，见证了学校对 MBA 教育的积极投入以及 MBA 项目及案例教学的快速进步。在"学科融通、产教融合、知行融升"的 MBA 人才培养理念指引下，重庆理工大学作为我国西部地区的省属 MBA 培养院校，策划出版这套 MBA"三融"案例精选丛书充分体现了学校对 MBA 教育的重视，以及 MBA 教师对案例事业的热爱，不仅为 MBA 师生提供了深度接触企业的机会，推动 MBA 教育的产教融合，更以师生共创、校企共享拓展了案例开发和教学的边界，是因应时代浪潮、兼具教育价值和社会价值的 MBA 教育创新探索。

重庆理工大学 MBA"三融"案例精选丛书所涉及的案例涵盖工业、服务业产业中的各类特色企业，既有重庆地区的知名企业又有成功的校友企业，具有很好的行业代表性和鲜明的主题典型性。尽管案例各不相同，但是"学会如何学习的过程"是具有普遍意义的。MBA 师生全程参与企业调研和案例撰写，将 MBA 课堂延续到企业工厂，让 MBA 学生走到教学案例的"开发源头"，使 MBA 师生对商业实践和管理案例有了更感性的认识和更深刻的理解；同时，这套案例集是大量经验案例的梳理和归纳，能够为后续的教学案例开发和案例研究提供丰富的参考资源，为进一步打通企业实践、案例教学和案例研究提供了坚实的基础和无限的可能性。

教育、科技、人才是全面建设社会主义现代化国家的基础性、战略性支撑。在数字技术浪潮中，MBA 教育正面临着吸引力"内卷"的困境，因此，创新与发展成为 MBA 培养院校和教育者提升人才培养质量的永恒追求。知中国、服务中国，用中国企业讲好中国故事，将是我们所有 MBA 教育者的共同使命。

许晖　教授

南开大学商学院博士生导师

南开大学商学院 MBA 案例实验室主任

丛书前言

以案例为媒，铸炼重庆理工大学 MBA 商学教育品牌

重庆理工大学（以下简称重理工）MBA 项目于 2009 年获批，学校构建了由管理学院、会计学院、经济金融学院和重庆知识产权学院等作为专业支撑，以及计算机信息科学、统计学、人工智能、机械工程等学科交叉的 MBA 教育中心，2024 年 6 月更名为 MBA 学院，举全校之力建设 MBA 项目，努力打造具有深刻重理工学科烙印和重理工精神辨识度的 MBA 商学教育。士继学府，德渥群芳，几代重理工 MBA 人不负学校重托和师生信任，精进不休，日就月将，聚力搭建"赋教师教育之能、赋学生成才之能、赋职工立业之能"的项目平台，致力成为"重理工商科教育改革的试验田、创新的桥头堡、发展的助推器"。

十五年来，重理工 MBA 人满怀"明明德者经世，大大工者兴国"的壮志，挥洒"翘楚长城内外，鳌头大江南北"的豪情，秉持"功成不必在我"的精神境界和"功成必定有我"的历史担当，坚毅刚卓，垒土成垛，投身于重理工 MBA 商学教育事业。在此期间，重理工 MBA 商学教育一直遵循"立足重庆，服务西南，触达全国"的办学自知，突出"学科融通、产教融合、知行融升"的办学理念与培养特色，强化 MBA 教育与行业、企业的良性互动，将 MBA 项目办在行业里、植根企业中，通过商业诊断实践、案例行动学习、主题案例分析等实践与实训培养环节，塑造数智时代务实管理人才。历经十五载的播种与耕耘，我们已经培养千余名优秀 MBA 毕业生，一些 MBA 校友在继续攻读博士学位，一些 MBA 校友已走上更高的管理岗位，一些 MBA 校友创办的企业已成功上市……

案例一直是重理工 MBA 商学教育的"标配"，我们正在不断努力将其变为重理工 MBA 的"标签"。爱因斯坦曾言：教育不是对事实的学习，而是对思维的训练。重理工当中很多老师深受哈佛大学商学院、中国管理案例共享中心、中欧国际工商学院所推广的案例教学法的影响，并深刻地认识到，MBA 课堂不同于企业培训，大学教授也有别于职业讲师。重理工革新理论讲授方法，让知识更具系统性；推崇案例教学，让知识更具迁移性；坚持专业竞赛，让知识更具应用性。重理工 MBA 一直强调案例教学在 MBA 商学教育中的关键地位，坚持"以赛促学，以赛验学"的理念，积极与学校优秀的校友企业紧密合作，连续 11 年举办全国管理案例精英赛校园突围赛，甄选优秀的学员团队参加全国分区预选赛和全国总决赛并屡创佳绩，成为我国西南地区 MBA 培养院校中案例竞赛成绩较为突出的院校之一。

2023 年 7 月，重庆理工大学 MBA 年度商业诊断实践项目启动，百余名 MBA 的学生在导师和教练的带领下，以团队案例行动学习的方式走进知名企业的车间工坊，近距离了解和观察企业的创新实践和商业探索。商业诊断实践活动让 MBA 的学生深刻地了解到知识的价值、思想的可贵、管理的力量和成功的不易。重理工将陆续发布"企业社会责任""数智创新""智慧营销""公司数字创业""智能制造""走出去""专精特新""管理变革""技术创新"等案例主题，引领商业诊断实践与主题案例分析活动，而这套持续出版的《重庆理工大学 MBA "三融"案例精选丛书》便是商业诊断实践优秀案例分析的阶段性成果，是"学科融通、产教融合、知行融升"培养理念与特色的重要体现。

重理工精心策划、结集出版这套丛书是希望能记录重理工 MBA 师生在洞察管理案例时的思考，体现重理工 MBA 师生在追求管理新知中的探索，打通"商业案例—教学案例—研究案例"的迭代链条，最终生成重理工 MBA 案例事业的社会价值、教育价值和学术价值。管理没有终极的答案，只有永恒的追问，这套不断被注入新主题、新成员、新观点的案例精选丛书亦是如此。重理工 MBA 的案例事业是一项体系开放、主题迭代、思想辈出的事业；重理工深信，以案例为媒的 MBA 商学教育更能彰显最底层的管理逻辑和最顶层的管理思想，从而驱使管理让个体更有创造力、让组织更有生命力、让社会更有承载力，这是 MBA 事业的责任和使命。

MBA 项目创建以来的十五年，我们厚积薄发、追光而行，以案例为媒，继续努力将 MBA 办在行业里、植根于企业中，服务重庆支柱产业转型升级以及成渝双城经济圈发展的人才需求，聚焦"高尚道德情操、良好职业规范、系统知识体系、积极创新意识、坚毅创业精神、卓越创造能力"，以夯实新质生产力的人才根基，共同书写"培养有思想、敢作为、能担当、懂感恩的数智时代管理菁英"的重理工 MBA 商学教育故事。

真正的教育者是中华民族复兴的躬行者，真正的企业家是中国经济繁荣的聚沙者，所有卓越的背后都是奉献，任何成功的脚下都是坚守。我们以《重庆理工大学 MBA "三融"案例精选丛书》致敬中国 MBA 教育事业的先行者、中国管理案例教学的引领者和中国企业管理实践的探索者！

李巍　教授、巴渝学者
重庆理工大学 MBA 学院

目　录

案例概要

面对行业下行趋势、百货同质化竞争激烈、电商的冲击以及更加注重体验和场景营造的新一代购物中心的出现，使传统百货尤其是区域型百货面临深刻的挑战。作为西南地区的零售龙头企业，面对数字化和新零售给传统零售行业带来的冲击，重庆百货积极求变，凭借其多业态优势、庞大的会员群体以及卓越的品牌资源，积极推进"人货场"数据整合，加速线上线下渠道融合，全力构建数智化零售新业态。本案例通过对重庆百货数智化创新实践进行梳理，探索重庆百货在顺应数字时代发展趋势、推进组织融合变革创新、构建多业态品牌矩阵、开发新业务、创造新零售价值方面的洞见与举措，为传统零售企业在新的技术及行业情境下顺应消费新时代潮流、打破传统企业的数字困境、实现持续发展提供参考性管理智慧与可借鉴的实践经验。

开发者观点

李巍： 传统零售企业数字蝶变的探寻之路

案例概要

在我国新兴技术发展、市场变化和消费者变迁的叠加环境中，登康口腔80

余年来怀揣一颗专注、传承的心，深耕抗敏赛道，持续探索口腔健康服务的革新路径。在"大竞争、小行业"的格局下，作为传统企业的登康口腔通过全链路营销体系升级和全方位数字化推进，应用数字技术赋能组织提档升级，实现了数智转型。公司坚守"咬定口腔不放松"的聚焦发展战略，致力于开拓口腔大健康全产业链市场，加快数字化转型步伐，为消费者提供口腔健康的整体解决方案。本案例通过对登康口腔在生产智能化、研发数字化、管理信息化以及营销网络化方面的创新举措进行深入分析，探讨数字赋能"智慧登康"的内在规律，旨在引起读者对中国口腔护理产品行业全方位数智转型模式的思考，并为传统企业开展数智创新提供路径和借鉴。

开发者观点

李巍：以数智之道守经典之基，破创新之局

重药控股：科技塑造"医药+互联网"领先企业 ／ 56

案例概要

重药控股是服务于医药全产业链的大型国有控股医药服务产业集团。"医药+互联网"、处方药外流及医保支付方式改革等政策的推进，为重药控股带来了全新机遇和挑战。重药控股积极主动求变，充分利用人工智能、互联网等技术，加速传统医药产业向数字化及数智化方向转型，逐渐从区域性药品流通企业转型为全国性的大型药品流通企业。本案例通过对重药控股数智转型升级的实践进行系统梳理，探索重药控股在医药电商、医疗服务、医药物流、员工管理、财务管理等方面的洞见、举措与挑战，旨在引发人们对医药服务行业"医药+互联网"模式的思考，为国有企业改革及传统医药服务行业推动数智赋能产业转型与多业态布局提供经验借鉴。

开发者观点

丁超：数智创新助力"内生—外延"协同增长

远见信息：自我革命的数智化转型之路　/　77

案例概要

随着数字经济的全面兴起，组织转型与升级是时代的必然趋势。对企业而言，数智化转型已经不再是"选择题"，而是关乎企业生存和长远发展的"必答题"。远见信息的创始人张爽多年前就意识到传统行业必定会被数智化所颠覆，面对其主营业务——印刷可能受到的冲击，他直面挑战，向"死"而"生"，"自我革命"，走上数智化转型之路。凭借在税务发票领域积累的多年经营经验，以电子发票为切入点，涉足税务信息服务领域，并从单一的电子发票突围，蜕变成为可信数据服务商。本案例通过对远见信息成长历程和数智化转型过程进行剖析，探索传统行业数智化转型的内生动力和逻辑规律，旨在引起读者对传统企业数智化转型策略、影响因素以及实施路径的思考，并为传统企业的数智化转型提供管理借鉴。

开发者观点

成卫：以"远见"探寻传统行业数智化转型之路

新大正：数字赋能打造物业行业未来组织　/　102

案例概要

物业服务行业与百姓生活紧密相关，提供更高水平的物业服务是人民对美好生活向往的重要组成部分。在数字中国的建设浪潮中，推动物业服务及管理的数字化转型是大势所趋。新大正物业积极进行数字化转型既是面对数字技术冲击的必然选择，也是物业行业提供更智能服务的必然要求。当前新大正专注于智慧城市公共空间与建筑设施的运营和管理，构建以基础物业为主体，城市服务和创新服务"两翼"协同发展的三大版图，现已遍布28个省份124个城市，管理900多个物业服务中心，拥有员工43000多人，服务面积近1.7亿平方米。本案例通过对新大正数字化转型行为进行剖析，探索物业行业如何借助外界数字化赋能进行数字化转型，明晰物业企业如何逐步实现企业数字化，旨在引起人们对物业行业在数字化时代背景下企业发展方向的思考，并为物业行业数字化转型变革提供管理借鉴。

开发者观点

李巍：探寻数字时代物业行业的组织数字化之道

渝烟物流：数智创新助推智慧物流建设 ／ 125

案例概要

天地交而万物通，物货流而百业兴。物流作为现代经济体系的重要构成和产业链、供应链的关键所在，是支撑经济发展的基础性、战略性、先导性产业。数字经济时代，以数智创新赋能烟草物流，乘数而上、加数而行，既是促进烟草物流行业高质量发展的明智之举，也是推动烟草物流行业现代化建设的关键路径。作为烟草行业智慧物流建设的推动者和践行者，渝烟物流以数智技术助推管理升级，致力于实现烟草物流的全流程、全要素、全场景覆盖。本案例通过对渝烟物流的数智创新行为进行深入分析，探索渝烟物流基于"事、货、人"三方面，在建设以"一体化、智慧化、绿色化"为主要特征的现代物流过程中的独到洞悉与创新举措，特别是在"数智工商交接"转型中所做出的革新与改进，旨在为中国物流业数字化转型升级提供管理启示与经验借鉴。

开发者观点

丁超：以智慧物流推动行业高质量发展

忽米网：科技创新赋能产业价值跃迁 ／ 151

案例概要

在新型工业化与数实融合的时代和技术背景下，工业互联网作为新一代信息技术与制造业深度融合的产物，是新型基础设施建设的重要组成部分，是推动数字经济与实体经济深度融合的关键路径。以科技创新构筑组织发展基座，作为国家级跨行业跨领域工业互联网平台，忽米网专注自研标识解析、物联感知、数字孪生等数智技术，积极搭建工业互联网创新生态圈，赋能工业行业数字化、智能化转型。本案例通过对忽米网的系统化创新的多层次、多场景应用进行深入分析，探索忽米网在数字战略创新、数字能力建设、数字生态构建、赋能模式变革、产业数字治理等方面的洞见、举措与挑战，特别是其在从信息化平台转向技术化平台的升级路径中所做出的革新与改进，旨在为中国制造业数字化转型与升级提供可行的路径借鉴与管理对策。

开发者观点

李巍：以数智创新勾画产业数字化的"忽米画卷"

猪八戒网：复合式创新打造赋能平台 / 184

案例概要

随着数字化时代的到来，数字创新已成为各行业领域中不可忽视的重要议题。自创立以来，猪八戒网经过十余年的稳健发展与经验沉淀，已构建起综合性数字服务平台与产业生态，为广大政府与企业用户提供全方位、"一站式"服务，助其处理客户咨询、营销推广、合同签署、资金管理、客户管理、项目管理等工作。猪八戒网以复合式创新打造综合型赋能平台，其特色主要表现在三个方面：一是"从1到N"，创办全生命周期的中小微企业服务平台，并建立广泛合作，打造"数据海洋+钻井平台"模式，打通数字服务全链条；二是链接线下，打造综合性"线上+线下"服务平台；三是协同共生，构建产业服务平台生态圈。本案例通过对猪八戒网数字创业驱动平台赋能的创新过程进行梳理与剖析，旨在引起读者对于平台企业在"从1到N再到平台生态"的数字创新过程的思考，并为平台企业的创立、成长及治理提供经营与管理方面的借鉴。

开发者观点

李巍：呵护中小微企业的"数字成长管家"

后 记 / 207

重庆百货：构筑数字时代零售新形态[*]

案例概要

    面对行业下行趋势、百货同质化竞争激烈、电商的冲击以及更加注重体验和场景营造的新一代购物中心的出现，使传统百货尤其是区域型百货面临深刻的挑战。作为西南地区的零售龙头企业，面对数字化和新零售给传统零售行业带来的冲击，重庆百货积极求变，凭借其多业态优势、庞大的会员群体以及卓越的品牌资源，积极推进"人货场"数据整合，加速线上线下渠道融合，全力构建数智化零售新业态。本案例通过对重庆百货数智化创新实践进行梳理，探索重庆百货在顺应数字时代发展趋势、推进组织融合变革创新、构建多业态品牌矩阵、开发新业务、创造新零售价值方面的洞见与举措，为传统零售企业在新的技术及行业情境下顺应消费新时代潮流、打破传统企业的数字困境、实现持续发展提供参考性管理智慧与可借鉴的实践经验。

---

    * 本案例由重庆理工大学 MBA 学院、管理学院的李巍教授、丁超博士，高娅楠、曹慧鑫及冯丹同学撰写，并得到重庆百货党委书记何谦，董事会秘书、行政总监陈果女士，运营总监杨海林先生，人力资源总监梁音群女士以及技术总监段晓力先生的支持。本案例旨在用于 MBA 教学中课堂讨论的题材，而非说明本案例所述的管理行为是否有效。

案例正文

● 引言

2020 年 11 月 7 日晚，解放碑十字金街华灯璀璨、高朋满座，共同见证"百年重百暨首届购物节"盛大启幕。百年基业正青春，世纪荣耀诉衷情，重庆百货大楼股份有限公司（以下简称重庆百货）自"宝元通"至今已走过 100 年风雨历程，从公私合营到计划经济时代，再到改制上市，从经营面积 7000 平方米、年营业额 2 亿元①，到经营面积超 200 万平方米、年销售额实现 272.11 亿元，从一家店到现在的 281 家店②，位于解放碑商圈核心地带的重庆百货大楼，见证了重庆商业风云变幻的兴衰沉浮。重庆人中流传着这样一句话：到了重庆不到解放碑，等于没到重庆；到了解放碑不到重百，就等于没到解放碑。

"百年重百"是一个传奇，更是一名勇于创新的"开拓者"。回顾重庆百货各个历史时期创造的辉煌业绩，从"宝元通"时期的股份制改革，到改革开放后的扩大自主权、"四放开"改革、成为重庆第一家商业上市公司，再到重庆百货与新世纪市场化重组、推进混合所有制改革，以及融入商社集团、开启新一轮高质量发展，"一直以来，重庆百货都具有很强的改革创新基因"③。重庆百货的百年历程是一部荡气回肠的创业史，镌刻着中国商业百年历程的深刻印记，秉持着"创新、发展、变革"的理念。

在启动仪式上，重庆百货董事长张文中对重庆百货敢为人先、攻坚克难的精神给予了充分肯定。他表示："过去 100 年里，重庆百货始终勇立时代潮头、敢于改革创新，这是重庆百货成功的关键所在。如今，混改为重庆百货注入新的活力，我们将在大数据智能化时代全面推进线上线下一体化，为广大消费者提供更

---

① 新浪财经，《重百：半世纪重庆商业风云史》，2007 年 6 月 8 日。https://finance.sina.com.cn/roll/20070608/01321460802.shtml.
② 重庆百货官网，《重庆百货大楼股份有限公司介绍》。https://www.e-cbest.com/company-profile.
③ 重庆百货官网，《数字会员超过 2000 万 百年重百加快数字变革转型》，2020 年 11 月 10 日。https://www.e-cbest.com/news/926.

好的服务，让重庆百货这个百年老店企业焕发更加辉煌的青春、展现更加美好的画卷！"①

● 企业概况

重庆百货的前身是始创于 1920 年的"宝元通"，迄今已经走过百年辉煌历程，是西南地区最早的一家国有大型商业企业。多年来，重庆百货抓住机遇、抢占先机，率先进行股份制改革，于 1992 年以定向募集方式正式成立了"重庆百货大楼股份有限公司"。1996 年，重庆百货在上交所挂牌上市，成为重庆市第一家商业上市公司。目前，重庆百货深耕百货、超市、电器、商社汽贸四大业态，主要经营百货、购物中心、超市、电器、汽车，以及消费金融、供应链金融等业务，拥有重庆百货、新世纪百货、商社电器、商社汽贸等驰名商标和知名品牌，开设各类商场、门店约 280 家，经营面积超 200 万平方米，经营网点分布重庆和四川、湖北等地区。

自 2010 年重庆百货顺利完成重大资产重组后，组织规模及实力迅速扩大和提高，市场竞争优势显著增强，公司发展跨上了历史新台阶；与此同时，重庆百货紧抓区域经济发展的历史性机遇，顺势而为，促进资源整合，深化结构调整，加速提档升级，努力推进经营与服务创新，持续提高顾客满意度，认真践行大型国有企业"稳物价、保市场"的社会责任，以优质服务和优惠价格回馈消费者，企业盈利能力不断提升。重庆百货的百货业态顺应市场消费新趋势，准确把握市场定位，加快品牌替换，引领市场消费升级；超市业态扎实推进采购基地纵深建设和农超对接，持续优化采购渠道，有效降低流通成本，便利广大市民的日常生活；电器业态通过包销定制、买断经营等方式，着力打造区域供应链，突出区域品牌优势，走特色化营销道路。重庆百货还积极创新经营，快速涉足购物中心、电子商务等新兴业态，推进企业持续快速发展。历经百年岁月的洗礼，重庆百货现已成为中国西部地区最大的商业零售企业，先后两次荣获全国五一劳动奖，连续十几年跻身中国零售百强企业前列，位列 2022 中国连锁百强第 15 位，被誉为"西部第一店"。

---

① 重庆日报网，《百年重百 世纪辉煌——写在重庆百货成立 100 周年之际》，2020 年 11 月 3 日。https：//www.cqrb.cn/content/2020-11/03/content_283224.htm.

2023 年 12 月，经中国证监会批准，重庆百货吸并重庆商社集团，实现了扁平化管理，提升了决策效率，公司核心竞争力进一步增强。未来，重庆百货将加快建设本地生活生态圈，推进全面数智化，彻底回归商业本质，致力于成为消费者最信赖品质生活服务商。

● 企业发展历程

1. 企业初创阶段（1920—1950 年）：实业救国驻根基

重庆百货的传奇始于 1920 年。当时的中国风雨飘摇，萧则可、萧雨生、熊荫村、熊郁村和王镜初五位有志青年怀揣实业救国的思想，共同出资 840 个银元（折合 600 两白银）①，在宜宾林家巷子（今民主路）开起了一家店铺，主要经营铁锅、农具的贩卖业务。不久后，这家商铺在刨整铺面前的台阶时，挖出了一枚唐代的"开元通宝"，合伙人因此商议，将店铺取名为"宝元通"。1927 年，"宝元通"先后在川南的泸州、南溪、江安等地设立了分号，这些分号的命名也均用"宝元"二字，冠在各地地名简称之前，如"宝元泸""宝元蓉""宝元渝""宝元昆""宝元申"等。川西地区历来手工业比较发达，特别是丝绸、缎面、绫、锦、罗纹等早已闻名于世，盛销全国。"宝元通"着眼于四川地方手工业的开发，1934 年，在成都开设分号"宝元蓉"，专门用于采购各县手工业产品，特别是成都精美的手工业品，这些产品经"宝元蓉"采购，每年不断地运往"宝元通"在宜宾、泸州、江安、南溪、重庆等地的分店销售。在营业额逐年增加、业务不断扩展的情况下，"宝元通"的分支机构进一步扩张，在川南以及成都、重庆、上海等地建立了 8 个分支机构，"宝元通"由此开始在川南工商界占据重要地位。

1935 年，为了寻求进一步的发展，"宝元通"将总管处东迁至西南经济中心重庆，并成立了其在山城的分支机构——"宝元渝"，使"宝元通"在信息、货源、资金融通和批发业务方面，更具发展优势。搬迁之后，"宝元通"果然得到了快速发展，其业务范围也逐渐向国内主要城市和东南亚等国家拓展。经过业务

---

① 微信公众号，《百年辉煌，回眸百年重百历史沿革》，2020 年 11 月 3 日。https：//mp. weixin. qq. com/s？__biz = MzA3NTM0NDA2OA = = &mid = 2651465078&idx = 2&sn = 9113375a7901f6f75365e277b7ef25 ba&chksm = 848f74ddb3f8fdcb0359b01b2241f2e15ffee53c94d7078472d23dc8e8a9e1a0fe206d6ff62c&scene = 27.

范围的不断扩大，1927—1937 年的 10 年间，"宝元通"资金从 1 万多银元积累到 100 余万银元。这一时期正值抗日战争，沿海大城市相继沦陷，长江封锁，江苏、上海、广州等城市来货困难，为开拓四川各地名优土特产品，特别是成都地区附近各县的土特产品，"宝元蓉"大量购销，这一举动不仅支持了地方工业生产的发展，还缓解了大后方紧缺的物资供应，支持了抗日战争。到 1941 年时，"宝元通"自身经济实力越发强大，而在当时所处的特殊历史时期，经营商业不免要遭受挫折和损失，为此，"宝元通"逐步从经营商业转向经营工业，并竖起"发展民族经济"的旗帜，为战时所需提供帮助。

1946 年，根据重庆总公司的决定，"宝元通"将以采购为主的商号"宝元蓉"扩大为"宝元通企业股份有限公司成都分公司"；同年 5 月，"宝元通"正式改组为宝元通兴业股份有限公司。"宝元通"的业务重点也逐渐南移，向上海、南京、武汉、广州及海外开拓发展。自 1920 年在宜宾创业开始，到 1949 年西南解放，经过近 30 年的发展，"宝元通"的业务从小到大，由单一的贸易到工贸结合，由国内贸易发展到国际贸易，成为西南地区最大的民营企业之一，总资本达 6000 万银元①，在工商界享有一定的声誉。

在业务蒸蒸日上之际，"宝元通"开始筹谋转制。1947 年，"宝元通"在重庆北碚温泉召开了秘密的扩大主干人会议，商讨待全国解放后将公司资产转为国营。此提议一经提出便得到了一致同意。由于重庆尚未解放，时任"宝元通"总经理的黄凉尘等人在 1948 年 10 月至 1949 年 8 月期间三次赴香港、北京等地，主动寻求企业从私营向国营转制的经验。1950 年 1 月 25 日，重庆解放不久，中共西南局第一书记邓小平同志接见了黄凉尘和樊陶斋，对"宝元通"的经营管理经验给予了充分肯定，并希望他们进一步为开创西南国营贸易做出贡献。同年 5 月 1 日，在宝元通百货公司重庆分支机构"宝元渝"的基础上，成立了重庆市第一家国营百货商店——西南区百货公司门市部，标志着重庆百货大楼建店。由此，"宝元通"成为重庆市第一家国营百货商店，也是我国第一家由私营转向国营的民族资本商业企业。

---

① 微信公众号，《百年辉煌，回眸百年重百历史沿革》，2020 年 11 月 3 日。https：//mp．weixin．qq．com/s？__biz = MzA3NTM0NDA2OA = = &mid = 2651465078&idx = 2&sn = 9113375a7901f6f75365e277b7ef25ba&chksm = 848f74ddb3f8fdcb0359b01b2241f2e15ffee53c94d7078472d23dc8e8a9e1a0fe206d6ff62c&scene = 27.

2. 升级拓展阶段（1950—2000 年）：改革上市再发展

20 世纪中叶，我国进入计划经济时期，"宝元通"也开始改革，逐渐形成了中国百货西南区百货公司门市部、重庆市百货公司中心商店、"三八商店"（友谊商店）、重庆百货商店等形态。首先，在 1950 年，在宝元通百货公司重庆分支机构"宝元渝"的基础上成立了中国百货西南区百货公司门市部；随后，在 1953 年，重庆市百货公司将民权路门市部（现重庆百货大楼所在地）和民族路、邹容路的三个门市部合并，更名为"重庆市百货中心商店"；再到 1958 年，正值全国大办工业，受当时男工女商思潮的影响，重庆百货商店抽调男职工支援工业生产，实行全店"女子化"经营，一批批优秀女职工发扬"背篼精神"，实践青春诺言。由于当时商店内职工全为女性，被大家称为"三八商店"，重庆百货商店顺势更名为"重庆三八百货中心商店"。当时的"三八商店"非常出名，不仅待遇优厚，而且员工的精气神也昂扬，据了解，当时"三八商店"的职工一个月可拿到 300 元；女营业员都穿着统一的天蓝色半截裙工作服，出去送货或休息，整齐划一，让人耳目一新。当时在"三八商店"上班的售货员回忆时说道："在买商品需要凭票供应的时代，三八商店的品种是最丰富、质量最优质的，人们对能在三八商店工作感到自豪。很多市民都以能认识三八商店的营业员为荣。当时，很多市民结婚的嫁妆都是在三八商店买的。"[1] 时至今日，"三八商店"仍是许多重庆市民心中一份厚重的记忆。

在"女子当家"的 17 年过去后，1975 年 3 月，经过近两年的升级改造扩建，一幢崭新的四层营业大楼重新矗立于解放碑旁，"三八商店"也更名为重庆百货商店。此时，其已经发展成一家新型综合性大型零售商场。据了解，在开业当天，进店参观和购物的群众数量就约 15 万人次，商店营业额高达 20 万元；而之后，连续 5 天，每天进店人数也都在 10 万人次以上[2]。此后，商店经营业绩进一步扩大，当年销售总额突破了 1800 万元[3]。

① 新浪网，《70 余年经营，市值超 100 亿，但重庆百货还是比不上永辉超市》，2020 年 3 月 5 日。http：//k. sina. com. cn/article_6497235780_18343f34400100maeq. html.

② 重庆日报网，《百年重百 世纪辉煌——写在重庆百货成立 100 周年之际》，2020 年 11 月 3 日。https：//www. cqrb. cn/content/2020-11/03/content_283224. htm.

③ 微信公众号，《百年辉煌，回眸百年重百历史沿革》，2020 年 11 月 3 日。https：//mp. weixin. qq. com/s？__biz = MzA3NTM0NDA2OA = = &mid = 2651465078&idx = 2&sn = 9113375a7901f6f75365e277b7ef25ba&chksm = 848f74ddb3f8fdcb0359b01b2241f2e15ffee53c94d7078472d23dc8e8a9e1a0fe206d6ff62c&scene = 27.

1978 年 12 月，随着党的十一届三中全会的召开，改革开放的春风吹遍神州大地。此时，虽然已经有了"重庆百货"这个名号，但是其还并未形成如今的规模，其公司制也并非有限公司。但随后，乘着改革的东风，重庆百货敢为人先，大胆进行自我革新，成为全国商业系统破冰前行的领跑者。在改革开放的第一个年头，重庆百货再创"全国第一"——在全国商业系统率先启动扩大自主权试点。1984 年，重庆百货商店重新更名为"重庆百货大楼"；同年 9 月，重庆百货开启企业管理体制的重大改革——实行经理负责制，此次改革的核心是改干部终身制为任期两年的聘用制，打破了干部"能上不能下"的"旧框框"。1985 年，重庆百货大楼再次更改、扩建，并于次年竣工，此次改造楼层并增加到 10 层，使其成为解放碑的新地标。经过一系列的改革，重庆百货大楼成为重庆市最大的集经营与服务于一体的多功能综合性零售兼批发的大型商贸企业。

此后，重庆百货不断开阔眼界，抓住机遇，搭乘新一轮改革开放的高速列车，涌入国企股份制改革的潮流，短短 10 年，重庆百货经历了数次改革。1988~1990 年，重庆百货推行两轮承包制度，建立责权利相结合的三级（店部组）经营管理体系，确立"人无我有、人有我创、人跟我转"的风险经营方针，使"企业跟着市场转"。1991 年 1 月，重庆百货率先实行经营、价格、分配、用工"四放开"改革试点，改革的核心是增强企业活力。同时，实行劳动合同用工制度，打破了沿袭 40 多年的"铁饭碗"制度；并且，职工收入分配打破了"平均主义"。通过这时期的一系列改革，重庆百货的广大领导、员工的思想逐步解放、观念逐步转变，工作激情高涨，"拼命三郎"层出不穷，公司经营活力显著增强、经济效益快速增长。20 世纪 80 年代就进入重庆百货工作的段平说："当时很多人都中午不休息，早上提前上班做清洁、整理商品。"在这种经营氛围下，重庆百货入围"全国百佳最大商店"，并被评为"全国百佳最大零售商店"，成为西南地区唯一获得这两种奖项的企业。"这改革的 10 余年，是重百发展的关键时期，让重百在自我变革中实现了跨越式发展。"重庆百货党委书记何谦曾说[1]。"如果重百不改制、不上市，就没有今天的重百，20 世纪 90 年代初，重百曾经以 7000 平方米的营业面积做了 2 亿元营业额，成为重庆商业的旗舰。但是，即使解放碑商圈全都成为重百的天下，市场仍然是有限的。"重庆百

---

[1] 重庆日报网，《百年重百 世纪辉煌——写在重庆百货成立 100 周年之际》，2020 年 11 月 3 日。https：//www.cqrb.cn/content/2020-11/03/content_283224.htm.

货大楼股份有限公司董事长肖诗新说①。

1992 年 8 月 11 日，重庆百货大楼股份有限公司正式注册成立；次年 3 月 18 日，经重庆市批准，重庆百货商店独家发起向社会募资的行动。"股份制改革，是重百体制改革的巨大进步，标志着公司建立起了现代企业制度，踏上与市场接轨的发展新征程。"何谦说②。1996 年 7 月 2 日，重庆百货正式在上海证券交易所鸣锣上市，成为重庆市唯一的商业上市公司。

3. 稳步发展阶段（2000 年至今）：连锁经营勇创新

早在 1994 年，重庆百货就开启了连锁经营的道路。1994 年 12 月，重庆百货在北碚开办的第一家子公司——重庆百货北碚商场开业，这是重庆百货第一次"走出"解放碑，标志着重庆百货迈出了连锁经营的第一步。紧接着，在 1995 年，重庆百货又率先在重庆开出第一家最大规模的食品超市——大阳沟雅兰电子大厦重庆百货百汇超市；1996 年 12 月，重庆百货阳光商场（现重庆百货江北商场）开业；1997 年 2 月，重庆百货杨家坪商厦开业；同年 12 月，重庆百货南丰商场开业；1998 年 12 月，重庆百货沙坪商场开业……10 年间，随着江北商场、杨家坪商厦、南坪商场、沙坪商场等相继开业，重庆百货完成了重庆主城商圈及区县网点布局。重庆百货紧抓市场、扩张网络建设，坚持以重庆主城为核心，以长江和高速公路为主轴，向重庆各区市县及周边省份延伸和辐射，通过多渠道、多业态渗透进重庆第一、第二商圈，快速在重庆第三商圈拓展。

在加速扩张布局线下商场的同时，重庆百货还不断拓展经营业务，到 2003 年，重庆百货形成了涵盖百货、超市、电器三大业态的连锁经营管理格局，拉开了现代连锁经营体制变革的大幕。2006 年 1 月，重庆百货走出重庆、进军西南市场，在贵州省遵义市成功开办重庆百货遵义商场，标志着重庆百货正加快向西部市场连锁扩张的步伐。其后数年，在四川广安、武胜、泸州、乐山等地，重庆百货门店"遍地开花"，占据了西南"一线百货地位"。2010 年，重庆商社集团旗下的新世纪百货和商社电器"注入"重庆百货，进一步巩固了重庆百货在重庆零售市场的地位。重庆百货的企业规模优势、发展优势愈加凸显，成为西南零售领域的"领头羊"。

---

①② 新浪财经，《重百：半世纪重庆商业风云史》，2007 年 6 月 8 日。https：//finance. sina. com. cn/roll/20070608/01321460802. shtml.

兢兢业业的从业态度，加上正确的经营方针，使重庆百货这个有着深厚底蕴的百货公司成为跨越世纪的"老字号"商店。进入 21 世纪，重庆百货更是加速扩张。然而，新时代的生意也并不好做，线上购物与互联网公司的发展进一步削薄了实体店的利润空间，重庆百货的生意越是往前走，便越是艰难，此时的零售行业已发生深刻变化，全国电商风起云涌，实体零售遭遇寒冬，变革突围再次成为重庆百货的艰巨任务。

2012 年，由于模式单一、同质化严重以及互联网和电商的冲击，我国百货行业销售总额增长速度持续下滑，传统百货业进入下行周期。受行业大环境的影响，重庆百货也步入艰难转型期。为挽回颓势，在做强零售主业的基础上，重庆百货积极拓展新兴产业。2014 年，重庆百货旗下阳光世纪奥特莱斯购物中心开业，这表明重庆百货开始涉足购物中心业态。同年，重庆百货旗下新世纪百货接入支付宝，试水数字化支付。支付宝的数字化实践为困境中的重庆百货开辟了一个新的世界。随后，重庆百货开始推进数字化，更新业务，全方位打开新局面。2015 年，重庆百货作为主发起人出资 9000 万元，与北京秭润商贸、重庆银行、阳光财险、小商品城、物美、西南证券共同成立重庆马上消费金融股份有限公司，主营发放个人消费贷款，这标志着重庆百货正式切入金融领域，实现了多元化发展的战略布局。作为国内消费金融的优秀企业，马上消费金融已成为重庆百货新的盈利增长点。

2016 年，重庆商社集团旗下商社汽贸等 5 家企业再次注入重庆百货，进一步增强了重庆百货的核心竞争力。同时，重庆百货不断加快内部重组、优化资源配置，实施业态深度整合，推行百货、超市、电器事业部制，推进同区域网点错位经营。经过多年的发展，重庆百货相继进入酒店、广告、汽修、制衣、电子器材等行业，至此，一家以百货业为主、多元发展的大型商贸企业迅速形成。2017 年，重庆百货完成了"百货+超市+家电+汽贸"的四业态发展框架布局，这成为现在重庆百货业态布局的基础。此时正处于电商发展的高速期，外部市场形势严峻，而传统百货同质化竞争严重，商业形态不可替代性相对较弱，导致人气流失。由于处在行业低谷期，许多公司纷纷采取关闭亏损店铺的方式收缩转型以降低经营风险。在这种市场环境下，为持续提升经营效率、减少亏损，重庆百货加大了门店的调整力度，建立亏损场店对标体系，制定"一店一策"的控亏措施，努力遏制亏损金额；同时，优化网点结构，调整商品结构和场店布局，不断提升经营竞争力，并在百货、超市两大传统业态中关闭低效门店，以

"断臂求生"。在这种方式下，2019 年至 2022 年底，重庆百货的百货、超市门店数分别自 55 家、181 家减少至 52 家、162 家，电器门店从 47 家减少至 41 家，汽贸门店从 28 家增至 32 家，余下的 291 个经营网点在重庆具有较强的竞争优势①。

2020 年 3 月，重庆商社集团作为全国国企改革"双百企业"及混合所有制改革试点企业，完成集团混合所有制改革，成功引入物美集团、步步高集团两大战略投资者，管理层全面焕新，公司进入全新发展阶段。此外，重庆百货共享业态链、供应链、信息技术等优势资源，让业界看到了一个勇于创新、拥抱未来的新重庆百货。2022 年，公司建成并上线多点多业态融合 App，实现百货、超市、电器、汽车多业态数字化融合运营。2023 年 5 月，重庆百货拟吸收合并重庆商社，落实国家积极推进的"混改精神"。2024 年 3 月 7 日，重庆百货吸收合并母公司重庆商社发行的购买资产的股份，在中国证券登记结算有限责任公司上海分公司完成了登记手续，至此，重庆百货此次的并购重组全面完成。

● 数字时代的业态创新

1. 供应链数智变革，提高协同运作效率

过去几年，受国际国内经济波动与市场竞争加剧的影响，许多大宗原料价格暴涨，传统零售行业线下销售渠道受阻，供应链面临严峻的挑战。为走出行业逆境，重百百货由稳步求变转为加速数字化转型，在供应链创新方面深化了品牌联合，加速线上渠道供应链拓展，推进高效协同，提升各业态商品经营能力。

首先，重庆百货建立了供应链专用的数字化平台，以提高数字化管控能力和运作效率。电器业态通过搭建以"数字化重构业务价值链"为导向的组织架构，打造了快速裂变的"小前台"、资源集成的"强中台"及专业服务的"轻后台"，并创新性地设立了数字化转型与赋能、线上运营、产品发展等六大中心，围绕战略规划与业务目标，将线上平台运营及管理集中化，提升了经营效率。

---

① 新浪财经，《重庆百货抗周期能力缘何强》，2023 年 8 月 10 日。https：//finance.sina.com.cn/wm/2023-08-10/doc-imzftfet9917981.shtml.

　　其次，重庆百货从采购端优化了供应链采购服务和经营结构，提升了战略、自营及高化三大品牌经营平台的运营质量，例如：对易腐的生鲜建设专属工厂，其他货品则尽量做到从源头直接采购；对电器提供包销定制服务这些方式降低了来自采购端的成本。据了解，百货业态在2023年前三季度直营供应商销售占比达68.3%。同时，重庆百货注重新品牌引进，新纳入系统外二十余个品牌，实现了重庆地区主城四大商圈品牌重叠率低于45%。重庆百货还通过整合战略资源，加速拓展轻代理、托管品牌，以加快品牌更新、购物中心商铺招商。截至2023年前三季度，重庆百货战略品牌销售占比达50.6%，自营品牌销售占比达31%。超市业态利用公司品牌优势，分渠道组织采买专供配送，聚焦差异化、本土化、趋势化，通过扩大直供和定制商品销售，推进生鲜供应链前置，开拓本地生鲜订单农业，产地分级直发，紧抓货量、质量、价格三要素，基地直采销售增长37%；并且，大力发展自营，生鲜自营单品，销售增长76%。

　　最后，重庆百货在销售端以数字化后台作为支撑，建设了较为完善的物流体系，为顾客提供更为满意的配送服务，打通了与顾客的"最后一公里"。2021年7月11日，超市业态完成万州仓多点WMS切换，8月2日完成常温仓OS运营中心切换，8月30日完成生鲜103仓（冷仓）多点WMS系统切换和OS运营中心切换，标志着物流全面实现多点系统管理。借助数字化物流管理系统，超市业态全面优化仓储物流，升级信息系统，持续提升库存周转率，形成了以重庆主城庆荣物流为主干、万州区域配送网点为补充的物流仓储布局，业务范围涉及普通仓储、冷链生鲜仓储、门店配送等物流业务活动，服务于重庆百货164家超市门店，覆盖重庆35个区县及四川、湖北等地，库存周转从48天降低至28天，整体提效40.3%[①]。通过OS物流系统的运用，重庆百货实现了动态库存检测、预警提示，在极大地减轻了供应商运输成本压力的同时，大幅提高物流及供应商工作效率，有效降低高库存风险。电器业态打造的"数字化客服平台"，通过零距离体验、用户关怀、高效受理、产品全生命周期4个途径，实施用户体验与数据目标的融合；创立"重百小哥"服务品牌，打造电器现代物流体系和一体化售后服务管理平台，提高物流配送时效，强化售后一体化建设；打通前、中、后台环节，实施规范化的送产品、全面智能化的送服务、个性化的送方案，推出极速

　　① 智慧零售与餐饮网，《重庆百货从低谷到数字化焕新的实践探索》，2024年1月25日。http://retail-it.cn/lins/352.html。

达、准时达、半日达、次日达、定期达等多种时效物流服务；提供到家服务场景，抢夺"最后一公里"，物流配送准时率98.8%[①]。

2. 数智化系统运营，线上线下融合发展

（1）引进多点DMAL数字化操作系统，助力数字化全渠道运营

2019年1月，重庆百货大楼股份有限公司与多点（深圳）数字科技有限公司开启战略合作，在旗下重庆百货、新世纪超市上线多点智能购业务和O2O到家业务。2021年，重庆百货引入多点DMAL数字化操作系统，以多点SaaS系统助力全渠道运营、履约、管理、销售能力的提升，帮助百货超市用数字化的理念、方法和技术彻底改变传统支付、用户、营销、员工管理、商品、供应链等零售各个要素、环节。通过与多点合作，重庆百货旗下的超市以现有的门店仓库，同时服务消费者到店购买和手机购买配送到家的需求，把原有线下客户都变成门店的电子会员，让传统零售的门店网点、供应链资源得到充分的使用，使这些资源变成超市与互联网企业竞争的优势，实现了线上线下会员共享；同时，运用多点OS系统可以为构建完整的消费者电子画像、智能商圈电子围栏，帮助门店精准把握区域内会员的数量、分布与消费能力，了解产品在不同客户中的受欢迎程度和客户评价，以便采销环节有效选择新商品和淘汰低动销的商品。此外，App还可以将商品促销信息推送给目标客户，提升客户的留存转化率。

重庆百货利用多点数字操作系统帮助超市使用电子价签，打造智慧门店。2022年4月，重庆百货旗下超市业态圆满完成第一批次100家门店电子价签的上线验收。通过电子价签应用，2023年初，重庆百货旗下超市实现了所有门店与多点商城价格实时同步，并通过应用结合智慧营销、陈列管理、库存管理等智慧门店解决方案，提升了门店运营效率，简化了员工工作流程，降低了运营成本，实现了门店的数字化、流程化、智慧化的管理。

随着物流和DC运营中心系统的切换、落地，自动补货在超市门店快速推广。自动补货系统是通过人员维护店品陈列、供应商交货信息等必要的补货参数，再结合库存、销售、待收订货数量等信息，系统计算预估补货量并自动完成订单创建的过程。每当有商品售出时，数据都能通过系统实时流转到重庆百货旗

---

① 智慧零售与餐饮网，《重庆百货从低谷到数字化焕新的实践探索》，2024年1月25日。http://retail-it.cn/lins/352.html.

下卖场、超市总部、供应商处；而当超市内货品出现缺货时，多点智能补货系统可及时感知，当库存数据减少到目标值时，就会自动向供应商下单，以实现在缺货时自动补货，有效降低了缺货率。此外，多点智能补货系统还能根据节假日、促销等因素，智能调整订货量，能够做到小时级精准备货，让消费者享受到更新鲜、更安全的商品。截至 2023 年 9 月 30 日，通过自动补货系统运用，减少补货检查工时约 10.5 小时/店/天，超市门店缺货发生率也从 26.4%下降为 1.8%[①]。

为实现货架的可视化操作、简化门店执行流程，重庆百货旗下超市将卖场货架数字化，通过总部制图、门店执行、智能检核全程数字化监控管理、手机棚格图和任务驱动，有助于门店及时、到位执行陈列工作；拍照上传系统则实现了对货品的自动检核，便于精确指导、快速完成商品陈列调整。重庆百货旗下超市通过运用可视化货架，让原本繁重的商品调整任务变得更加简单，省时省力省钱；此外，图像直观、操作简单方便，新品上架也更加迅捷。目前，重庆百货旗下超市已先后上线了多点的盖亚商品系统、陈列系统、自动补货系统、招商系统等，数字化运营初显成效。重庆百货的 173 家店铺也统一实施数字化棚格图管理，货品订购和陈列相较之前传统做法更为精准、便捷，执行核验更为高效。仓储容量逐步释放，基本达成门店工作减负、指标平稳、效率提升的阶段目标。

重庆百货还对内部的手机工作台进行了改造升级，上线与门店端同步切换的总部采销、合同、计费、结算、团购、促销选品及业财系统等 OS 相关系统，基于大数据，可自动推送手机任务，并通过任务系统分派到责任人；各岗位人员通过手机工作台处理任务，后台任务引擎对任务结果进行检核，当处理任务延时或超标时，系统自动逐级升级到领导，以促进门店运营流程全面优化。例如，利用大数据驱动系统自动触发临期商品推送，这样可以节省理货员巡视临期商品工时约 2.5 小时/店/天。通过 OS 总部商品系统切换，使重庆百货旗下超市业务全流程在 OS 系统内部闭环，实现了总部管理的降本增效；采用 OS 系统全面打通业务流程，简化了系统架构、提高了作业效率，为总部管理及运营赋能；实现了重庆百货主数据在 OS 系统维护闭环，提升了主数据的实时性，减少了数据传输的遗漏和错误风险，提升了传输效率。

---

① 智慧零售与餐饮网，《重庆百货从低谷到数字化焕新的实践探索》，2024 年 1 月 25 日。http：//retail-it.cn/lins/352.html.

通过与多点的深度合作，重庆百货旗下超市将人、货、场串联在一起，实现了商品及会员数据融合、销售数据打通、收银系统升级、门店数字化线上运营、门店履约一体化、店内智能购方案、门店店务的全流程数字化等一系列数字化转型，保障人人在线、事事在线、物物在线，在大幅提升零售经营效率的同时，还帮助重庆百货以更高效率为消费者提供商品和服务。

（2）上线自主研发多业态融合 App，实现线上线下一体化运营

重庆百货以数智化建设为核心，自主研发了多业态融合的"多点 App"，网页页面涵盖百货、超市、电器、汽车等上千种商品，实现了百货、超市、电器、汽车四大业态的线上融合运营，为消费者带来了商品丰富、功能齐全的"一站式"购物体验。顾客只需使用一个 App，就能满足吃穿住行的全方位消费需求。2023 年，重庆百货的数字化会员数量突破 2000 万，全年通过 App 实现的销售额高达 6.5 亿元[①]。

重庆百货在自建 App 的同时，加快技术赋能，已形成"重百云购""电器淘""车生活""甜橙生活"等线上运营平台，实现了线上线下一体化；同时，升级超市 OS、人力资源、业财一体、智慧物流等数字化系统，大大提升了管理和共享的水平与效率。在百货领域，为了克服行业自身以及消费者需求变化带来的压力，重庆百货积极推进业务线上化，以会员为中心，以"重百云购"线上平台为载体，依托企微"重百小助手"小程序应用工具，深化赋能百货线上经营。在超市领域，重庆百货加大数字化渗透，强化运营能力；完成 OS 系统优化、物流拆零系统上线、U 课管理系统优化，实现了生鲜标品自动补货，缺货率、损耗率进一步下降，商品周转效率提升 20%。在电器领域，重庆百货电器探索数字化创新业务，拓展前端流量入口，打造从总店到地方门店的专业化直播、秒杀引流业务体系，构建场景化专业直播厅，多层面、多渠道延伸店面"触角"，并创新便捷交易方式；打造线上运营新场景，整合"重百微商城""重百电器淘""重百创客"等自有线上平台资源，按"1+N"运作模式，提升第三方运营平台旗舰店、专卖店竞争力，拓展快手、抖音等新兴社交电商合作；提升会员运营效率，打通会员系统与线上平台、售后服务平台的连接，加快线上网络的用户沉淀。

---

① 金融界，《线上会员超 2000 万！重庆百货打造本地生活生态，一个 App 满足吃穿住行消费需求》，2024 年 5 月 5 日。https://stock.jrj.com.cn/2024/05/05134740519327.shtml.

2023 年上半年，重庆百货依托"电器淘"等线上商城服务平台实现了线上销售同比增长超 60%，并实现了直播、秒杀、拼团、砍价等数字营销工具终端运用；深耕线上公域平台店铺运营，在京东、天猫等平台开设店铺，"抢夺"公域流量消费资源，2023 年前三季度公域平台电商累计实现销售增长近 20.3%①。"零售数智化是大势所趋，通过数智化驱动，可以让消费场景更加丰富，增强顾客体验，更好地满足消费者需求。"重庆百货运营总监杨海林说②。通过自建重庆百货 App、打造微商城、提升线上自营能力等，重庆百货数智化进程明显提速，数智化建设取得明显成效。

3. 数字化私域管理，加速年轻用户沉淀

随着互联网经济进入以小程序为经营和服务载体的新零售时代，当前市场上消费者群体趋向年轻化，青年群体逐渐显露出强大的消费潜力，成为消费者中的主力军，如何将庞大的年轻消费群体转化为客户留存，成为众多传统零售企业面临的一大现实问题。对此，重庆百货首创使用支付宝小程序来构建品牌新私域，以获取大量年轻用户。

作为相对低频的以百货商超为主的业态，重庆百货果断选择了以小程序作为数字化的主阵地。重庆百货首先将线下门店接入支付宝，线上借助支付宝的小程序平台能力，以及大促活动等会场流量，吸引用户加入；同时辅以线下物料提醒，将用户吸引到品牌在商家小程序的自运营阵地。随后，重庆百货利用小程序会员领券功能，吸引顾客加入会员、使用收藏功能，并升级小程序至支付宝首页位置，以此缩短用户访问路径，更好地触达用户；同时，小程序还能够将线下的用户转移到线上，将使支付宝平台的用户转化为自己的全新用户，再通过支付宝的小程序的收藏等用户触达模式完成用户群体的巩固，构建私域流量池，实现用户的留存与运营。重庆百货用更加具体化、精准化的方式对消费受众完成更有效、更直达的用户运营，激活了存量市场消费活力，在扩大私域流量池的同时、在强连接之下，促成忠诚度更高、黏性更强的商消关系，完成池内强用户关系的建立，打通线上和线下。

① 智慧零售与餐饮网，《重庆百货从低谷到数字化焕新的实践探索》，2024 年 1 月 25 日。http：//re-tail-it. cn/lins/352. html.

② 华龙网，《融合变革出成效 重庆百货半年业绩亮眼》，2023 年 9 月 1 日。https：//news. cqnews. net/1/detail/1147291376080834560/web/content_1147291376080834560. html.

与其他企业的小程序不同的是，重庆百货的支付宝小程序是将重庆百货旗下的百货、超市、电器、汽车四大业态全部聚合在一个程序内，通过聚合程序的运营让小程序流量聚合在一起，形成了小程序内用户和流量的内循环；同时，还可以再将流量分发至旗下四大业态，流量得以更加交叉地流转，让百货、商圈的优质会员能转化为电器和汽车会员。更为巧思的是，重庆百货充分发挥了私域的流量再分配，重庆百货借助小程序私域阵地，将旗下百货、商场、电器、汽车四大业态整合到同一个私域，借助百货和商场的高频场景带动低频场景，开展场域内多品牌、多业态、多场景的交叉营销，提升发券效率，同时打通多业态会员通路。通过这种方式，线下门店不再是企业数字化转型的负担，而是得天独厚的私域流量优势和"加速器"。

4. 数字化营销创新，激发市场消费活力

重庆百货数字化营销的第一步是数字化阵地的搭建。支付宝作为国民级支付工具，不仅在各大商超均有扫码触点或硬件设备，用户消费扫码即支付可以打通重庆百货的会员库；而且一直在深耕线下商家多样化的数字化能力，拥有优惠券、促销券、代金券等丰富的数字营销工具。因此，重庆百货数字化的第一站选择了支付宝小程序。

其实，重庆百货也曾研发过自己的百货 App，但是对于消费者而言，传统百货 App 是一个低频应用，并且相比于自建小程序，重庆百货发现进驻自带流量平台属性的 App 做小程序业务协同效益更高，因此，为了使消费者能在需要时能快速地找到和使用自己，重庆百货放弃了官方 App 建设，将数字化的主阵地放在了数字生活平台——支付宝，全面"拥抱"比 App 功能完善、更加有效的小程序，这也成为重庆百货数字化营销的核心。在支付宝小程序上，重庆百货全面开展品牌自运营，用支付宝小程序收藏等功能运营会员，并通过整合支付宝平台资源拓展新用户。在拉动线下门店客流、推动品牌焕新、吸引年轻消费者的同时，重庆百货将其四大业态会员数字化上翻，使会员都能变成可运营的数字会员。

自 2020 年开始，重庆百货与支付宝展开合作。为了配合商超做活动，支付宝在区域城市（服务商）有专人对接创新推出众多新玩法，商超百货做运营所需要的流量冷启动，如支付宝搜索框流量及本地服务排行榜，能帮助线下商超快速打破流量瓶颈的红利。有数据显示，"支付宝金秋优惠节"期间，重庆百货在

支付宝累计搜索量高达 88 万①，这种"进店"规模是线下所无法比拟的。在小程序运营渐入佳境后，重庆百货将"支付宝金秋优惠节"大促变为自己吸引全新用户的阵地，借助支付宝的流量支持，吸引用户加入重庆百货会员，并用小程序的平台能力和优惠活动让会员转化为重庆百货的会员。在活动期间，重庆百货联动大润发、叮咚买菜等九大品牌，共同出镜支付宝品牌联合广告片《爆》，借支付宝平台形成了"重庆百货爆品都在支付宝"的用户心智认同，让平台成为自己数字化的助力，平台优惠叠加自己的优惠，借势达成重庆百货的会员"拉新"。

"商圈红包雨"也是重庆百货在支付宝小程序上屡试不爽的营销法门，即通过小程序向消费者发放红包优惠券。重庆百货联合支付宝"发红包"采用了两种"简单粗暴"的方式：一种是用户搜索"重庆百货/重百"之后，能够进入到"红包雨"界面领取福利；另一种是"商圈红包雨"，商家借助支付宝平台的店铺圈选技术，在设定的时间段发放商家的优惠券，用户收到商家的优惠券可以到门店消费，这样可以把更多的客流都拉到门店，同时还能把线上支付宝的用户用"红包雨"的形式拉到商家，从而达到"拉新"的效果。在活动期间，消费者打开支付宝就可以在首页、社区页、小程序、生活号等位置看到重庆百货的优惠宣传、领取电子优惠券，这些优质的优惠券和奖品，在用户领取后，走几步路即可抵达商场进行使用，如果消费者后期没有到店，支付宝也会以优惠券到期前提醒的方式再次触达消费者，从而把用户从线上引导到线下门店，实现了到店的精准导流，缓解了互联网时代百货商圈的困境。在每一次的"红包雨"营销中，重庆百货旗下商场都悉数参与，借助支付宝的"商圈红包雨"，让重庆地区的支付宝会员都转化为自己的用户，使重庆百货支付宝小程序的访问量较平日增长了近4倍，发券量超过 40 万，甚至达到 88 万②。同时，重庆百货也通过整合各个业态的小程序，以"红包雨"的形式发放多业态优惠券，整合及打通各业态营销资源，使高频业态带动低频业态，实现了各场景业态交叉营销。"红包雨"优惠券活动为重庆百货带来了巨大的流量。活动期间，每天有上万人参与，消费者每次可抢到的红包金额不等，最大可达 1888 元，极大地激发了消费者到店消费的热情。统计显示，重庆百货与支付宝合作的优惠券核销率达 60%，收效显著高于

---

① 网易，《一个数字化营销的新样板，重庆百货是如何做"自运营"的?》，2021 年 11 月 1 日。

② 网易，《百年重百的数字化变身，给传统百货带来什么启示?》，2021 年 10 月 27 日。https://www.163.com/dy/article/GNBQH0NV05158BF0.html.

其他的优惠券合作模式；并且与传统模式相比，该模式下的营销费用也下降了60%。通过这种营销方式，重庆百货进一步发挥了自身百年传统百货的线下优势，迅速打通了线上与线下渠道，通过营销方式的数字化，搭建起线上线下引流的"高速公路"。重庆百货以支付宝小程序为主要阵地，在支付宝内通过"红包雨"的形式定时发放商家优惠券，完成对线上用户的引流，将远场用户吸引至商圈近场，充分挖掘当地的潜在消费人群。

除了小程序自运营，以及"优惠节""红包雨"等数字化营销方式，在支付宝平台上，重庆百货还上线了支付宝搜索互动营销玩法，加入支付宝"丝路计划"，以线下商场内的广告物料，引导用户上支付宝搜索、访问、收藏重庆百货小程序，借助支付宝给予的流量、营销资源，吸引普通用户变为重庆百货会员。另外，重庆百货还推出"上支付宝搜 7 秒"等搜索抽奖特色玩法，带动了重庆百货的销售额超 3000 万元[①]。

除支付宝小程序外，重庆百货还积极与淘宝开展直播合作，并借助头部主播派售购物券等形式，激励线上销售活动，直接触达顾客。据了解，2021 年上半年，重庆百货开展各类直播 3100 场，累计观看人数近 500 万，仅"618"活动期间就获得 1.75 亿元的销售额[②]。

● 未来：开创数字零售新时代

近年来，紧随零售行业线上线下融合发展的大趋势，老牌零售龙头企业重庆百货一直在不断焕新、持续升级、拥抱数字化。自 1920 年成立"宝元通"至今，重庆百货已走过百年的光辉历程，回忆百年奋斗史可以发现，重庆百货屹立百年、长盛不衰的动力在于它始终勇立时代潮头、改革创新，并时刻拥抱变化。随着数字化进程的不断加快，对传统企业来说，数字化不是选择题，而是必答题。重庆百货用自己的数智化实践之路，向传统零售企业解答了如何在数字化新零售时代吸引年轻消费者的目光、拓展增量市场、激发消费者活力这一重要问题。

2024 年是机遇与挑战并存的一年，在新零售时代的大背景下，重庆百货通

---

① 网易，《百年重百的数字化变身，给传统百货带来什么启示？》，2021 年 10 月 27 日。https：//www. 163. com/dy/article/GNBQH0NV05158BF0. html.

② 微信公众号，《重庆百货"蝶变"》，2021 年 10 月 22 日。https：//mp. weixin. qq. com/s/ZAx-883loXqh4L_hs6JCvgg.

过数智化转型和生态联盟建设等措施，成功构筑了全新的消费生态。展望未来，作为重庆零售行业的领军企业，重庆百货将加快实现在数字化基础上的线上线下一体化，加快业态创新和网点发展，为广大消费者提供更好的服务；继续坚持降速调优、多业态协同的发展战略，不断优化存量网点，探索新业务模式；秉承用户至上的理念，提升服务质量，加强品牌建设，不断推动技术创新和服务升级，以积极的态度应对市场变化，抓住消费升级的机遇，拓展新的市场领域，实现公司的可持续健康发展。

开发者观点

传统零售企业数字蝶变的探寻之路

李巍　教授/重庆理工大学 MBA 学院、管理学院

◆ 案例开发缘由

作为立足川渝、面向全国的零售龙头企业，重庆百货正以改革创新和转型升级为动力，加快构建高质量发展的新格局。目前，重庆百货已在重庆、四川、湖北等地开设各类商场、门店 281 家，其中百货业态 50 家、超市业态 152 家、电器业态 41 家、汽车业态 38 家，覆盖了衣、食、住、行等多个消费领域，满足了消费者多元化、个性化的需求。面对如此耀眼的百年企业，案例开发团队与重庆百货的相关企业管理者早已建立起深厚和良好的校企关系，并收集了大量一手与二手资料。案例开发团队发现，重庆百货自 1920 年创立"宝元通"以来，虽历经风雨但屹立不倒，仍在持续推动组织改革和零售模式创新，被视为山城重庆繁华的标志。然而，自 2010 年起，国内电商异军突起，百货零售受到巨大挑战，重庆百货开始历经坎坷，经历颇多挑战；进入 2020 年后，借助数字化升级，重庆百货力挽狂澜，实现华丽转身；到 2023 年，重庆百货实现了业务、会员、管理、服务等环节的数字化，构建起覆盖百货、超市、电器、汽车四大业态的线上运营平台，线上交易规模实现大幅扩大。重庆百货以数字化方式叩开百年大门，

其成果和成功经验值得当下处于转型深水期的传统零售百货企业深思。数字化时代，重庆百货在推动融合变革创新的过程中做出了哪些努力？在数字化转型的摸索、创新与升级过程中，重庆百货面临哪些问题与挑战？在数字创新的过程中，重庆百货在战略规划、组织管理、业务创新、市场运营、供应链变革与零售新业态等方面发生了哪些改变？这些疑问引起了案例开发团队的极大兴趣，也驱使团队积极联系重庆百货的高层管理者，从而获得实地调研与访谈的机会。

◆ 实地调研新发现

案例开发团队系统地收集了来自重庆百货官网及官方微信公众号、企业传记、新闻报纸、多媒体平台相关报道、行业报告、书籍期刊等近 20 万字的二手资料，包含重庆百货创立与成长过程中的重大事件、影响因素、成果奖项以及面临的相关问题等主要内容。对重庆百货二手资料的进一步收集、梳理与分析，为实地调研与企业访谈做好了充分准备。以 2024 年 5 月的重庆百货公司实地调研为例，团队围绕"数智创新与新零售"这一主题，针对重庆百货在传统零售企业向数智化转型等方面的企业管理经验与实践活动，设计了具有高度关联性的调研提纲，并提交给重庆百货大楼股份有限公司的高层审核，在获得允许后，团队奔赴重庆市渝中区重庆百货大楼股份有限公司进行实地调研，对相关高层管理人员进行访谈。

在访谈交流过程中，案例开发团队询问了重庆百货在发展过程中遭遇的关键事件、问题挑战以及成长机会等相关问题，以及企业所面临的环境挑战和数字化难题；此外，还询问了重庆百货的发展历程及业务变化，深入了解了重庆百货作为传统零售企业在新零售时代发展过程中的战略决策、加速线上线下渠道融合、实现数字化转型和创新等方面的成功经验，并讨论了重庆百货在新零售背景下推陈出新、构筑起数智零售新生态的成长过程及破局关键。与二手资料相比，深入现场的调研与访谈让团队较为清晰地认识和了解到重庆百货在数智创新和新零售方面的具体规划和实践活动，真切感受到重庆百货面对当前存量市场的"内卷"和网红、潮流商场的冲击，谋求生存和发展的积极态度和决心。

◆ 洞察企业新认知

通过系列调研，案例开发团队对重庆百货的管理经验和实践特色进行了系统回顾、梳理与总结。团队成员一致认为，重庆百货在数智化创新方面的企业特色主要表现在以下四个方面：

一是供应链数智变革，提高协同运作效率。重庆百货以数字平台为支撑，形成了以"数字化重构业务价值链"为导向的组织架构形式，并通过供应链专用的数字化平台提高了供应链的数字化管控能力和运作效率。此外，重庆百货还从采购端优化了供应链采购服务和经营结构，并在销售端以数字化后台作为支撑，建设了更加完善的物流体系，为顾客提供更满意的配送服务。

二是数智化系统运营，线上线下融合发展。重庆百货与多点公司展开战略合作，引入多点 DMALL 数字化操作系统，将人、货、场串联在一起，实现了门店数字化线上运营、门店履约一体化、店内智能采购方案、门店店务的全流程数字化等，助力全渠道运营、履约、管理、销售能力的提升。与此同时，重庆百货还自主研发了多业态融合的"多点 App"，实现了百货、超市、电器、汽车四大业态的线上融合运营，为消费者带来了商品丰富、功能齐全的"一站式"购物体验。

三是数字化私域管理，加速年轻用户沉淀。重庆百货将支付宝的小程序平台能力作为数字化的主阵地，将线下门店接入支付宝，利用大促等会场流量，同时辅以线下物料，将用户吸引到品牌在商家小程序的自运营阵地，构建私域流量池，实现了用户的留存与运营。此外，重庆百货借助小程序私域阵地，将旗下百货、商场、电器、汽车四大业态整合到同一个私域，实现了场域内多品牌、多业态、多场景的交叉营销，充分发挥了私域的流量再分配。

四是数字化营销创新，激发市场消费活力。在数字营销阵地的选择上，重庆百货在自建 App 和第三方数字平台之间，选择了进驻自带流量平台属性的支付宝小程序作为企业的数字营销工具，多次参与和推出"支付宝金秋优惠节""商圈红包雨"等互动营销活动，借助支付宝给予的流量、营销资源，吸引普通用户变为重庆百货会员。此外，重庆百货还积极与第三方直播平台合作，借助头部主播派售购物券等形式，直接触达顾客。

◆ 案例开发总结

历经百余年的摸索与发展，重庆百货从一家以经营铁锅、农具为主的小店铺，蜕变为如今百货、超市、电器、汽车多业务并行的国有综合零售企业，围绕数智供应链、智能巡检、智慧安防、智慧物流、智能防损、业财一体以及AI管理工具等多个领域，加速智能化应用，为消费者提供更加优质、便捷、多样的购物体验。从重庆百货身上，案例开发团队不仅洞察到重庆本土企业在探索与成长过程中形成的创新精神与毅力，而且感受到其勇于探索和革新的胸怀与担当。本案例对重庆百货数智化转型实践过程进行梳理与剖析，旨在引起读者对于传统零售企业如何在新零售时代应对数字化冲击、推进组织融合变革创新过程的思考，并为传统零售企业借助平台和数字技术实现数智化发展提供经验。此外，让社会更加全面、客观和真实地认识"重庆百货"这一在重庆本土崛起的百年零售龙头企业，不仅是团队开发本案例的初衷，也是重庆地区高校的管理教育和研究者传播具有重庆标签与中国特色管理实践的重要使命。

附录

附录1　重庆百货四大业态

（1）超市业态

重庆百货大楼股份有限公司超市事业部成立于2012年，为重庆商社重百股份公司旗下百货、超市、电器三大事业部之一。拥有"重百超市""新世纪百货超市"两大品牌，超市事业部旗下门店近200家，经营面积约85万平方米，从业人员逾3万人，经营网点分布在重庆、四川、湖北等地。近三年来，销售规模均保持在100亿元以上，利润逐年增长，位居西部地区超市行业前列。

（2）百货业态

重庆百货大楼股份有限公司百货事业部组建于 2012 年，由原重庆百货、新世纪百货的百货业态整合而成。截至 2020 年底，百货事业部在重庆、四川、贵州、湖北等省份开设了综合卖场 54 家，经营面积超过 110 万平方米，网点分布于重庆、四川、贵州、湖北等省份。从业人员逾 5 万人，会员人数逾 500 万，连续多年年销售规模在 150 亿元左右。旗下年销售逾 3 亿元的商场有 20 个，其中逾 5 亿元的商场有 8 个；旗舰店世纪新都年销售超过 20 亿元，荣获全国"金鼎百货品牌店"的称号。

（3）电器业态

重庆百货电器事业部具有 60 多年的电器经营历史，是消费者熟悉的著名家电经销商。2012 年，重庆百货实施资产整合，成立重庆百货电器事业部，整合了商社电器、重百电器和新世纪电器三个知名电器品牌，规模实力持续扩大，经营业绩持续提升，成为重庆百货的主力业态之一。目前，重百电器拥有 46 个零售专业卖场，以及以独家品牌代理为核心的多家专业批发公司和控股公司，经营品种逾万种，经营面积约 20 万平方米，从业人员逾 7000 人，经营范围辐射重庆

主城及周边大部分区县，并逐步向川、黔、滇、桂等相邻省份发展，保持家电区域连锁的龙头地位。重庆百货倾力打造的"重百家电节"和"内购会"已经成为家电行业知名的消费名片。

（4）汽车业态（商社汽贸）

重庆商社汽车贸易有限公司（以下简称商社汽贸）成立于1992年，是重庆市最早的商业企业之一——重庆百货大楼股份有限公司旗下的全资子公司。商社汽贸注册资金为1亿元，是专门从事汽车销售、售后服务、配件供应、金融服务、保险代理、用品装饰、汽车租赁、二手车销售、汽车改加装的经营实体。凭借多年专注于汽车市场经营的丰富经验，商社汽贸构建起了以汽车零售、汽车售后市场为重点拓展业务的全新商业生态模式；培育出了覆盖汽车贸易服务全链条的核心能力体系。公司现有员工近1600人，旗下拥有超过30家汽车4S店和综合销售服务机构，覆盖重庆主城及大部分区县市场。

资料来源：重庆百货官网，https://www.e-cbest.com/.

附录2 重庆百货发展历程

2003年 → 2010年 → 2014年 → 2015年 → 2017年 → 2020年 → 2022年 → 2024年 →

形成了涵盖百货、超市、电器三大业态的连锁经营管理格局

重庆商社集团旗下的新世纪百货和商社电器注入重庆百货

开始涉足购物中心业态，旗下新世纪百货接入支付宝，试水数字化支付

设立重庆马上消费金融股份有限公司

完成了"百货+超市+家电+汽车"的四业态发展框架布局

完成集团混合所有制改革

建成并上线多点多业态融合App，实现百货、超市、电器、汽车多业态数字化融合运营

吸收合并母公司重庆商社发行的购买资产的股份，完成此次并购重组

1996年正式在上海证券交易所上市

1994年 ← 1993年 ← 1991年 ← 1988年 ← 1985年 ← 1984年9月 ← 1984年 ← 1975年 ← 1958年 ← 1953年

开启了连锁经营的道路

重庆百货大楼股份有限公司正式成立

实行经营、价格、分配、用工"四放开"改革试点，实行劳动合同用工制度

推行两轮承包，建立责权利相结合三级（店部组）经营管理体系

重庆百货大楼开始再次更改扩建

开启企业管理体制的重大改革——实行经理负责制

重庆百货商店重新更名为"重庆百货大楼"

"三八商店"更名为重庆百货商店，并发展成一家新型综合性大型零售商场

重庆百货商店更名为重庆三八百货中心商店

将民权路门市部和民族路、邹容路的三个门市部合并更名为"重庆市百货中心商店"

1950年在"宝元渝"的基础上成立了重庆市第一家国营百货商店——西南区百货公司门市部

1920年 → 1927年 → 1934年 → 1935年 → 1946年 →

"宝元通"成立

先后在各地设立分号

在成都开设分号"宝元蓉"，专门用于采购各县手工业产品

东迁至重庆，设立"宝元渝"

"宝元通"正式改组为宝元通兴业股份有限公司

资料来源：笔者整理。

登康口腔：数智赋能传统企业"四化创新"[*]

案例概要

在我国新兴技术发展、市场变化和消费者变迁的叠加环境中，登康口腔80余年来怀揣一颗专注、传承的心，深耕抗敏赛道，持续探索口腔健康服务的革新路径。在"大竞争、小行业"的格局下，作为传统企业的登康口腔通过全链路营销体系升级和全方位数字化推进，应用数字技术赋能组织提档升级，实现了数智转型。公司坚守"咬定口腔不放松"的聚焦发展战略，致力于开拓口腔大健康全产业链市场，加快数字化转型步伐，为消费者提供口腔健康的整体解决方案。本案例通过对登康口腔在生产智能化、研发数字化、管理信息化以及营销网络化方面的创新举措进行深入分析，探讨数字赋能"智慧登康"的内在规律，旨在引起读者对中国口腔护理产品行业全方位数智转型模式的思考，并为传统企业开展数智创新提供路径和借鉴。

---

* 本案例由重庆理工大学 MBA 学院、管理学院的李巍教授、丁超博士，胡春霞、刘伟红、付予锦及何琴同学撰写，并得到登康口腔总经理赵丰硕先生、市场部部长陈宁先生、数智发展部部长周阳先生及总经理办公室副部长吴欣然先生的支持。本案例旨在用于 MBA 教学中课堂讨论的题材，而非说明本案例所述的管理行为是否有效。

案例正文

● 引言

据现有数据显示，中国口腔护理产品市场（包括牙膏、牙刷、刷牙器及牙线等日常用品）的整体规模目前约为 500 亿元；其中牙膏市场占据较大份额，接近 250 亿元。牙刷市场紧随其后，规模在 100-150 亿元，其中，电动牙刷的行业规模在 2024 年已达到 100 亿元左右[①]。日本的渗透率高达约 130%，欧美市场则为 20% 以上，相比之下中国的口腔护理产品渗透率相对较低。登康口腔陈宁部长曾言，尽管整个行业的整体规模并不算特别大，但竞争却异常激烈，属于典型的"大竞争、小行业"格局。在国内竞品众多，新兴技术发展、市场变化和消费者变迁的叠加环境中，如何站稳脚跟成了登康口腔题中应有之义。

2022 年京东口腔行业趋势报告显示，口腔护理市场正向差异化细分方向发展，呈现新玩法、智能化、人性化、精细化、高颜值五大趋势[②]。老字号的国货品牌要想实现品牌活化和年轻化，仅靠性价比难以存活，必须在营销、产品、品牌、渠道、打法、流量获取方式上进行迭代，完成全链路营销体系升级。全方位数字化推进是登康口腔交出的完美答卷，应用数字赋能，打造营销互联网化、研发数字化、生产智能化、管理信息化，促进数智转型，积极探索新消费习惯下的数字化创新[③]，助力大众消费升级，不断开创口腔健康事业的新篇章。

步入新时代，开启新征程，创造新作为。登康口腔坚守了八十余载的"烽火岁月"，不只满足于需求，更致力于对创新、创造的追求，"登康人"世代传承

---

① 21 经济网，《天风·商社｜口腔护理行业深度研究——市场规模持续增长，电动和专业口腔护理产品快速发展》，2022 年 7 月 29 日。http://www.21jingji.com/article/20220729/herald/39de5174e76cf472985570b6f1433337.html.

② 微信公众号，《A 股投资：国货崛起——冷酸灵牙膏的前世今生（一）》，2022 年 7 月 7 日。https://mp.weixin.qq.com/s/PfLugu-cvX3htsiPVwBvDg.

③ 微信公众号，《登康口腔积极探索新消费习惯下的数字化创新》，2023 年 4 月 28 日。https://mp.weixin.qq.com/s/RnDBoghw-FY-Voc22be1Eg.

的，从来不仅是一件产品、一种技术、一个品牌，而是一种信念、一种精神、一种责任担当。登康口腔坚持以科技创新为引领，赋能市场转型，打造发展新优势。登康口腔始终坚持"咬定口腔不放松，主业扎在口腔中"的聚焦发展战略，坚守国有企业、民族品牌的社会责任。为更好地服务消费者、促进国民整体口腔健康水平的提升，公司正逐步开拓口腔大健康全产业链市场，加快数字化转型，致力于为大众提供口腔健康与美丽整体解决方案，成为世界领先口腔健康专家，为大众带来自信美丽笑容。

● 企业概况

重庆登康口腔护理用品股份有限公司（以下简称登康口腔）作为深交所主板上市公司（股票代码：001328），是集研发、生产和销售于一体的国家级高新技术企业、国家级科改示范企业、国家工业品牌培育示范企业、国家知识产权优势企业、国家级绿色工厂。登康口腔一直致力于研究、开发适合国人口腔健康的优质口腔护理产品，是中国具有影响力的专业口腔护理企业。登康口腔拥有国家级工业设计中心、国家级博士后科研工作站、CNAS 国家认可实验室和重庆市企业技术中心、重庆市工程研究中心、重庆市工程技术研究中心、重庆市工业和信息化重点实验室等三个国家级、七个省部级创新平台，拥有双重抗敏感、生物活性玻璃陶瓷专效修复等多项行业先进技术。

登康口腔被誉为重庆轻工业"五朵金花"之一，多年雄踞重庆"工业企业五十强""制造业 100 强""中国工业企业综合评价最优 500 家"行列，是重庆市首家获得全国市场质量信用"用户满意标杆企业"称号（市场质量信用等级：AAA）的企业，荣获重庆市"市长质量管理奖"，是重庆老字号企业，也是中国口腔行业通过 ISO9001、ISO14001、ISO45001 和知识产权管理体系认证的企业。

登康口腔旗下拥有口腔护理知名品牌"登康""冷酸灵""医研""贝乐乐""萌芽"等，主要产品涵盖牙膏、牙刷、漱口水等口腔清洁护理用品。核心品牌"冷酸灵"在抗敏感牙膏细分领域拥有 60% 左右的市场份额，是中国抗敏感牙膏市场的领导品牌。同时，登康口腔紧抓行业发展趋势及机遇，大力创新开发电动牙刷、冲牙器等电动口腔护理用品，积极拓展口腔抑菌膏、口腔抑菌护理液等口腔卫生用品，以及牙齿脱敏剂等口腔医疗用品。其产品遍布全国，线上线下渠道融合发展，更好地满足了消费者从"到店"转向"到店+到家"的购物习惯变化。

● 企业发展历程

1. 早期发展阶段（1939—2000 年）

登康口腔发展历史可追溯到 1939 年的大来化学制胰厂。这一年，刘继先在重庆江北兴隆场桥湾内第三号（现重庆市江北区兴隆桥正街 57 号）创办了大来化学制胰厂（曾更名为上海协记大来化学制胰厂、大来实业股份有限公司）。这一时期的背景是国内连年战争、时局动荡，国民经济凋敝残破，民族企业生存发展举步维艰。范众渠先生在重庆皂烛业同业会理事程镜镁及范公希的大力举荐下出任大来化学制胰厂董事长，并建立了现代企业管理制度，为大来的发展壮大作出了突出贡献。

1956 年，由大来制皂厂、大成制皂厂、中华制皂厂公私合营而成的"大来肥皂厂"，后更名为重庆大来化工厂；1958 年，大来化工厂开始研制牙膏，并开始筹建牙膏车间；1959 年，在重庆大来化工厂建成牙膏车间，生产出了第一代皂胚型"东风"牌和"巨龙"牌牙膏；1961 年，大来化工厂并入新一制皂厂；1964 年，批准成立为西南地区定点的第一家专业牙膏厂——重庆江北牙膏厂；1966 年，重庆江北牙膏厂更名为重庆牙膏厂，是当时中国最早的四大牙膏生产企业之一，曾生产 10 多个牙膏品牌，但始终缺少一个响亮的品牌[1]；1987 年，重庆牙膏厂与重庆医科大学附属口腔医院联合攻关研制出中国第一支氯化锶抗敏感牙膏，并以"冷酸灵"命名投放市场，作为中国市场上第一支专业抗牙本质敏感的牙膏，"冷酸灵"一诞生就因为其功效卓著而备受消费者青睐。

20 世纪 90 年代，外资品牌挤压中国牙膏市场，试图以高价收购"冷酸灵"，面对外资品牌的入侵，登康口腔果断拒绝，并确立了"做中国抗牙齿敏感专家"和"中国抗牙齿敏感领导品牌"的战略目标，从此"抗敏"成了登康口腔的使命，始终聚焦抗敏赛道推陈出新。

2. 股份制改造与品牌建设（2001—2016 年）

2001 年 12 月，重庆牙膏厂作为主要发起人，通过股份制改造正式挂牌成

---

[1] 网易，《冷酸灵，一个国产品牌 IPO 的 30 年曲折史》，2022 年 6 月 11 日。https://www.163.com/dy/article/H9J5C9ON0511DD1O.html.

立了重庆登康口腔护理用品股份有限公司；2002 年，登康口腔荣获"中国名牌"称号和"中国驰名商标"认定，这标志着登康口腔的品牌建设迈上了新的台阶。

2007 年，登康口腔收到一封特殊的邮件，一位高校在读学生请求为其对薄荷醇严重过敏的授业恩师王老师定制一款不含薄荷醇的牙膏。登康口腔的领导当场拍板，要求研发部团队"竭尽全力，帮助这名学生实现回报恩师的愿望"。经过半年的努力，新品终于被研发出来，既不含薄荷醇，又和其他牙膏的口感相差不大。此后，登康口腔每年依然会为王老师生产一年所需的牙膏，在春节时寄到他家，连新冠疫情期间也不例外①。这种定制化的服务和人文关怀体现了登康口腔的企业社会责任感和人文关怀精神。

登康口腔于 2008 年完成了厂区迁建，搬迁至江北区海尔路 389 号。2009 年，登康口腔成立行业内首家抗牙齿敏感研究中心，加快抗敏感技术研发，进一步提升了竞争优势。2012 年，登康口腔获重庆市市长质量管理奖，同年相继通过了 ISO9001、ISO14000、OHSAS18000"三标一体化"认证，成为行业内率先通过"三标一体化"认证的企业之一。登康口腔制定了"咬定口腔不放松，主业扎在口腔中"的聚焦发展战略，随后公司又制定了以"四梁八柱"为主体的业务规划和实施路径。2014 年，登康口腔推出"贝乐乐"品牌，切入儿童口腔护理市场。此外，登康口腔积极加码布局新兴赛道，逐步丰富电动牙刷、牙齿脱敏剂等细分子品类领域，从口腔清洁基础护理向口腔医疗与美容领域延伸。2016 年，登康口腔逐步构建起以 SAP、ERP 系统为核心，CRM 为龙头，OA 系统为支撑，APS、MES、HR、SFA、SRM、KA_LINK 等系统为辅助的"互联网+产业链"数字化运营管控平台，基本实现了生产、营销、供应链、财务等业务的数字化管理，为公司实施数字化转型升级奠定了坚实基础。

3. 混合所有制改革与快速发展（2017 年至今）

根据国有企业改革相关政策，登康口腔自 2017 年开始积极推进混合所有制改革，并为 IPO 上市做准备，这一年，登康口腔获"重庆老字号"称号，并建

---

① 微信公众号，《17 年，专为一个人定制生产一款牙膏》，2024 年 3 月 21 日。https：//mp. weix-in. qq. com/s/pLRuKxevrag-FmC8djXn2g.

成"重庆市工程研究中心";2018年,登康口腔建成"重庆市博士后科研工作站""重庆市口腔健康科普基地"。为了提升效率和系统体验,推进敏捷运营、风险控制、精益管理,以及加强公司各业务领域之间的组织协同能力,登康口腔进行生产运营的数字化转型。

自2019年开始,登康口腔"冷酸灵"牙膏在抗敏感牙膏线下零售市场持续拥有60%左右的市场份额,成为中国抗敏感牙膏市场的领先品牌。同时,登康口腔积极推进品牌建设,通过全媒体渠道推广和跨界内容话题营销等方式,不断提升品牌影响力和品牌转化率,冷酸灵火锅牙膏跨界营销荣获"2019金旗奖全场大奖",登康口腔获"第十五届中国最佳公共关系案例大赛—企业品牌传播类金奖"。2020年,登康口腔利用数字化技术提升和消费者的交互体验,创新伙伴合作模式;同时,基于大数据分析让消费者洞察更加精准,并进行产品创新与客户体验的数字化转型。在这一年,登康口腔通过在重庆联合产权交易所公开挂牌增资引入了战略投资者,并实施了核心骨干员工持股,标志着混合所有制改革圆满完成。登康口腔也因此获得"用户满意标杆企业"(2020年全国市场质量信用等级AAA公示证明)、"健康企业"、"抗疫爱心单位"、"市级工业设计中心"、"第27届中国国际广告节冷酸灵'一口中国味'整合营销优秀作品"、"第十一届虎啸奖整合营销奖优秀奖"等荣誉。

2021年4月,登康口腔成功获得第二类医疗器械生产许可证,标志着公司正式具备了自主生产牙齿脱敏剂的能力与资质;同时,登康口腔成为"国家级工业设计中心""高新技术企业""中国科协'海智计划'重庆工作基地海智工作站"。2022年,登康口腔获"国企改革科改示范企业""重庆市智能制造标杆企业""重庆市专精特新企业""获国家级博士后科研工作站""国家知识产权优势企业""2022年中国轻工业数字化转型先进单位""实验室认可证书"等荣誉。

此外,登康口腔力图打造C2B、C2M、C2F数字化新业务,实现用户、生态合作伙伴间链接与赋能。至此,登康口腔开启了数字化转型"三步走":业务数字化—数字业务化—数字技术驱动商业模式创新。

2023年4月,登康口腔在深圳证券交易所主板挂牌上市(股票代码:001328)。截至2023年4月10日,登康口腔的实际控制人为重庆市国有资产监督管理委员会,通过重庆轻纺间接持有登康口腔59.83%的股权;第二大股东为战略投资者广东温氏投资有限公司,持有公司6.07%的股权。这一股权结构为登康口腔的稳定发展提供了有力保障。在此期间，登康口腔获"重庆市企业创新奖""重庆市智能工厂（口腔护理用品生产智能工厂）""国家级绿色工厂"等荣誉。2024 年 4 月，登康口腔"一种口腔粘膜修护三元联合技术及其在牙膏中的产业化应用"项目荣获中国轻工业联合会科学技术奖二等奖；同年 6 月，"冷酸灵"入选由中国轻工业企业管理协会发布的《第一批轻工业重点商标保护名录》；同年 7 月，尼尔森最新零售研究数据显示，2024 年 1—6 月，登康口腔旗下核心品牌"冷酸灵"牙膏市场占有率取得新突破，线下零售渠道牙膏市场份额达到 8.6%，首次跻身行业前三。

2024 年 8 月，登康口腔在公司学术报告厅召开了大数据平台和阿米巴经营管理平台项目启动大会，标志着登康口腔数字化转型工作正式迈入数据驱动业务增长、辅助管理决策、赋能数字化经营管理的新阶段。开展大数据平台项目是登康口腔实现"业务数字化"到"数字业务化"的重大转变，是实现数据资产有效管理的重要手段，是公司数字化转型的关键驱动力。推动阿米巴经营管理平台项目是关乎登康口腔经营管理能力、经营效率、经营质量持续提升的重大变革，两者相辅相成，缺一不可[1]。

● 数智赋能老品牌焕发新生机

1. 多管齐下，重塑智能化生产体系

（1）系统集成促进设备升级

登康口腔从 2019 年开始打造智慧登康三大项目，其中，智能化改造是首要任务[2]。登康口腔通过新购和升级改造原有的制膏设备、灌装机及产品扫码追溯系统，提升产线自动化、智能化水平[3]。数智部部长周阳谈到，登康所打造的智慧生产车间仅对设备进行相关升级还不够，还需要打造设备与系统的深度融合，APS 系统作为其中关键一环，发挥着至关重要的作用。除此之外，通过 MES

① 微信公众号，《登康口腔召开大数据平台和阿米巴经营管理平台项目启动大会》，2024 年 9 月 9 日。https：//mp. weixin. qq. com/s/9pJ-9sUT2jNLx2hV90sGiA.

② 经济日报，《小牙膏"挤"出大市场》，2021 年 6 月 18 日。http：//paper. ce. cn/jjrb/html/2021-06/18/content_445210. htm.

③ 百度，《冷酸灵母公司登康口腔：加码智能制造，实现数字化转型升级》，2023 年 3 月 14 日。https：//baijiahao. baidu. com/s? id=1760331279264466371#.

系统、Batch 系统、SCADA 系统的集成实施，5G 网络的重构规划，以及与登康口腔相关生产设备及现有 SAP、ERP、MFS 集中配料等系统集成互联，登康口腔实现产品生产全工艺流程数字化与透明化管控。高速运转的生产线、不断挥动的机械臂、来回穿梭的机器人……这些场景成为登康口腔生产车间的一道亮丽风景线。在灌装车间，由新灌装机、热缩机组成的快速线正在进行牙膏生产，后段则由自动输送分拣系统、在线激光烧码机、自动装箱机、AGV 小车、码垛机器人等设备接替了原有的人工烧码、装箱、码垛、输送等过程。在制膏车间内，新引入的两套全新制膏系统，工艺技术水平先进，生产更加高效，有效缩短了产品生产周期，提高了生产效率；同时，制膏生产环节引入了在线清洗消毒系统和工艺热水热源系统，使清洗消毒时间明显缩短，效率提升了 20% 以上。

（2）数字技术助力产品研发

登康口腔坚守抗敏初心，传承与创新并行。伴随消费者对于口腔护理产品的功能性需求日益丰富，登康口腔高度重视技术升级与研发创新，2019 年以来研发费用率维持在 3% 以上，研发投入行业领先。登康口腔攻克了在牙膏中应用益生菌的技术瓶颈，研制出"冷酸灵"专研抗敏（益生菌）牙膏。作为一款具有抗敏感协调增效的口腔护理产品，其功效显著、口感温和，成功引入跨领域的食品级益生菌技术，顺应细分品类增长趋势，获得授权发明专利 1 项，并于 2023 年获首届重庆市专利奖优秀奖，被纳入"2023～2025 年重庆市消费品工业'爆品'培育清单"[①]。

近年来，登康口腔把握行业发展趋势及机遇，实行多元布局、多点开花的经营战略，积极加码布局新兴赛道，大力创新开发电动牙刷、冲牙器等电动口腔护理用品。同样作为爆品的儿童电动牙刷，"冷酸灵贝乐乐"儿童电动牙刷是登康口腔根据儿童的牙齿结构和习惯爱好而研制的一款牙刷。该产品采用了微气泡声波震动技术，能帮助儿童更好地清洁"刷牙盲区"；配合牙膏使用，可有效减少牙菌斑。同时，该产品基于儿童手掌大小，打造出可使儿童易握的外形尺寸，搭配轻盈机身和背部线条防滑设计，陪伴小朋友尽享刷牙乐趣。

[①] 登康口腔官网，《登康口腔两款产品成功入选重庆市消费品工业"爆品"培育清单》，2024 年 3 月 5 日。

除了儿童电动牙刷之外，登康口腔所推出的成人智能电动牙刷也不同于市面上的其他产品。登康口腔将"智能芯片"技术运用于电动牙刷，这种牙刷能够识别用户的刷牙姿态，并通过智能计时、分区提醒、过压警告等功能，引导消费者建立良好的口腔清洁习惯；还可以通过收集刷牙数据，为消费者提供更加个性化的口腔护理方案。数智部部长周阳谈到，登康口腔正在利用 AI 技术学习并检测口腔健康问题，包括美白度、敏感度等。通过收集大量口腔照片进行训练，AI 技术能够实现较高的准确度。这种技术将被应用于登康口腔的小程序中，为消费者提供更加便捷、准确的口腔健康检测服务。此外，公司将持续加大对无刷马达、充电锂电池和电路板等核心电子元器件的研发投入，打造数字化智能口腔系列产品[1]，做世界领先口腔健康专家。

（3）数据采集驱动智能生产

全面数字化生产不是靠引入多少系统数量，数据可量化是数字化转型的根本。登康口腔总经理赵丰硕强调，在数字技术的加持下，公司所打造的智能工厂，其生产数据采集率要提升到 90% 以上[2]。数据资产对企业的生产至关重要，要实现质量追溯数据化，工艺参数、温度等指标采集全面在线化，工艺改进效益可视化，构成生产智能化。登康口腔从 2016 年开始，逐步构建起以 SAP ERP 系统为核心，CRM 为龙头，OA 系统为支撑，APS、MES、HR、SFA、SRM、KA_LINK 等系统为辅助的数字化运营管控平台。这一平台为数据采集奠定了坚实的基础。通过各业务系统，登康口腔沉淀了海量数据，这使公司能够实时监控生产过程中的各项数据，如生产进度、设备状态、产品质量等，从而及时发现并解决潜在问题。

从登康口腔智能制造升级改造项目（一期）工程建设中，以技术手段整合多个独立的系统，实现了不同系统间数据共享、协同操作，形成功能完整、协同作业的整体系统，实现了生产车间生产自动化、数字化、智能化。未来，登康口腔将继续推进智能制造升级改造项目（二期）工程建设，项目全面建成后，工厂的装备数控化率、关键设备联网率、关键工序数控化率将达到 100%，生产能力、生产效率、产品质量、产线柔性、能源利用率将得到大幅提升，进而更好地

[1] 未来智库，《2024 年登康口腔研究报告：深耕口腔清洁护理，牙齿抗敏龙头扬帆起航》，2024 年 1 月 10 日。https://www.vzkoo.com/read/202401100819e250b533f52784afacff.html.
[2] 经济日报，《小牙膏"挤"出大市场》，2021 年 6 月 8 日。http://paper.ce.cn/jjrb/html/2021-06/18/content_445210.htm.

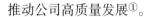

推动公司高质量发展①。

2. 转型升级，打造信息化运营管理

登康口腔进行全链条数字化与信息化管理的深度融合，使其在激烈的市场竞争中脱颖而出，实现了从内部管理到业务运营的全面升级。这一转型不仅彰显了登康口腔对数字化时代的深刻洞察，更为行业树立了标杆，引领着口腔健康领域向更加智能化、高效化的未来发展。

（1）推动认知转型升级，信息化引领企业发展

在日新月异的商业环境中，登康口腔迎来了其发展历程中的重要转折点——转型升级。这一转型的起点，正是认知的转型，它不仅是登康口腔迈向新发展阶段的第一步，更是奠定后续变革成功的基石。登康口腔董事长凭借高瞻远瞩的视野，敏锐地捕捉到了市场趋势与企业发展的契合点，果断提出了数字化转型升级的战略决策。这一决策在登康口腔高层中迅速达成了共识，高层团队秉持开放和前瞻的理念，引领整个组织向未知但充满希望的数字化领域进发。为了让这一转型战略深入人心，登康口腔上下进行了深入的员工认知转变工作。尽管过程中遇到了些许阻力，例如几名将要退休的员工最初对应用数字技术表示极力抗拒，但随着数字化转型的推进，员工们逐渐感受到了相关平台和技术所带来的便利性，从而逐渐接受了这一战略方针。这种自上而下的认知统一，为后续的转型工作奠定了坚实的思想基础。

（2）搭建全新运营平台，信息化激活职能管理

在认知转型的基础上，登康口腔积极搭建起了全新的运营平台进行运营管控，以提升数据治理能力、数据平台能力及数据分析能力，实现业务数字化。登康口腔与滴普科技积极达成合作。双方依托各自优势共同构建全面、高效、安全的"登康口腔生产运营数据平台"，推动企业产品的全面升级、创新及市场拓展，联袂探索智能制造的未来发展路径。依托于滴普科技实时智能湖仓平台 FastData 的能力，登康口腔完成了梳理新时代业务指标，打破系统壁垒实现数据流通，标准化处理、清洗、融合数据并加强质量监控，构建管理驾驶舱和业务报表系统，通过可视化技术提供直观的业务分析建议等指导登康运营的管理工作。

---

① 百度，《登康口腔智能制造升级改造项目（一期）竣工投产》，2023 年 11 月 7 日。https://baijia-hao. baidu. com/s？id=1781895162831962456.

这套全面、安全、高质量的数据存储与治理体系的构建完成，可为登康口腔后续探索 AI 大模型的应用落地奠定一定的语料工程基础，在日后进行的智能化升级战略中为其提供强有力的支撑①。同时，登康口腔上线巨益全渠道业务中台，打通了公司内部 SAP、财务以及多仓 WMS 业务系统数据，迅速解决了登康口腔线上线下库存共享同步、多平台订单对接以及电商业财一体化管理等一系列信息化难题，实现了全渠道业务运营效率的进一步提升②。

此外，登康口腔运用数字化激活 HR 管理，通过数字化建设激活人才、提升管理能效，是企业高质量发展的重要基础，助力企业战略落地③。与此同时，登康口腔还通过数字化技术实现了供应链的协同管理，通过与供应商、分销商等合作伙伴的紧密合作，登康口腔能够实时掌握库存情况、优化库存管理策略、降低库存成本，数字化供应链的运营提升了供应链的透明度和响应速度，为企业赢得了更多的市场机会。

（3）构建 C2F 商业模式，数字化满足个性需求

登康公司积极探索并实践 C2F（Consumer to Factory）的新商业模式，打破了传统的产销链条，实现了消费者与工厂的直接对接，极大地提升了供应链的透明度和效率。在 C2F 模式的驱动下，登康口腔的产品和服务能够更好地满足消费者的个性化需求，赢得了市场的广泛认可。

3. 精准营销，提升数字化消费体验

登康口腔正在全力打造以用户为中心的数字化营销体系，全面推动企业实现全渠道的数字化营销转型，精准触达用户，实现营销数字化。登康口腔做了以下举措：

（1）引入 SEF 系统，实现数据共享和协同

登康口腔引入了 SEF 系统，实现了全渠道数字化监控，确保每一分营销费用都花在刀刃上，执行力度也得到有效保障。同时，SEF 系统与 CDP 私域运营系统进行无缝对接，实现了数据的共享和协同，沉淀了消费者市场数据。登康口腔

---

① 微信公众号，《滴普科技 X 登康口腔丨联袂探索数字化，共筑智能制造新篇章》，2024 年 8 月 8 日。https：//mp. weixin. qq. com/s/WkaGzBm6NaPAdVDn4V114g.

② 微信公众号，《登康口腔丨冷酸灵成功上线巨益全渠道业务中台》，2024 年 3 月 13 日。https：//mp. weixin. qq. com/s/8K0z5-yhV-9fj77ygmhs9A.

③ 微信公众号，《数治"消费"点燃企业增长新引擎》，2024 年 8 月 30 日。https：//mp. weixin. qq. com/s/SA_4RkJFCj3yAL3S2HluJw.

一直坚持紧紧围绕以产品为触点、以品牌私域运营平台为手段，构建消费者数字化运营平台。通过用户数据平台系统（CDP）对全域消费者数据进行洞察、分析、管理与应用，从而精准形成用户画像并完善用户资产数据的沉淀，以支持消费者行为深入研究、个性化产品开发、精准化品牌投放等业务决策，实现对消费者的多维度分析，进一步提升精准营销的能力[①]。

（2）构建私域生态，搭建消费者体验中心

私域用户是企业的宝贵资源，尤其是在新产品推出时，其可以作为预实验的种子选手，提供宝贵的反馈意见。然而，如何真正留存这些私域消费者并实现有效触达，成为企业面临的一大挑战，登康口腔给出了回答：搭建消费者体验中心。

登康口腔数字化消费者体验中心位于公司厂区内，即重庆市江北区海尔路389号，一期项目共3层楼，面积约4000平方米，是登康口腔"智慧登康"项目的点睛之作。登康口腔计划让其成为社会各界考察、顾客参观交流、口腔健康科普教育、数智营销传播的重要阵地，集中展现登康口腔的发展历史、文化、品牌、产品、服务等各个方面，推动企业的商业模式创新，助推区域性工业旅游的发展，加快打造以消费者体验为中心的数字化、智能化旅游观光工厂，努力打造千万级的私域营销运营平台。

登康口腔对创建范围内（包括数字化消费者体验中心项目内部，面积约4000平方米；整个厂区，占地约80000平方米参观沿线）的导视系统及其他附属系统进行规划、设计、制作安装等。消费者体验中心的搭建、打造全球第一条亚洲的DIY生产线，是登康口腔管理和留住私域用户的解决方案。消费者体验中心不仅能让消费者更深入地了解登康口腔的产品、口腔健康知识以及品牌形象，而且通过DIY生产线的创新方式，让消费者能够根据自己的喜好和需求，定制个性化的产品，做一个专属于自己IP的牙膏。这种以消费者为中心的理念，极大地增强了消费者的品牌信任感和归属感。

（3）完善销售网络，全面覆盖各类终端

登康口腔建立了多元营销网络，涵盖经销、直供与电商模式，此体系全面覆盖各类终端，实现了营销网络的广泛与深入[②]。经销模式涉及KA、分销、新零

---

① 微信公众号，《登康口腔积极探索新消费习惯下的数字化创新》，2023年4月28日。https：//mp. weixin. qq. com/s/RnDBoghw-FY-Voc22be1Eg.

② 搜狐网，《登康口腔：口腔护理国产龙头企业 旗下"冷酸灵"稳定60%细分市占率》，2023年4月6日。https：//www. sohu. com/a/663698998_115124.

售及特通渠道；直供模式针对的是 KA 及团购客户；电商模式迅速拓展电商渠道及平台，其中在抖音平台的销售额的增长非常迅速，2022 年上半年达到了 3506 万元，进一步逼近天猫超市和天猫旗舰店之和①。虽然市场对登康口腔的电商销售模式有所疑问，认为其占比小且毛利较低，加大电商投入可能会进一步压缩利润空间，但是实际情况却与这种担忧相反。

2019 年至 2024 年第一季度，登康口腔的毛利率一直保持在 40%以上，且盈利能力呈现出稳中向上的趋势。这得益于登康口腔积极推进的数字化升级策略，通过线下增效与线上开源的有机结合，不仅有效地实现了全域流量的转化，还在降本增效方面取得了显著成果。② 随着全渠道电商业务体量的迅速倍增，以及登康口腔未来全渠道电商业财一体化的业务目标和信息化、规范化管理目标，登康口腔决定加速全渠道数字化经营战略的落地，进一步推动其线上线下消费场景的数字化效率提升。因此，登康口腔与巨益科技达成战略合作，并成功上线巨益全渠道业务中台。项目上线后，巨益全渠道电商中台助力登康口腔打通天猫、抖音、京东、快手、拼多多、唯品会、小红书、微信小程序等国内前端销售渠道③。

• 尾声

在登康口腔长达 80 余年的发展历程中，把抗敏感这件事情做到极致，将抗敏感技术的精进视为一种专注和传承。然而，面对这样的深厚底蕴，若缺乏创新与变革的追求，则可能会陷入故步自封的境地。全面数字化转型是登康口腔给出的响亮而有力的答案：在新的技术环境下，登康口腔重塑生产体系，积极探索数智赋能转型升级；在新的市场环境下，登康口腔采取全新的营销策略，融合私域与公域流量，通过精准定位与高效运营，打造具有市场影响力的爆款产品；在新的顾客需求下，私域渠道的设计与构建成为关键一环，通过精细化的用户运营与个性化的服务体验，增强用户黏性，进一步提升品牌影响力。

可见，登康口腔利用数字赋能，以使命为基、技术为锚，打造营销互联网

---

① 微信公众号，《渠道之变正在发生！剖析登康口腔的营收，你会发现电商的强大》，2023 年 4 月 7 日。https：//mp. weixin. qq. com/s/7eRY5lyJTbk5RobO1OSkiA.

② 微信公众号，《打破质疑的登康口腔》，2024 年 6 月 7 日。https：//mp. weixin. qq. com/s/ZO5e3 oIToLD-_x9tcHCzqQ.

③ 微信公众号，《登康口腔｜冷酸灵成功上线巨益全渠道业务中台》，2024 年 3 月 13 日。https：// mp. weixin. qq. com/s/8K0z5-yhV-9fj77ygmhs9A.

化、研发数字化、生产智能化、管理信息化的数智"四化",为登康口腔构建了"防火墙"。通过这四个方面的特色实践,登康口腔不仅提升了自身的生产效率和产品质量,还通过数字化手段增强了与消费者的互动,提高了品牌的市场竞争力。登康口腔的数字化转型实践,体现了公司对市场趋势的敏锐洞察和对技术创新的持续投入。通过智能化生产体系的构建,登康口腔不仅提升了生产效率,还通过数据驱动的决策,优化了产品质量和生产流程。研发数字化使登康口腔能够快速响应市场变化,开发出满足消费者需求的创新产品。管理信息化则加强了登康口腔内部的协同效率,提高了对市场变化的响应速度。营销网络化则使登康口腔能够更精准地触达目标消费者,提升品牌影响力和市场份额。

　　未来,登康口腔将不断探索新的产品研发技术,深化品牌再定位与市场拓展战略,同时积极寻求线上线下融合的创新路径,以解锁并抓紧新的流量增长点。登康口腔将秉持开放与创新的精神,不断优化产品与服务,以更加灵活多变的打法,应对市场挑战,实现可持续发展。

开发者观点

以数智之道守经典之基,破创新之局

李巍　教授/重庆理工大学 MBA 学院、管理学院

◆ 案例开发缘由

　　作为一家集研发、生产和销售于一体的国家级高新技术企业,登康口腔为充分发挥创新主导作用,加快发展新质生产力,不断塑造发展新动能新优势,推动口腔产业的高端化、智能化、绿色化转型。登康口腔一直致力于研究、开发适合国人口腔健康的优质口腔护理产品,是中国具有影响力的专业口腔护理企业、中国抗牙齿敏感市场的绝对领导者、中国人民的"牙齿抗敏感专家"。

　　面对坚持民族品牌老字号的国有企业,案例开发团队与登康口腔的相关企业管理者早已建立起深厚的友谊和良好的校企关系,并收集了大量一手与二手资

料。案例开发团队发现，登康口腔在 1987 年与重庆医科大学附属口腔医院联合攻关研制出中国第一支氯化锶抗敏感牙膏，并以"冷酸灵"命名投放市场，作为中国市场上第一支专业抗牙本质敏感的牙膏。"冷酸灵"一诞生就因为其功效卓著而备受消费者青睐，至今仍然在抗敏感牙膏细分领域拥有 60% 左右的市场份额。根据尼尔森最新零售研究数据，2024 年 1~6 月，登康口腔旗下核心品牌"冷酸灵"牙膏市场占有率取得新突破，线下零售渠道牙膏市场份额达到 8.6%，首次跻身行业前三。在我国新兴技术发展、市场变化和消费者变迁的叠加环境中，登康口腔在智能制造领域与数智化转型升级的实践取得了显著成效，让老字号的国货品牌实现了品牌活化和年轻化。

以数智赋能实现登康口腔在营销、产品、品牌、渠道、营销、流量获取方式上的迭代，其成果和成功经验值得当下处于"大竞争、小行业"格局下的传统制造企业深思：数字化时代，登康口腔在打造"智慧登康"项目过程中做了哪些重要举措？在数智化转型与战略升级的摸索、创新与升级过程中面临哪些问题与挑战？在数字创新的过程中，登康口腔是如何在新零售背景下进行营销网络化、研发数字化、生产智能化、管理信息化的创新的？这些疑问引起案例开发团队极大的兴趣，这驱使案例团队积极联系登康口腔的高层管理者，获得实地调研与访谈的机会。

◆ 实地调研新发现

案例开发团队系统地收集了来自登康口腔官网及官方微信公众号、企业传记、新闻报纸、多媒体平台的相关报道、行业报告、书籍期刊等来源近 20 万字的二手资料，包含登康口腔创立与成长过程中的重大事件、影响因素、成果奖项以及所面临的相关问题等主要内容。对登康口腔二手资料的进一步收集、梳理与分析，为后续实地调研与企业访谈做好了充分准备。以 2024 年 10 月的登康口腔实地调研为例，案例开发团队围绕"数智创新"这一主题，针对登康口腔在传统制造企业向数智化转型等方面的企业管理经验与实践活动，设计了具有高度关联性的调研提纲，并提交给重庆登康口腔护理用品股份有限公司高层审核，在获得允许后奔赴重庆市江北区的登康口腔进行实地调研，对相关高层管理人员进行访谈。

在访谈交流过程中，案例开发团队询问了登康口腔在发展过程中的关键事件、问题挑战以及成长机会等相关问题与内容；针对企业面临的新兴技术发展、市场变化和消费者变迁的叠加环境，询问了登康口腔在营销网络化、研发数字化、生产智能化、管理信息化四个议题中的创新举措、显著成效和面临挑战等方面的疑惑，深入学习登康口腔作为传统制造企业在新时代发展过程中的战略决策、智能化改造、技术创新、营销创新等方面的成功经验，并讨论了登康口腔在产品研发技术、品牌再定位和市场拓展，以及线上和线下融合路径的成长过程及破局关键。与二手资料相比，深入现场的调研与访谈让案例开发团队较为清晰地认识和了解到了登康口腔在营销网络化、研发数字化、生产智能化、管理信息化方面的具体规划和实践活动，真切感受到登康口腔深耕抗敏赛道，秉持传承与创新并行，积极探索新消费习惯下的数字化创新，促进大众消费升级，不断开创口腔健康事业的新篇章。

◆ 洞察企业新认知

通过系列调研，案例开发团队对登康口腔的管理经验和实践特色进行了系统回顾、梳理与总结。团队成员一致认为，登康口腔在数智化转型升级的道路上，以智能制造推动生产智能化、研发数字化、管理信息化以及营销网络化四个方面的特色实践，成功构建了企业的核心竞争力，并在口腔护理行业中取得了显著成效。

第一，生产智能化。登康口腔通过引入先进的 MES 系统、Batch 系统、SCADA 系统，并与现有的 SAP、ERP 等系统集成互联，实现了生产全工艺流程的数字化与透明化管控。这一举措不仅提升了生产线的自动化和智能化水平，还有效缩短了产品生产周期，提高了生产效率。在灌装车间和制膏车间，新引入的自动化设备和系统取代了原有的人工操作，实现了从原料输送、产品灌装、包装到码垛的全自动化生产流程。此外，登康口腔还引入了在线清洗消毒系统和工艺热水热源系统，显著提升了生产效率和清洗消毒效率。

第二，研发数字化。登康口腔高度重视技术升级与研发创新，持续加大研发投入，以满足消费者对口腔护理产品的功能性需求。登康口腔成功攻克了在牙膏中应用益生菌的技术瓶颈，研制出具有抗敏感协调增效的"冷酸灵"专研抗敏（益生菌）牙膏，并获得发明专利认证。此外，登康口腔还积极开发电动牙刷、冲牙器等电动口腔护理用品，以及口腔抑菌膏、口腔抑菌护理液等口腔卫生用品，不断丰富产品线。登康口腔利用 AI 技术学习并检测口腔健康问题，通过收集大量口腔照片进行训练，目前，AI 技术能够实现较高的准确度，为消费者提供更加便捷、准确的口腔健康检测服务。

第三，管理信息化。登康口腔通过构建以 SAP ERP 系统为核心的数字化运营管控平台，实现了生产、营销、供应链、财务等业务的数字化管理。这一平台为数据采集奠定了坚实的基础，使登康口腔能够实时监控生产过程中的各项数据，如生产进度、设备状态、产品质量等，从而及时发现并解决潜在问题。此外，登康口腔还通过数字化技术实现了供应链的协同管理。通过与供应商、分销商等合作伙伴的紧密合作，登康口腔可实时掌握库存情况，优化库存管理策略，降低库存成本，从而提升和加快了供应链的透明度和响应速度。

第四，营销网络化。登康口腔全力打造以用户为中心的数字化营销体系，全面推动企业实现全渠道的数字化营销转型。登康口腔引入了 SEF 系统，实现了全渠道数字化监控，确保每一分营销费用都花在刀刃上；同时，SEF 系统与 CDP 私域运营系统无缝对接，实现了数据的共享和协同，沉淀了消费者市场数据，并实现了对消费者的多维度分析，进一步提升了精准营销的能力。登康口腔还搭建了消费者体验中心，通过 DIY 生产线的创新方式，让消费者能够根据自己的喜好和需求，定制个性化的产品，增强了消费者的品牌信任感和归属感。此外，登康口腔还建立了多元化的营销网络，涵盖经销、直供与电商模式，全面覆盖各类终端，实现了营销网络的广泛与深入。

◆ 案例开发总结

"冷热酸甜，想吃就吃"，一句脍炙人口的广告语让登康口腔走入大众视野。历经 80 余年的摸索与发展，登康口腔积累了雄厚的资产，国民品牌形象深入人心，抗敏功效成功占领消费者的心，在中国牙膏市场迎来新的腾飞。登康口腔正逐步开拓口腔大健康全产业链市场，加快全面数字化转型，以深化营销网络化、研发数字化、生产智能化、管理信息化，致力于为大众提供口腔健康与美丽整体解决方案，成为世界领先口腔健康专家，为大众带来自信美丽笑容。

从登康口腔身上，案例开发团队不仅洞察到重庆本土企业在探索与成长过程中形成的创新精神与毅力，也感受到其勇于探索和革新的胸怀与担当。本案例对登康口腔数智化转型实践过程进行的梳理与剖析，旨在引起读者对于传统制造企业如何在数字经济时代应对数字化冲击、推进组织融合变革创新过程的思考，并为传统制造企业借助平台和数字技术实现数字化赋能、加速实现智能制造的数智化发展提供管理借鉴。此外，让社会更加全面、客观和真实地认识"登康口腔"这一重庆国民老字号企业如何让老品牌焕发新生，是重庆地区商学教育及研究者的重要职责和使命，也是重庆理工大学 MBA 教育助力社会经济发展的重要举措。

附录

附录 1　登康口腔大事记

年份	事件
1939	·发展历史可追溯到 1939 年的大来化学制胰厂
1956	·由大来制皂厂、大成制皂厂、中华制皂厂公私合营而成"大来肥皂厂"，后更名为"重庆大来化工厂"
1959	·在重庆大来化工厂建成牙膏车间，生产出了第一代皂胚型"东风"牌和"巨龙"牌牙膏
1961	·大来化工厂并入新一制皂厂
1964	·经中国轻工业部批准成立为西南地区定点的第一家专业牙膏厂——重庆江北牙膏厂
1966	·"重庆江北牙膏厂"更名为"重庆牙膏厂"
1987	·"冷酸灵"脱敏牙膏正式上市，标志着"冷酸灵"品牌的诞生
2001	·12 月，通过股份制改革，正式挂牌成立了重庆登康口腔护理用品股份有限公司
2002	·"冷酸灵"荣获"中国名牌"称号和"中国驰名商标"认定
2004	·建成重庆市企业技术中心
2008	·完成了厂区迁建，搬迁至江北区海尔路 389 号
2009	·成立了冷酸灵抗牙齿敏感研究中心
2012	·登康口腔相继通过了 ISO9001、ISO14000、OHSAS18000"三标一体化"认证，成为行业内率先通过"三标一体化"认证的企业之一 ·登康口腔制定了"咬定口腔不放松，主业扎在口腔中"的聚焦发展战略，随后公司又制定了以"四梁八柱"为主体的业务规划和实施路径 ·获重庆市市长质量管理奖
2014	·推出"贝乐乐"品牌，切入儿童口腔护理市场 ·登康口腔积极加码布局新兴赛道，逐步丰富电动牙刷、牙齿脱敏剂等细分子品类，从口腔清洁基础护理向口腔医疗与美容领域延伸

续表

年份	事件
2016	·构建以 ERP 系统为核心，CRM 系统为龙头，OA 系统为支撑，SHR、大数据平台等系统为辅助的"互联网+产业链"数字化运营平台，为登康口腔实施数字化转型升级奠定了坚实基础
2017	·获"重庆老字号"荣誉称号 ·建成"重庆市工程研究中心" ·积极推进混合所有制改革，并为 IPO 上市做准备
2018	·建成"重庆市工程技术研究中心" ·建成"重庆市博士后科研工作站" ·建成"重庆市口腔健康科普基地"
2019	·冷酸灵火锅牙膏跨界营销获"2019 年金旗奖"全场大奖 ·获第十五届中国最佳公共关系案例大赛"企业品牌传播类"金奖
2020	·通过在重庆联合产权交易所公开挂牌增资引入了战略投资者，并实施了核心骨干员工持股，标志着混合所有制改革圆满完成 ·获得"用户满意标杆企业"（2020 年全国市场质量信用等级 AAA 公示证明）称号 ·获"健康企业"称号 ·获"抗疫爱心单位"称号 ·建成市级工业设计中心 ·冷酸灵"一口中国味"整合营销获第 27 届中国国际广告节优秀作品 ·获第十一届虎啸奖整合营销奖优秀奖
2021	·获得第二类医疗器械生产许可证，标志着登康口腔正式具备了自主生产牙齿脱敏剂的能力与资质 ·建成国家级工业设计中心 ·获"高新技术企业"的称号 ·成立中国科协"海智计划"重庆工作基地海智工作站 ·"冷酸灵×国博跨界牙膏"获第 21 届 IAI 传鉴国际广告奖 ·获 2021 年成渝地区双城经济圈"为川渝高质量点赞"消费者点赞企业 ·"冷酸灵：刷退敏感，温柔以喵"获 2021 年金旗奖短视频营销金奖
2022	·力图打造 C2B、C2M、C2F 数字化新业务，实现用户、生态合作伙伴间链接与赋能 ·获"国企改革科改示范企业"称号 ·获"重庆市智能制造标杆企业"称号 ·获"重庆市专精特新企业"称号 ·成立国家级博士后科研工作站 ·获"国家知识产权优势企业"称号 ·获"2022 年中国轻工业数字化转型先进单位"称号 ·获得实验室认可证书
2023	·在深圳证券交易所主板挂牌上市（股票代码：001328） ·获重庆市企业创新奖 ·获"重庆市智能工厂"称号 ·获"国家级绿色工厂"称号

年份	事件
2024	· 4 月,"一种口腔粘膜修护三元联合技术及其在牙膏中的产业化应用"项目荣获中国轻工业联合会科学技术奖二等奖 · 6 月,"冷酸灵"入选由中国轻工业企业管理协会发布的《第一批轻工业重点商标保护名录》 · 7 月,据尼尔森最新零售研究数据,2024 年 1—6 月,登康口腔旗下核心品牌"冷酸灵"牙膏市场占有率取得新突破,线下零售渠道牙膏市场份额达到 8.6%,首次跻身行业前三 · 9 月,召开了大数据平台和阿米巴经营管理平台项目启动大会,标志着登康口腔数字化转型工作正式迈入数据驱动业务增长、辅助管理决策、赋能数字化经营管理的新阶段

资料来源:根据登康口腔官网(https://emp.dencare.com.cn/)整理而得。

附录 2　登康口腔旗下产品

为了给大众提供全面的口腔护理产品,登康口腔制定了成人基础口腔护理产品、儿童基础口腔护理产品、电动口腔护理产品、口腔医疗与美容护理产品四大产品矩阵,致力于为大众提供口腔健康与美丽整体解决方案。

1. 成人基础口腔护理产品系列

(1) 牙膏产品

产品图片	产品名称	产品简介
	"冷酸灵"医研® 抗敏(专效修复)牙膏	修复受损牙齿
	"冷酸灵" 专研抗敏牙膏	修护敏感牙齿
	"冷酸灵"海盐沁爽牙膏	冰爽力,融合地中海海盐

产品图片	产品名称	产品简介
	"冷酸灵"抗敏感牙膏（极光感）	泵式按压，天然谷物萃取，呵护牙齿

（2）牙刷产品

产品图片	产品名称	产品简介
	"冷酸灵"万物皆可（萌）牙刷	萌软可爱，Q软清洁

产品图片	产品名称	产品简介
	"冷酸灵"专研护敏牙刷	绵密纤软毛，呵护牙龈

（3）漱口水及口喷等产品

产品图片	产品名称	产品简介
	"冷酸灵"医研® 修护漱口水	医研品质，呵护口腔

续表

产品图片	产品名称	产品简介
	"冷酸灵"猫爪杯便携漱口水（20颗）	萌力来袭，随时清新
	"冷酸灵"画甜玻尿酸精华口喷	温和配方，复调香氛，体验清新魔法

2. 儿童口腔护理（部分产品）

产品图片	产品名称	产品简介
	"冷酸灵贝乐乐"安心优护儿童牙膏（五彩星期套装）	安心趣玩味，刷出好习惯

产品图片	产品名称	产品简介
	"冷酸灵贝乐乐"成长优护（2~12岁儿童牙刷）	柔软细密，多彩有趣

3. 电动口腔护理（部分产品）

产品图片	产品名称	产品简介
	"冷酸灵"天地系列声波电动牙刷（SP1000）	双磁动力驱动，智能感应式充电

续表

产品图片	产品名称	产品简介
	"冷酸灵贝乐乐"儿童声波电动牙刷套装（2~12岁）	软毛软胶呵护牙龈，彩虹观测灯乐享刷牙

4. 口腔医疗与美容护理（部分产品）

产品图片	产品名称	产品简介
	"冷酸灵"医研® 牙线棒	抑菌牙线，深洁齿缝
	牙齿脱敏剂	用于缓解因牙本质暴露而引起的牙齿过敏

产品图片	产品名称	产品简介
	"冷酸灵"正畸系列牙刷	专为正畸人群设计，深入托槽细缝
	"冷酸灵"正畸保持器清洁片	清除有害细菌，适用于保持器、隐形牙套、防护牙托、活动假牙等产品

资料来源：根据登康口腔官网（https：//www.dencare.com.cn/）整理而得。

附录3 登康口腔数智化生产车间

登康口腔一期智能制造升级改造项目正式投产后，自动化场景成为公司生产车间的一道亮丽的风景线。在灌装车间，由新灌装机、热缩机组成的快速线正在进行牙膏生产，后段则由自动输送分拣系统、在线激光烧码机、自动装箱机、

AGV 小车、码垛机器人等设备接替了原有的人工烧码、装箱、码垛、输送等过程；同时，以技术手段整合多个独立的系统，实现不同系统间数据共享、协同操作，形成功能完整、协同作业的整体系统，实现了生产车间生产自动化、数字化、智能化。制膏车间内，新引入的两套全新制膏系统，工艺技术水平先进，生产更加高效，有效缩短了产品生产周期，提高了生产效率；同时，制膏生产引入的在线清洗消毒系统和工艺热水热源系统，大幅缩短清洗消毒时间，效率提升了20%以上。

未来，登康口腔将继续开展智能制造升级改造项目（二期）工程，预计在项目全面建成后，工厂的装备数控化率、关键设备联网率、关键工序数控化率均达到100%，生产产能、生产效率、产品质量、产线柔性将得到极大的提升，从而更好地推动登康口腔高质量发展。

制膏微机操作室

改造后的灌装生产车间

全自动码垛机

资料来源：根据登康口腔官网（https：//www.dencare.com.cn/news/gsxw/388.html）整理而得。

附录4 登康口腔数字化消费者体验中心项目开建

为积极应对内外部环境的快速变化，2018年3月，登康口腔正式启动了"智慧登康"项目，包含智能制造、生产区域GMP改造、数字化消费者体验中心三大项目。其中，数字化消费者体验中心是点睛之作，项目建成后将成为社会各界考察、顾客参观交流、口腔健康科普教育、数智营销传播的重要阵地，能够集中展现公司的发展历史、文化、品牌、产品、服务等各个方面，推动企业的商业模式创新，助推区域性工业旅游的发展。登康口腔致力于加快打造以消费者体验为中心的数字化、智能化旅游观光工厂，努力打造千万级的私域营销运营平台。

资料来源：根据登康口腔官网（https://emp.dencare.com.cn/）整理而得。

重药控股：科技塑造"医药+互联网"领先企业[*]

案例概要

　　重药控股是服务于医药全产业链的大型国有控股医药服务产业集团。"医药+互联网"、处方药外流及医保支付方式改革等政策的推进，为重药控股带来了全新机遇和挑战。重药控股积极主动求变，充分利用人工智能、互联网等技术，加速传统医药产业向数字化及数智化方向转型，逐渐从区域性药品流通企业转型为全国性的大型药品流通企业。本案例通过对重药控股数智转型升级的实践进行系统梳理，探索重药控股在医药电商、医疗服务、医药物流、员工管理、财务管理等方面的洞见、举措与挑战，旨在引发人们对医药服务行业"医药+互联网"模式的思考，为国有企业改革及传统医药服务行业推动数智赋能产业转型与多业态布局提供经验借鉴。

　　* 本案例由重庆理工大学 MBA 学院、管理学院的丁超博士，江信红老师，高娅楠、李可玉、詹令美及曾玥同学撰写，并得到重药控股证券部陈畅女士的支持。本案例旨在用于 MBA 教学中课堂讨论的题材，而非说明本案例所述的管理行为是否有效。

案例正文

· 引言

2024 年 5 月 22 日，重药控股股份有限公司（以下简称重药控股）与京东集团举行了战略合作协议签约仪式。此次签约双方充分发挥各自在健康业务、物流业务、数字化转型、供应链金融科技等领域的优势，围绕消费品供应链、药品医疗、批发零售、仓储物流及供应链等开展全方位、深层次的合作。同时，双方签订实物销售协议，深入开展企业运营服务合作：京东集团凭借在企业采购数字化解决方案领域的丰富经验和在商品管理、物流、技术等方面的雄厚资源，为重药控股提供"一站式"全链路通用物资服务，助力重药控股提升采购效率、降低综合采购成本；此外，重药控股与京东集团还会在风险管理、产品创新等多个领域开展合作。

"十四五"以来，重药控股紧紧围绕"一千两双三百城，三化四能五路军"①的战略指导思想，打造发展新优势，培育发展新动能。在历经医药监管政策持续趋严、企业利润空间压缩、第三方物流服务加剧行业竞争等诸多挑战后，重药控股主动适应和把握新变化、新形势、新机遇，以企业高质量发展为主题，以优化产业结构和加快创新升级为主线，锻造长板、弥补短板。重药控股实现了经营规模稳步提高，销售规模持续保持在我国医药流通行业前五位；有序推进"三百城"布局，累计完成了纵深布局 101 个地级市/行政区，整体规模和市场占有率进一步提升；不断创新医药商业发展模式，积极推进业务"批零一体化、产品全面化、业务数字化"；供应链综合服务能力得到了全面提升；器械细分市场迎来快速增长；自有品种奥美沙坦酯片批准生产，实现了研发产品上市零的突

---

① 资料来源：由重药控股提供。"一千"指力争到 2025 年实现收入超千亿；"两双"指内生、外延双轮驱动；"三百城"指实现全国商业网络的覆盖，布局 300 余个区域；"三化"指"批零一体化、产品全面化、业务数字化"；"四能"指营销业务解决方案能力、供应链整体解决方案能力、IT 整体解决方案能力、辅助临床解决方案能力；"五路军"指器械试剂、专业药房、中药保健品、第三方储配、新兴业务与药品批发形成"一优五强"的利润贡献战略部队。

破，具有里程碑意义。

在签约仪式上，重药控股董事长袁泉表示："重药控股与京东集团在战略规划、发展思路、企业文化等方面有着多方面的契合，希望能发挥双方优势，开展更深层次、更高水平的战略合作，打造具有代表性的标杆合作项目，不断加快数智化转型升级，并积极探索以股权为纽带的创新合作路径，助推企业高质量发展取得新突破。"① 重药控股与京东集团将持续深化在医药电商、医疗服务、医药物流、员工健康服务等领域的合作，打造仓储、运输、医药物流服务等一体化供应链，构建高效、可信、安全、开放、低碳的新型数字基础设施，打通企业端和消费端业务链条，实现"产业—金融—科技"的高水平循环，共同打造中国医药商业领先的"医药+物联网"生态，为消费者提供更快、更好、更全面的产品与服务。

● 企业概况

重药控股股份有限公司是一家服务于医药全产业链的大型现代医药流通企业，是重庆市国资委重点骨干子企业、A 股上市公司（股票代码：000950），注册资本 17.28 亿元；旗下唯一控股子公司——重庆医药（集团）股份有限公司是经营、投资平台，注册资本 4.5 亿元②。两家公司是"一套班子，两块牌子"。重药控股主营业务医药商业板块涵盖药品、医疗器械、中药饮片、保健产品中的医院纯销、商业批发、零售连锁、终端配送、仓储物流及供应链增值服务，同时从事医药研发（MAH）、医疗器械生产，并投资参与医药工业；是中央和地方两级药品医疗器械定点储备单位，也是国内仅有的三家经营麻醉药品和第一类精神药品的全国性批发企业之一。目前，重药控股拥有全级次分、子公司 200 余家，员工近 14000 人；在 2023 年中国企业 500 强中位列第 340，2024 年《财富》中国 500 强中位列第 242，是重庆最大的国有控股上市公司，企业规模、市场覆盖居中国同行业第一阵营第五位③。

目前，重药控股通过互联网、物联网、人工智能、大数据应用及移动终端等信息技术的支撑，开展慢病管理、电子处方流转、院外药事管理、远程诊疗等辅

---

① 微信公众号，《强强联合！重药控股与京东集团开启战略合作》，2024 年 5 月 22 日。https：//mp. weixin. qq. com/s/Dc2eJP7MgKhn7B685K1eBQ.

②③ 资料来源：企业官网，https：//www. cq-p. com. cn/cqpwps/pages/index/common. html#/0/.

助医疗服务；拥有和平药房网上商城及"和平到家""在线找药""医—医""医—患"等业务数字化平台；开展院边自费药房、DTP 特药直送、医院输注中心等业务。重药控股拥有国内领先的现代医药物流配送中心，在国内设立多家分配送中心，仓储面积达 70 万余平方米①；并利用院内智能物流技术手段，与大型综合医院开展合作，实现库房前移，与中小型医院及区域医疗中心优势互补，构建中央库房，实现集中配送。

● 企业发展历程

2015 年，重药控股在其"十三五"时期集团的发展战略规划中提出"以重庆为核心，夯实西部、挺进中原、走向全国"的目标，与此同时，多措并举稳固西部市场，积极探索集中谈判和采购模式，实现重庆市"4+7 带量采购"品种 100%落户；推动器械、零售、中药等细分业务整合，发挥平台的主动性、创造性；主动响应国家发展基层医疗的政策，全覆盖推进对乡镇卫生院、基层诊所"最后一公里"的用药保障。2015 年底，重药控股与重庆市急救医疗中心合作的重庆地区首个院内物流项目正式上线。物流中心建设长达 9 个多月，重药控股信息中心作为院内物流项目的牵头人，全程参与了该项目的调研、规划、设计和实施，投入了大量的时间和精力。物流项目的完工为重药控股的发展战略完善了基础设施。重药控股的物流建设可以追溯到 2007 年，重药控股建成了总建筑面积超两万平方米的仓库，并正式投入运营拥有先进的物流设备、输送系统、分拣系统、自动存取的立体库系统、WMS 和自动化控制系统的和平物流中心。彼时，虽然重药控股正面临严峻的市场形势，但现代化物流中心的启用将重药控股的物流服务水平提上一个新台阶，为其区域扩张、分销通路延伸、营销网络巩固奠定了坚实的基础。随着重药控股自身不断地发展、经营规模不断地扩大，和平物流中心的业务量剧增，原有和平物流中心库 50 亿进出量的设计已处于饱和状态。

为适应日益激烈的市场环境和自身经济发展的需要，以及在未来拓展第三方物流业务的需求，重药控股在 2009 年着手选址建设新的物流基地。2011 年，重

---

① 微信公众号，《医械商城企业介绍之重药集团》，2022 年 9 月 30 日。https：//mp. weixin. qq. com/ s？ src ＝ 11&timestamp ＝ 1728129515&ver ＝ 5548&signature ＝ 7QwM4ON8e4C1UCixiPR0yiA04ep2IErJiGN54 － HvUZwJ－uXcMt0vTNZm0k－vTll5PdBV9nTSQ4zPWY1X3iWEX0XVWWE66hx1w ＊ 9TkwT20ScOIOc2YI97 ＊ WPry 963oJRP&new＝1. 最后访问日期：2024 年 10 月 5 日。

药控股与沙坪坝区西部物流园签订入驻协议，征地 130 亩用于新建医药现代物流综合基地①。2015 年 1 月，重庆医药现代物流综合基地项目一期工程动土开工，2016 年初土建工程进入收尾阶段，随后各项设备安装、软硬件系统调试等一系列上线前准备工作在各方的协调下顺利进行。目前，各项准备工作基本就绪，迁入工作正在有序进行。重药控股副总裁刘伟介绍："新的物流基地建成后，其规模、系统复杂性、先进性均属全国前列。新物流基地投入使用后，将进一步扩大物流中心配送区域覆盖面，降低物流成本，提高配送效率，增强物流规模化、一体化运作能力，为公司的可持续发展提供更有力的支撑；也将为打造西部地区医药行业规模最大的第三方物流奠定基础。"2018 年，重药控股实现了西部商业网络全覆盖。

2019 年，为推动公司的医药产业做强做优，重药控股的控股股东宣布开启混合所有制改革，引入中国医药集团有限公司（以下简称中国医药）、中国通用技术（集团）控股有限责任公司（以下简称通用技术）等战略投资者；同时，重药控股自身也开始不断加码西部地区之外的市场建设，上市公司的经营业绩逐渐向好。此外，重药控股积极寻求创新渠道经营业务，启动进口药品全国总代项目，开启进口药品全国分销业务新篇章。2019 年 11 月，在中央企业混改按下"加速键"的背景下，通用技术联合其控股子公司中国医药收购重药控股股东重庆医药健康产业有限公司 49% 的股权，合计出资 41 亿元②。通用技术入股之后，重药控股实施了多笔并购，包括收购天士力医药营销集团、四川人福医药有限公司等，业务触角进一步延伸。在通用技术的加持下，重药控股商业网络从区域逐步走向全国，从西南地区医药流通企业发展为全国性公司。2020 年 4 月，重药控股正式布局吉林，成立重药控股吉林省天华医药有限公司。吉林投资项目的成功落地进一步夯实了重药控股在东北地区的战略布局。至此，重药控股已在全国 19 个省份布局。在之后的几年，重药控股加快战略合作步伐，多方开展合作。天士力营销、四川人福两大并购项目落地，实现了"全国布局"战略，重药控股跃升中国医药商业行业前五行列。

重药控股自 2020 年下半年开始谋划和推进审计数字化转型管理。在"一千

---

① 企业官网，《现代医药物流为重庆医药插上腾飞的翅膀》，2016 年 8 月 2 日。https：//www.cqp.com.cn/cqpwps/pages/index/common.html#/p0/? pos = news&data =% 2F2018% 2F71BAD4BF9B79440AE053CAC6A8C0681B。

② 搜狐，《重庆医药开启战略整合，重药控股或迎来新实控人》，2024 年 2 月 6 日。https：//www.sohu.com/a/756880050_250147。

两双三百城，三化四能五路军"的战略牵引和业务数字化路径的指引下，重药控股明确审计数字化转型总体思路；基于满足内部审计监督、评价、建议多重职能的需要，以价值创造为核心推动审计数字化转型；以审计数字化、数字平台化、平台智能化为目标，着力构建审计作业、审计管理、审计预警、协同业务四大感知平台。2021年，重药控股荣列中国企业500强第435位，销售规模突破600亿元，集团总部及重庆市内分、子公司整体搬迁入驻"重药大厦"；按照"点线面体"数字化转型方法论，以平台（"面"）为基础推进技术融合、场景融合、业审融合、ESG融合。2022年5月，重药控股逐步建成四大平台并投入运行。2023年5月9日，重药控股与金凤实验室开展战略合作，合作双方将充分发挥各自优势资源，围绕智慧诊断、数字病理和诊疗器械等领域，在共创高水平研究中心、共建高效率转化平台、共设科技成果转化基金、加强学术和人才交流等方面开展深度合作。此次合作是重药控股积极顺应国家政策导向，坚持以创新为发展理念，积极寻找差异化发展方向及路径的积极探索。在2023年9月中国企业联合会、中国企业家协会发布的"2023中国企业500强"和"2023中国服务业企业500强"榜单中，重药控股再次上榜，位列"2023中国企业500强"第340位①，这是对重药控股近些年发展的一个极大肯定。同年，重药控股营业收入突破800亿元。

2024年2月，重药控股发布公告：通用技术与重庆化医控股（集团）公司就其控股股东重庆医药健康产业公司进行战略整合，整合后重药控股将从地方国有企业变更为中央企业，并作为重庆市规模最大的国有控股上市公司，将在重庆市未来医药产业的战略规划中起到重要作用，推动重庆生物医药产业高质量发展。

• 数智化创新之路

1. 医药商业数智化："医药+互联网"电商平台

自"两票制"医改制度实施以来，重药控股开始主动从传统的药品流通企

---

① 微信公众号，《劲升18位！重药集团跃居中国企业500强340位》，2023年9月20日。https：//mp.weixin.qq.com/s？src=11&timestamp=1728131044&ver=5548&signature=8rRiv-DX8ckEV63vwW4qBZmbVWd-dm-cjgKm2KjjgVXAYbFYKjWLpsZYp4f5xAORgZuq2RFvT74UrygpJ1nJW*-nmklyBtDvu9u0AsuGTW3k*ALBZJvQZjdP-UCA6volU&new=1.

业向"医药+互联网"企业迈进，努力实现业务模式的数字化转型，保持在中国医药商业业务数字化领先的第一阵营。一方面，重药控股将传统的销售业务"搬到互联网上去"，加快将互联网与线下实体药房相结合。重药控股建设了DTP药房，开发并打造出以患者为中心的"医药+互联网"平台，拥有"在线找药""医—医""医—患"等业务数字化平台，开展B2B、B2C、O2O等医药电商业务，实现了医院订单线上化和药品配送及时化，并推出专属重药控股的微信小程序"和平到家"、京东商城"药急送"、聚合支付平台"重药收款通"等多个线上平台以及App"和平健康"，最大限度地方便客户的购货需求。

另一方面，随着互联网直播带货销售模式的兴起，重药控股积极拥抱这一新的销售模式，旗下的和平大药房和"和平之家"分别在抖音和微信小程序上开启直播带货，销售"OTC非处方"药，再通过京东商城"药急送"和聚合支付平台"重药收款通"等线上平台，成功实现了药品的线上销售、流通和收款等事项。重药控股还不断开发新的互联网直播销售模式，创新性地将品牌数字营销引入现有服务体系中，创设"数字文创+医药产业"数智化营销体验，推动服务升级，为传统产业发展赋能。

2. 医养服务数智化：医养护一体化智慧平台

医养健康板块以"集成科技资源，领航医养护一体化智慧平台"为主题，涵盖医疗、养老、康复三大业态，构建出闭环式医养健康生态圈和以三甲综合医院为塔尖，以特色专科医院、二级综合医院为塔身，以基层医疗机构为塔基的金字塔形分级诊疗服务体系，推动医、药、养、护和数字化、智能化的深度融合。

其中，依托信息化技术和互联网手段搭建的医药信息化平台和"医+药"健康服务平台，面向"医""患""药""政"四大主体，建立了药品数据库、患者数据库、处方数据库，以便于互联网医院、患者管理、监管平台等业务的开展。其中，互联网医院的建设主要通过处方共享平台，对接互联网医院，以实现"引流"医院处方；平台提供的医生服务和患者管理服务，满足了医生教学、科研、诊疗和品牌打造等需求。平台还加强与监管部门的信息共享和业务协作，共建了重庆市统一的省级药品使用监测平台，以便于药品的监管和流通。其中，与重庆市卫生健康委员会共同申报的"基于区块链的电子处方流转价值链试点应用"项目，入选国家区块链创新应用卫生健康特色试点名单。

电子处方平台包括药店端、医生端、药师端，实现了患者在附近药店进行在线问诊、医生在线开方、药师在线审方和药店凭处方销售处方药的服务闭环。该平台满足了患者的问诊及用药需求，可实时、完整记录就诊、开方、审方及药品销售等信息，为医生开辟了新的医疗途径，提高了问诊效率及患者管理效率，并可有效破解药品零售企业执业药师短缺和处方药销售难题，提高了药事服务水平，满足了公众日益增长的健康需求。平台的广泛应用能够规范医药零售企业药品销售，方便患者尤其是慢性病患者续方购药，助力"医药分家"。该平台及电子处方广泛应用之后，将为医药零售企业带来巨大客流，助力处方药销售的增量。重药控股数字中心的建设，可实现厂家、医生、药师、患者信息的互联互通。

此外，重药控股通过新建、并购等方式，运营管理优质医疗机构，布局基层医疗网点，开展机构养老、社区居家养老服务，打造高端医养服务综合体，建立医养护一体的社区居家养老服务体系，探索"互联网+"居家养老新模式，打造立体养老服务平台。重药控股的高端智能医养服务综合体——优侍养老项目，采用了智慧康养平台、电动护理床、体诊一体机、智能一卡通、新风系统、洁身机器人等智能医养设备。重药控股可以通过自主研发的智能一体化管理系统，实现对老人健康状况、活动规律、膳食习惯等大数据的收集、分析和应用的全过程管理。

3. 仓储物流数智化：智能物流管理系统

（1）药物仓储数智化管理

药品行业的仓储管理条件和要求通常极为严苛。一方面，药品对温度和湿度等自然环境因素极为敏感，仓储环境稍有不慎便可能导致药物变质；另一方面，药品包装一旦破损，可能对外部环境造成污染。因此，这对药品流通企业的仓储管理提出了极高的要求。对此，重药控股积极利用信息化技术，对仓储系统进行智能化升级改造，并最终建成一套全流程、多环节的智能化仓储管理系统。该系统主要包括三大功能：

首先是准确定位功能。该功能不仅可以定位到药品在仓库的准确物理位置，还可以定位到药品流通过程中的具体环节，并结合全部药品流通数据信息，自动调整存放药品货柜的位置，缩减搬运距离，减少不必要的搬运环节，避免交叉作业。

其次是智能取药功能。重药控股引入自动导引运输小车（Automated Guided Vehicle，AGV）及 AGV 调度系统来改善集货区"人找货"模式，通过多个自动立体库、多层平库及仓储物流智能化系统，实现自动运输及分拣。AGV 在智能系统的辅助下，自动穿梭于各楼层，尽可能地减少人工操作的时间和环节，大大降低了出错率。此外，重药物流中药组创造性地提出以出库标签号直接作为周转箱号进行关联的新模式，减少了作业员在手持终端上的操作时间，使拣选作业更加高效快捷，避免因虚拟周转箱号管理不当导致的混淆与错误，提升了整体作业质量。同时，重药控股对中药编码及系统规格进行了全面梳理与标准化，更加高效地管理库存、追踪订单状态，确保每一笔业务都能准确无误地完成。重药物流进一步优化前端票据匹配环节，通过与三方 ERP 插件的深度对接，大幅提升了前端票据匹配拣选效率及复核出库效率；集成快递自动下单功能，取代了传统的人为下单方式，实现了 WMS 系统与京东商家平台快递揽件的直接对接，进一步简化了物流流程，缩短了订单处理时间，显著优化了拣选流程。重药控股的"智能化拣选作业模式项目"在 2024 年 7 月荣获重庆市网上劳动和技能竞赛"五小"活动项目展示奖。

最后是风险提醒功能。该功能不仅能跟踪药品流通相关的信息，及时掌握库存水平，还能掌握与药品自身相关的信息，如保质期、批次等，以及药品仓储过程中出现的破损、泄露等信息。这些信息都能及时被检测到，并及时提醒仓储人员对其进行处理，大大降低了仓储过程中的各种风险。此外，仓储中的智能风控系统、智能温控系统和智能湿控系统，能够给药品创造最佳的外部环境，极大地保证了药品在仓储环节的质量和疗效。

（2）院内物流数智化管理

看病难、取药流程烦琐、排队时间长，这些问题在医院中屡见不鲜。从医生诊断、开具处方，到患者持处方排队缴费，再到药房取药，常常因患者众多而药师有限，仅取药这一环节就可能耗时十余分钟甚至更久。为响应国家医改政策，公司以提升患者服务体验、提高药事服务水平为宗旨，携手院方共同构建院内物流项目，实现医院药品流转的全流程自动化，力求让患者今后的看病取药过程更加便捷。

重药控股的院内物流系统建设以信息连接为通路，将现代医药物流信息化系统、自动化技术和管理方法延伸到医院药库，实现了医药企业的信息流与医院的信息流无缝对接，使医院药库实现药品出入库等各项操作流程化和信息化，实时监控药品物流状态，实现药品批号、有效期的全程监控，提升了医院的药品流转效率和准确率，确保了药品流转过程中的安全性与可靠性，并最终将智能化延伸到病房区、病房以及病人，为医院药库提供专业化、个性化的信息管理解决方案，并进一步降低综合成本。

重药控股积极将药品经营质量管理规范（Good Supply Practice，GSP）理念引入医院药库管理，开发符合 GSP 管理要求的医院药品物流管理系统（SPD），减少了用量差错，提升了用药质量。在实施药库现代化物流管理的基础上，向药房延伸的基于条码、RFID、DPS 等的自动化管理系统，可将药品随时送达各个住院病房区，实现全程自动批号跟踪，自动向药库发出补货需求等，门诊药房实现自动复核等。院内药房系统的实施，不仅减少了医院的库存，降低了药品的综合成本，还降低了患者的用药成本，为老百姓带来了真正的实惠，提高了整体社会效益。在已经实施院内物流管理系统的医院，门诊药房的自动发药机存储数万盒不同种类的药品，当医生完成诊断、开好处方后，其处方信息会立即传输到缴费中心，患者缴费后处方信息自动传入药房，自动发药机根据患者处方自动配置药品，并打印相关用药性。药剂师只需做最后的信息核对即可将药品交付患者。患者只需等待药房的排队叫号系统通知，即可在发药窗口取药。这不仅降低了医院的运营成本，更大大缩短了患者排队等药的时间。

院内物流项目的建设，为重药控股与医院建立了一种新型合作关系，实现了集团与医院的"双赢"。该项目使医院药库各项操作流程化、智能化、信息化，有效提高了医院内部物流管理效率，降低了医院运营成本；减少了医务人员频繁进出，使其节省出更多的时间将临床医疗服务做得更细致，让患者的就医体验更加舒适；同时，也使重药控股深入医疗服务领域，提高了服务质量，优化了供应链流程，进一步提升了工作效率。

（3）物流配送数智化管理

物流配送是药品流通企业的重要环节，重药控股的物流配送数智化主要从三个方面来进行。首先，自建现代物流综合基地。该基地位于重庆西部现代物流园内，共征地 130 余亩，分两期建设。其中，一期项目总建筑面积约 5.8 万平方米，仓储面积约 5.3 万平方米，可支撑重药控股医药销售 250 亿元；二期项目将新增建设仓储面积约 4 万平方米，可支撑重药控股医药销售及医药三方物流超过

150 亿元。同时，重药控股通过院内智能物流技术手段与大型综合医院开展合作，实现库房前移；与中小型医院及区域医疗中心优势互补，构建中央库房，实现集中配送①。除了国内领先的现代医药物流配送中心，重药控股还在国内设立了多个分配送中心，仓储面积达 70 万余平方米。重药控股还借助互联网、物联网和大数据等新技术对现代医药物流信息化系统、自动化技术和管理方法进行智能化改造，并将其建设成为智能物流供应链平台，不仅将业务向前端医院延伸，为医院开发符合 GSP 管理要求的医院药品耗材物流管理系统，与各大医院开展医药物流延伸服务，同时还整合公司智能分析决策系统、物流业务管理系统、供应链追溯及第三方物流协同功能系统等，不仅健全了药品流通供应保障系统，还为特殊需求群体提供个性化的需求服务。

其次，与第三方物流深度合作。重药控股积极与航空、中铁快运、中国邮政、京东物流、顺丰速递等专业物流公司进行深度合作，并通过互联网与第三方物流企业进行数据共享，实时掌握药品的配送情况，满足全国不同地区和不同性质的医药企业的需求。2024 年 5 月 22 日，重药控股与京东集团举行战略合作协议签约仪式。根据协议，双方将充分发挥各自在健康业务、物流业务、数字化转型、供应链金融科技等领域的优势，围绕消费品供应链、药品医疗、批发零售、仓储物流及供应链等开展全方位、深层次的合作。同时，双方签订实物销售协议，深入开展企业运营服务合作。京东集团凭借其在企业采购数字化解决方案领域的丰富经验和在商品管理、物流、技术等方面的雄厚资源，为重药控股提供"一站式"全链路通用物资服务，助力重药控股提升采购效率、降低综合采购成本，并在风险管理、产品创新等多个领域开展合作。在此基础上，重药控股还进行了智能化改造，并架构起全新的智能物流供应链服务系统和解决方案，有效地解决和协调了药品运输过程中可能遇到的各种问题，并保证药品能及时配送到各个终端销售网点和医院。

最后，自建智能物流车队。除与第三方物流合作外，重药控股也投入巨资，开始建设自己的智能化物流车队，为所有配送车辆配备实时网络连接和 GPS 定位系统，并基于物联网技术推出全新的先进数字化车队调度平台，保障

---

① 微信公众号，《重磅！重庆医药集团荣获医药物流"规模硬件能力""服务综合能力"双五星认证》，2019 年 10 月 24 日。https：//mp.weixin.qq.com/s/GVspznYkRYD3u7lD3hcliA.

配送中心能够实时了解配送车辆的位置，从而根据每个地区的实际供需情况优化药品配送车队的配送能力。目前，重药控股拥有自有封闭式医药专业货运车辆100余辆（含专用冷藏车40余辆），能够对重庆市所有区、县或半径200千米内的地区直接配送①，肩负起了与公司营销网络相匹配的物流配送体系的建设及运营管理任务。重药控股这种"自建+合作"的物流智能化模式，有力地支撑了其业务坚持"立足重庆、夯实西部、挺近中原"并最终走向全国的大发展战略。

4. 员工管理数智化：员工智慧食堂

在员工管理方面，为提升员工就餐体验和食堂运营效率，重药控股打造了一个集智慧化、高效化、便捷化于一体的现代化食堂。首先，重药控股食堂通过引入智慧管理系统和智慧化设备，对传统食堂进行了全面升级：一方面，将传统食堂窗口模式改为智慧食堂小碗菜，通过智能餐线设计形成流水线式的自由取餐模式，员工可以按需选择菜品，避免了"阿姨手抖""口算误差"等问题，同时缩短了排队时间；另一方面，构建智能结算系统，采用智能餐台或智能芯片结算台进行结算服务，能够自动识别菜品餐具内部芯片信息，快速核算费用，无须食堂员工看管核对，提高了结算效率。

其次，重药控股引入智慧食堂云食堂管理系统，利用大数据指导食堂运营，包括营养排餐、科学备餐等方面。通过分析员工的消费数据，系统能够为厨师提供搭配合理的备餐计划，确保多样化的菜品供应和个性化的营养搭配，既满足了员工的口味需求和健康追求又避免了浪费。员工还可以随时随地通过智慧食堂系统查看菜品信息、预约就餐等，享受更加便捷的就餐体验。同时，出入库数据也为采购部门筛选优质供应商提供了依据。

最后，重药控股员工智慧食堂积极响应国家市场监督管理总局的号召，实施"明厨亮灶"工程，通过安装监控摄像头和显示屏，实时展示后厨操作情况，让员工对食品制作过程一目了然，增强了食品安全的透明度。此外，系统还对库房、冷藏室等进行监控，确保食材储存环境符合要求。重药控股员工智慧食堂通过智慧化改造、多样化菜品供应、大数据指导运营以及"明厨亮

---

① 微信公众号，《重磅！重庆医药集团荣获医药物流"规模硬件能力""服务综合能力"双五星认证》，2019年10月24日。https://mp. weixin. qq. com/s/GVspznYkRYD3u7lD3hcliA.

灶"保障安全等措施，成功打造了一个高效、便捷、安全、满意的现代化食堂。

5. 业财一体数智化：一体化业务平台

依靠强大的供应链资源与全面的网络布局，重药控股交易规模不断拓展，同时也带来了市场参与主体众多、线上线下交易场景复杂、账务工作量庞大等问题。如何才能有效提升工作效率，控制账务管理成本，更好地保障各参与方权益？重药控股的业财一体化转型实践提供了很好的解决方案。

为支撑传统商业规模高速发展，助力新兴业态不断拓展，重药控股早在 2018 年 11 月就启动了批发业务系统（SAP ERP）项目，旨在重构核心业务（ERP）系统。2019 年 8 月初，重药控股批发业务系统试点上线，该系统引入了全球商业软件市场的领导厂商德国 SAP 提供的 S4/HANA 系统，并由公司信息中心与国内知名的上海汉得信息技术股份有限公司共同实施，重点在于构建公司管理模板，为公司管控奠定基础。新 ERP 系统将替换现有商务系统的采购、销售、库存、财务等功能模块；规范端到端流程，提高效率，实现业务财务一体化。此外，重药控股还与通联支付展开合作，为集团定制数字化支付与智能账务管理综合解决方案，满足集团对安全高效、数字化、智能化管理的需求，进一步优化消费者购药体验。

针对重药控股交易笔数多、资金体量大、运营模式复杂、分支机构及零售门店多等情况，通联支付结合医药供应链场景特点，联合三峡银行，为重药控股搭建"云商通"金融科技平台，一方面可以提升公司线上线下综合收款能力，拓展营销半径，为消费者提供更加便捷高效的医药消费体验；另一方面可以满足重药控股本部与分、子公司，联营主体之间数智化资金流动等诸多业务需求，有效提升重药控股各业务环节效率和企业数字化能力，为公司生产经营提供更为智能科学的服务支撑。

为实现业财一体化数智转型，重药控股从以下八个方面对企业进行了改善：①重构节点实现流程自动化。重药控股在销售、供应链、人力、财务、管理、运营等业务的信息化系统中，运用了大量的数字化技术。以财务云平台为例，通过对销售到收款、采购到付款等全流程进行梳理，对流程节点进行重构与智能化改造，通过流程自动化和 OCR，实现更高的效率。②搭建全面资金管理平台。重药控股共梳理 38 个资金业务流程，涵盖账户管理、融资管理、资金计划、资金划拨、票证管理、收款认领、付款结算、资金监控等，通过对资金管理系统升级和智能化技术的应用，实现资金业务场景全覆盖、业务流程全面线上管理、流程无断点，高效利用公司资金服务企业经营、加强资金管理和监控。③建立统一数电发票销项平台。重药控股由总部统一建立数电发票销项平台，并建设接入公司总部税号，各分、子公司可直接接入使用。④智能化报账。重药控股的费用报销平台，覆盖全公司除主营购销业务外的所有主动支付业务场景，包括费用报销、资产报账。通过将制度与系统设计深度融合，把公司制度解析为一条条系统规则，进行系统逻辑管控，形成系统制度标准底层嵌套；通过全流程线上化管控，支持业务流转全周期系统检测、管控，系统规则校验自动预警提示，纠偏计算，错误拦截，单据、票据自动查重、验真，实现报账全生命周期可视、可控、可追踪。⑤构建非主营业务交易平台。重药控股共梳理31个内部其他应收、应付业务场景，涵盖内部关联采购、房屋租赁、物业、水电气费、仓储、配送、内部借款利息、SPD使用费、担保费、延期支付利息等。其中，关联方主营业务通过主营业务系统进行线上管理，关联方非主营业务通过专属交易平台，进行内部协同和业务流程线上管理。⑥打造智能月结驾驶舱。为解决传统手工月结步骤多、耗时长、易出错以及共享财务与业务财务反复沟通的痛点，重药控股打造智能月结驾驶舱，实现财务共享月结"自动运行、自动校验和自动监控"。⑦搭建财务共享智能派单系统。重药控股财务共享智能派单系统，基于规则的任务引擎，支持多样任务管理要求，结合提单人信用分、任务优先级、共享中心人员能力值、工作日历、每天/月处理任务数、共享中心人员在手任务量等多种因素，应用规则引擎、机器学习、大数据等智能化技术，进行公平且高效的动态任务分派。⑧打造经营管理看板。重药控股财务云平台上线后，财务成为天然的数据中心。重药控股依托数字化工具，积极挖掘数据价值，为管理决策、共享运营提供数据支撑。通过以上举措，重药控股将企业经营与财务管控紧密结合起来，不仅增强了业务与财务的分析和管控能力，还提高了重药控股的管理效率，降低了运营成本。

• 未来

重药控股作为一家服务于医药全产业链的大型国有控股现代医药流通企业，

高度重视并持续投入数字化建设，充分利用信息化手段，构建业务、财务、审计等经营管理系统，促进业务高速发展和创新转型。通过数字化系统对业务进行赋能，助推企业高质量发展。

守正创新者进，识势谋局者赢！未来，重药控股将从传统的配送商业企业向智慧医药供应链服务商转型。重药控股始终坚持"献身医药、追求卓越"的企业精神，秉承"责任、人本、和谐、感恩"的核心价值观，立足医药健康产业发展的重大机遇，坚持创新发展，致力于做中国一流、国际知名的医药健康产业集团，为"健康中国"建设贡献力量。

开发者观点

数智创新助力"内生—外延"协同增长

丁超　博士/重庆理工大学 MBA 学院、管理学院

◆ 案例开发缘由

2015—2024 年，在"十三五"和"十四五"的战略规划的指引下，重药控股通过"内生—外延"增长战略的双元协同实现了从偏安西南的地方国有企业到中国西部地区规模最大、网络布局最广的大型国有控股医药流通上市公司的华丽转身，营业收入与利润双双攀升，企业规模与行业地位显著提升，跃居中国医药流通行业第一阵营第五位，位列 2024 年《财富》中国 500 强第 242。从偏安西南到布局全国，重药控股是如何做到的？通过系统收集重药控股的二手资料并多次讨论分析，案例开发团队发现重药控股通过数智化转型与创新升级有效地平衡与推进了"内生—外延"增长战略：一方面，注重大胆创新、小步试错，建设医药商业数智化、医养服务数智化、仓储物流数智化、业财一体数智化等以数智创新驱动"内生性增长"；另一方面，注重顶层设计、并购扩张，首先"立足西南，站稳根据地"，其次采取市场逐步渗透战略，逐步向周

边的中原地区扩张，最后"迈向全国"实现"外延式增长"。在此过程中，仓储物流数智化、业财一体数智化等数智化手段为重药控股进行有效的公司治理与管控、逐步推进五年战略规划提供了有力的支撑。这些发现引起案例开发团队的极大兴趣，驱使团队积极联系重药控股的高层管理者，从而获得实地调研与访谈的机会。

◆ 实地调研新发现

案例开发团队系统地收集了来自重药控股官网及官方微信公众号、企业传记、上市公司年报、新闻报纸、多媒体平台相关报道、行业报告、书籍期刊等来源近30万字的二手资料，包含重药控股发展过程中的重大事件、影响因素、成果奖项以及面临的相关问题等主要内容。对重药控股二手资料的进一步收集、梳理与分析，为实地调研与企业访谈做好了充分准备。以2024年10月的重药控股实地调研为例，案例开发团队围绕"数智化转型与创新"这一主题，针对重药控股在数智化转型方面的企业管理经验与实践活动，设计了具有高度关联性的调研提纲，并提交给重药控股高层审核，在获得允许后奔赴重庆市渝北区重药大厦进行实地调研，对相关高层管理人员进行访谈。

在访谈交流过程中，案例开发团队询问了重药控股在"十三五"和"十四五"规划执行和公司发展以及数智化转型与创新过程中出现的关键事件、问题挑战以及成长机会等相关问题与内容；针对公司面临的环境挑战和数字化难题，询问了重药控股的发展历程及业务变化，深入学习了重药控股发展过程中的"立足西南、挺进中原、布局全国"的战略决策、业财一体化融合发展、实现数智化转型和创新等方面的成功经验，并讨论了重药控股在战略统筹、管理规划、业财一体、数智转型等方面协同共融的相关内容。与二手资料相比，深入现场的调研与访谈让案例开发团队较为清晰地认识和了解到重药控股战略规划与数智创新方面的协同演化和实践活动。

◆ 洞察企业新认知

通过系列调研，案例开发团队对重药控股的管理经验和实践特色进行了系统回顾、梳理与总结。团队成员一致认为，重药控股的企业特色主要表现在以下两个方面：

一方面，"内生—外延"均衡增长。一是重药控股以自主数字化转型、数智化创新为主导的内生性增长。内生性增长，指的是通过发展企业既有业务或开发新业务的方式扩大规模、增加收入或者提高市场渗透率。内生性增长强调不依赖外力推动，通过内生的技术进步等方式推动持续增长，如技术创新、管理创新、商业模式创新等。重药控股通过技术创新，打造差异化业务形态；通过模式创新，实现纵向一体化，打造重药控股在西南区域的战略竞争力和地位。二是重药控股以并购合作为主导的外延式扩张。外延式扩张是指通过收购其他企业的方式创造价值和赚取超额利润以实现企业增长。重药控股凭借国企的优势身份，规模化地采取并购和合作战略，快速复刻在西南地区的成功经验，搭建销售网络和物流体系，实现协同效应和规模经济。

另一方面，业财一体化协同管理。在快速扩张的过程中，重药控股面临着三大问题：一是持续激烈的市场竞争；二是差异化的需求环境；三是内部管理难度的不断增加。为保障业务的正常发展，重药控股通过实施业财一体化协同管理与创新优化资源配置，形成可持续的管理模式。重药控股从两个方面落实该模式，即提升财务管理销量及加强风险把控：一方面，成立财务共享服务中心，完成统一核算体系的初步搭建，试点新 ERP 系统，持续开展业务流程、财务流程的改造，提高核算质量，改进核算效能；另一方面，严格并购交割程序，推行持续的财务指标监控和投后管理，保障公司资金安全、税务合规。

◆ 案例开发总结

重药控股的"内生—外延"发展战略取得了巨大成功，快速将市场从西南地区逐渐扩张到全国，搭建完成了自己的销售和物流网络，并实现了数字化转型。在发展的过程中重药控股也面临许多管理问题，如各被并购主体之间的整合问题、内部流程间的冗余问题等，但重药控股根据顶层设计的五年阶段性战略规划，大力推进数智创新，例如，仓储物流数智化、业财一体数智化等数智化手段为重药控股进行有效的公司治理与管控提供了有力的支撑，有效地解决了"内生—外延"快速增长过程中存在的管理问题。重药控股的这些成功经验也让案例开发团队获益匪浅。此外，让社会更加全面、客观和真实地认识"重药控股"这一中国西部规模最大、综合实力最强的医药商业健康产业集团，是团队开发本案例的初衷，更是探究数智时代国有企业转型升级之道的重要举措。

附录

附录1　重药控股大事记

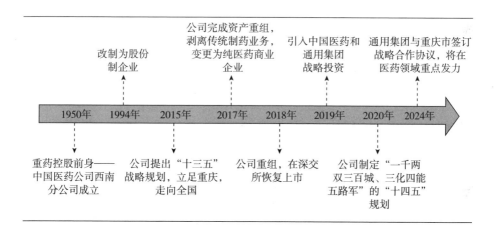

资料来源：新浪财经，华安证券研究，《重药控股（000950）：西南地区医药商业重点企业，国企改革推进公司发展》，2024年3月8日。https：//stock. finance. sina. com. cn/stock/go. php/vReport_Show/kind/lastest/rptid/763051929377/index. phtml.

附录2 重药控股"十四五"规划

重药"十四五"规划 ▼

——总指导思想——

"一千两双三百城，三化四能五路军"

一 千	两 双	三百城
实现收入规模超1000亿	内生、外延双轮驱动	完成空白省会及300余个地级市网络布局，实现全国商业网络的全覆盖。

三 化	四 能	五路军
批零一体化 产品全面化 业务数字化	营销业务服务能力 供应链服务能力 医药IT服务能力 辅助诊疗服务能力	在夯实医院药品配送主力部队之外，重点培育器械试剂、专业药房、中药保健品、第三方储配和新兴业务部队。

资料来源：企业官网。

附录 3　重药控股数字平台

附图 1　和平健康云平台

资料来源：微信公众号，《智博会｜重药控股邀您领略不一样的医药"黑科技"》，2018 年 8 月 21 日。https：//mp. weixin. qq. com/s/DXwac01Vt3TpHuRgdFQ6Qw.

» APPLICATION SCENARIO

应用场景

到药店买处方药却没有处方怎么办？

1.选择/匹配问诊医生　　2.视频问诊开处方　　3.药师在线审方　　4.凭处方购药

带着处方到药店买药，没有药师审方、提供咨询服务？

1.上传处方匹配药师　　2.视频审方、用药指导　　3.放心购药、安全用药

附图 2　电子处方平台

资料来源：微信公众号，《经营动态｜重药电子处方平台正式投入运营》，2019 年 6 月 19 日。https：//mp. weixin. qq. com/s/PXqiGPZURtd9NwZbfzApxg.

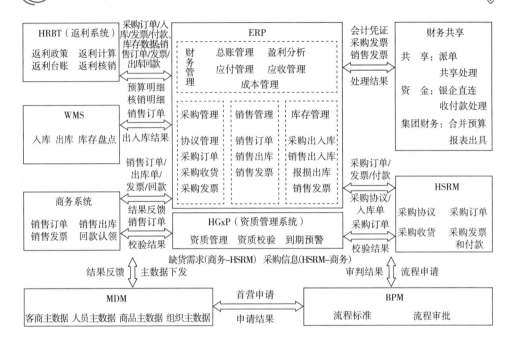

附图3 业财一体数智化平台

资料来源：邱天，胡轩瑜，陈泓宇，等．重药控股财务数智化转型的探索与实践［J］．财会通讯，2024（18）：132-136+143.

远见信息：自我革命的数智化转型之路[*]

案例概要

随着数字经济的全面兴起，组织转型与升级是时代的必然趋势。对企业而言，数智化转型已经不再是"选择题"，而是关乎企业生存和长远发展的"必答题"。远见信息的创始人张爽多年前就意识到传统行业必定会被数智化所颠覆，面对其主营业务——印刷可能受到的冲击，他直面挑战，向"死"而"生"，"自我革命"，走上数智化转型之路。凭借在税务发票领域积累的多年经营经验，以电子发票为切入点，涉足税务信息服务领域，并从单一的电子发票突围，蜕变成为可信数据服务商。本案例通过对远见信息成长历程和数智化转型过程进行剖析，探索传统行业数智化转型的内生动力和逻辑规律，旨在引起读者对传统企业数智化转型策略、影响因素以及实施路径的思考，并为传统企业的数智化转型提供管理借鉴。

---

* 本案例由重庆理工大学 MBA 学院、计算机科学与工程学院的成卫副教授，张瑜、王雨及黎菲同学撰写，并得到远大印务总经理张璐女士、远见信息总经理张友遵先生和重庆中华传统文化研究会的支持。本案例旨在用于 MBA 教学中课堂讨论的题材，而非说明本案例所述的管理行为是否有效。

案例正文

• 引言

2014年3月31日，是重庆远见信息产业集团股份有限公司（以下简称远见信息）具有里程碑意义的日子，由重庆市国税和地税局主办、当时的北部新区（2016年划入两江新区）管委会协办、远见信息具体承办的重庆电子发票整合服务平台在北部新区管委会会议大厅正式启动。随后，我国首张电子发票在重庆市诞生，这是一种具备全生命周期、全流程覆盖、适应于电子商务发展和地方税费征收服务需求的电子产品，代表着电子发票这一国家政策性试点工作在重庆市真正落地[①]。它完成了电子发票的赋码、登记、办理、交易、存证，企业归户或个人归集，资产核实入账，纳税人的合法权益登记、申报等全生命周期的线上管理，实现了数字化时代发票形态和服务管理方式的变革与创新，而这也是重庆市远大印务有限公司（以下简称远大印务）由纸质印刷发票向电子发票转型升级迈出的坚实一步。

在这激动人心的时刻，远大印务董事长、远见信息的创始人张爽回顾了远大印务的成长历程。公司最开始从事票据印刷，在纸质票据时代做得风生水起，但他很早就意识到，必须拥抱互联网、拥抱数智化，所以果断成立了重庆远见信息产业集团股份有限公司。通过不懈努力，远见信息已经成为中国"电子发票国家标准制定者之一"，深耕数字技术研发、IT运维管理、数据运营分析、政务呼叫中心、人工智能及智慧应用解决方案等智能化大数据服务，致力于建设更美好的数智化社会，为政府及企事业单位的数智化转型升级提供强有力的支撑。回想起这些，张爽不禁对远大印务从专业票据印刷到可信数据服务的数智化转型之路发出由衷的感叹：传统企业的数智化转型就是一场革命，革命难，拿自己的刀革自己的命，难上加难。

---

① 今日头条，《历史｜那些比你年纪还大的发票长什么样》，2018年12月29日。https：//www.toutiao.com/article/6640238726016401934/？&source=m_redirect&wid=1696569881471.

• 远见信息简介

远见信息成立于 2012 年 7 月，负责起草并制定中国电子发票国家标准，是我国领先的智慧政务开发运营服务商。远见集团的 Logo 由五个 V 组成，公司定位于"建设更美好的数字化社会"，主要业务范围包括信息化系统开发、信息系统运维服务、AI 智能咨询服务、政务呼叫中心服务、财税相关增值服务等。

远见信息拥有省级工程技术研究中心，高新技术研发人员 60 余人，圆满完成多项国家及省市级重点信息化项目，真正实现了"让数据多跑路，让群众少跑腿"，为政府及企事业单位数字化转型升级提供了强有力的支撑。

远见信息先后荣获百余项软件著作权及发明专利，并拥有"软件能力成熟度认证三级"（CMMI 3）、"系统运维资质认证"（ITSS）、"信息系统安全等级保护"（第 3 级）、"增值电信业务经营许可证"、"呼叫中心成熟度认证"（CC-CMM）等十余项专业资质，并在多个知名协会担任重要职位，同时与知名高校合作推进产学研融合，成立"互联网+税务大数据风险管理重庆市工程研究中心"，获得重庆市政府的正式认定。

秉承"敬业、正直、勤学、创新、协作"的核心价值观，以远见未来、成就卓越、创新求实的企业精神，融合专业运营、成就客户、稳健发展、创造价值的经营理念，远见信息不断开拓创新，持续为社会进步提供价值、为社会发展做出贡献。

• 崛起之路：远见信息的前世今生

1. 初创期：探索与实践

提起"远大印务"这个名字，大多数重庆人都不会觉得陌生，因为在重庆人日常生活中所接触到的很多发票上都可以见到远大印务的名字。远大印务年产值超亿元，是重庆市国家税务总局、原重庆市地方税务局定点的普通发票印制企业，也是重庆市财政局定点财政票据印制企业，是重庆市唯一一家国家保密局批准的"国家统一考试试卷印制"定点企业，是重庆市涉密载体销毁中心。但在成立之初，远大印务不过是一个在防空洞里起家的私营印刷小作坊。

远大印务的领路人张爽在三十多年前和许多怀揣创业梦想的人一样，"自砸铁饭碗"，放弃优越的工作条件，辞职下海。一次偶然的机会，张爽认识了一位从事名片印制的朋友，也正是这次偶然的邂逅，让张爽这个从未搞过印刷的人见识到了黑字是如何印上了白纸，敏锐的张爽也意识到印刷这个行业的巨大发展潜力。虽然由于种种原因，这次合作的时间并不长，但张爽敏锐的市场嗅觉和对梦想的执着，让他的印刷人生正式拉开了序幕，也拉开了远大印务发展的序幕。

和那位朋友结束合作后，张爽自己租了个柜台印刷名片，但他的眼光并未就此停留在名片印制上。当他发现周边那些门面帮他接来的诸如信封信笺印刷等业务，他却因为印刷能力有限而不得不转给其他印刷厂生产时，办一家正式的印刷厂的念头一直在张爽脑中盘旋。1992年，张爽在渝中区石板坡租下了一个防空洞当厂房，里面放置两台圆盘机，一台四开机，一把机刀，创业的设备全是二手货，价值不足8000元，但梦想就此启航。

1993年张爽再次引进机器，开始自印联单与杂件。此时，远大印务在江北金紫山租赁了农民废弃的一个不足300平方米的猪圈，稍加收拾改造，就变成了印刷厂房。渐渐地，公司从最初只能承接名片印刷这类单一业务，到后来信笺、信封等业务纷至沓来，就是凭着这股拼劲，远大印务完成了原始资本积累，在印刷行业挣到了真正意义上的第一桶金，远大印刷厂这艘漂泊在资本"大浪"中的"小船"，终于要扬帆起航了。1995年，远大印务在江北人和金开大道征得了一亩三分地，开始平地建厂，远大印务初见雏形，其名也印证了"行稳致远，大志成业"的深刻内涵。

2. 成长期：拓展与提升

1995年2月，当获悉万州、涪陵、黔江地区即将成为重庆直辖市辖区的消息时，远大印务再次敏锐地发现了票证印制这一"蓝海市场"。当时重庆市的商业票据印制公司数量还较少且分散，印刷技术发展不成熟，但是集中印刷对印制公司的技术、工艺、质量等方面要求很高。为了能够尽早占领市场，远大印务下定决心花费数百万元购买了一条先进的印刷生产线。在起步时期，远大印务知难而上，保质保量地完成了很多严要求、高标准的业务订单，积累了非常好的口碑。凭借前期的积累，1995年远大印务成为重庆市财政局定点票据印刷企业，1996年成为重庆市地方税务局定点票据印刷企业，2002年成为重庆市国税局定点票据印刷企业，远大印务的此举奠定了其在重庆发票印刷领域的龙头地位。

远大印务不仅仅满足于设备和技术创新，也积极开展业务创新，进行业务的立体化拓展。2004年，远大印务收购了原中国市容报的印刷厂，开启了试卷印刷业务。随后，远大印务的试卷印刷实力不断升级，不仅成功完成了重庆市高考、中考试卷印制的任务，更将业务拓展到了湖北、贵州等地，其后更是成为重庆市唯一的考试试卷印刷企业。涉密试卷印刷其实是一项投资大、回报周期长的业务，然而远大印务却毅然做了下去，并在2005年成为国家保密局批准的重庆市唯一的"国家统一考试试卷印制定点单位"，取得了国家秘密载体印制甲级资质，为后期在发票印刷业务中的竞争占据了先机，建立了自己的业务"防火墙"（资质壁垒），起到了"压舱石"和"稳定器"的作用。目前，远大印务已建设成为"商业印制中心""试卷印制中心""票据印制中心""涉密载体销毁中心"四大配套完备的重庆市国家秘密载体印制基地。

3. 成熟期：稳定与转型

根据第一曲线思维模型，企业发展到鼎盛时期，也就是走向衰退的开始。在这个竞争日益激烈的数字经济时代，企业要发展，就要不断创新。进入2000年以来，信息技术的发展步入一个崭新的阶段，大数据、AI、云计算、移动物联网等技术在改变人们生活的同时，也给纸质票据印刷产业带来了前所未有的挑战。多年以来，传统纸质票据印制一直是远大印务的核心业务板块，并且远大印务早已在这一板块做得风生水起。面对网络电子发票的崛起，远大印务该怎么办？是像其他多数同行一样，向细分领域横向拓展，还是自我革命走上电子发票的转型之路？一面是深耕多年、发展得如日中天的纸质票据事业，一面是来势汹汹、不确定未来的数智化转型发展，转型等于"找死"，不转型则是"等死"。转型不转型，革命还是不革命，远大印务陷入了两难选择境地。经过一番深思熟虑以及对未来印刷行业的预判，远大印务意识到电子（网络）发票必定逐步夺走传统票据印刷企业赖以生存的口粮，传统纸质票据印刷企业的转型之路已不得不走。

● 转型之路：现有业务的自我革命

1. 顶层设计

2012年4月1日，《网络发票管理办法》经国家税务总局审议通过，并逐步施行，这意味着未来国家每年的纸质发票印刷量将会大量减少，甚至可能消失。在当时那个市场翻天覆地变化的阶段，如果要保证企业可持续发展，远大印务必须拿出足够的魄力和勇气走转型升级之路，在经过一番思索后，远大印务开始在互联网以及数据运营上寻求突破，数智化转型之路就此开启。

2012年7月，为了应对危机、抢抓机遇，远大印务成立了全资子公司——重庆远见信息产业集团股份有限公司，作为远大印务数智化转型的载体，经过不断的努力，同时凭借在税务发票印刷领域积累多年的经营经验，最终远见信息协同重庆市地税局取得了国家发展改革委中央部门政策性项目——网络（电子）发票专项试点。当时参与全国试点的企业一共有五家，为了保障项目试点的有效性，国家发展改革委在"东西南北中"各选择一家试点企业，东边是浙江浙科，西边是重庆远见信息，南边是深圳电信，北边是青岛海尔，中间是南京苏宁。远见信息要与这些巨头同台竞技，就需要拿出视死如归的魄力才可能取得理想的成绩。

2012年底，张爽望着正在装修的远见信息的办公楼陷入了沉思，远见信息作为远大印务数智化转型的扛大旗者，成立后首要考虑的应该是它自己的使命和战略目标，以及如何来实现这些目标。转型之初，张爽自己对这个行业也不熟悉，对新事物陌生又缺乏经验，身边的管理团队都是跟随自己在印刷行业从业多年的人，要说做印刷或者制造行业可以说都是一把好手，但是要他们去管理好一个新兴的信息科技公司，心里自然是没有底的。为此，张爽刻苦钻研，咨询了多家知名高校的专家、税务行业信息化的从业者以及信息化行业的友商，不断学习了解新的行业知识。

通过一番广泛研究与探讨之后，根据当时的行业实际，远见信息确立了顶层战略目标：将远见信息建设成面向中国西部地区的网络（电子）发票第三方服务平台，为填补我国在电子商务领域税收征管政策法规的空白提供政策建议，为网络（电子）发票相关技术标准提供坚实的技术支撑，并进一步面向全社会推广高效、低碳的网络（电子）发票服务①。

为保证企业核心战略落地实施，远见信息设计了配套的组织架构，张爽作为远见信息的最高决策者，是公司的领军人物，核心经营管理团队则通过市场化选

① 中国总会计师，《智慧财税引领者——访重庆远见信息产业集团有限公司执行董事张友遵》，2019年11月18日。http：//qikan. cqvip. com/Qikan/Article/Detail？id=7003108520.

聘的方式招聘，其中包括总经理、营销副总经理、人事副总经理、技术副总经理、总工程师等。由总经理统筹管理远见信息下属三大子业务，而营销副总经理负责营销中心，人事副总经理负责行政中心，技术副总经理负责技研中心，总工程师负责技术攻关，层层把关、层层推进远见信息的数智化转型工作。

2. 协同推进

（1）产品研发：第一张电子发票的诞生

远见信息因电子发票而"生"，所以电子发票项目是远见信息的拳头产品，也是远见信息数智化转型的市场大门。远见信息核心经营管理团队非常重视该项目，在通过国家发展改革委立项申请后，远见信息管理层带领技术团队，联合知名高校的科研力量，考察了中国台湾地区电子发票的发展状况，并充分借鉴其经验。通过"引进来"与"走出去"的方式，经过团队一年多的不懈努力，在2014年3月31日，远见信息正式开出了我国第一张具有全生命周期的电子发票。

但电子发票试点项目并非一帆风顺，其中艰难坎坷不计其数。早期最大的阻碍就是来自远大印务内部传统管理层的质疑，他们认为推行电子发票不仅困难重重，前途未卜，还会影响现有纸质发票的现金流业务，他们在管理理念上也和远见信息专业管理团队的理念及企业发展方向存在显著冲突。一方认为守住基业做深做透才是不变的法门，另一方则认为只有紧跟时代的步伐才能使公司立于不败之地。最终张爽力排众议，认为数智化变革是时代洪流，顺之则生，逆之则亡，未来一定要坚持数智化变革不动摇，推行相关变革政策。

除了来自内部的阻碍，还有外部的巨大挑战。远见信息刚开始研究电子发票时对标的是台湾地区的电子发票，当时主要以指定服务商提供电子发票服务的模式运行，电子发票推行在台湾地区已有不小规模，但暂未有统一发票江湖的趋势，是否要沿用台湾地区成熟的电子发票策略值得团队细细考究。要使电子发票真正推行，最大的难题是如何适配国税、地税的系统架构，各个区域各个部门各个架构版本不一，很难协调统一。如何合理地均衡各方需求，必须从长计议。这些困难并没有难倒远见信息的项目团队，他们夜以继日、拼搏创新，克服一切艰难险阻，最终取得了项目试点的成功。

第一张电子发票的开具，标志着电子发票这一国家级中央部门政策性试点项目在重庆正式落地，也标志着远见信息迈好、迈实了数智化转型的第一步，标志着由远大印务纸质票据时代向远见信息电子票据时代的跨越。电子发票试点成功，重庆自主创新的多项电子发票技术填补了国内相关领域的空白，远见信息为重庆税务发票改革交出了一份令人满意的答卷。电子发票平台运行后，所有业务的处理均可在线完成，纳税人无须频繁到税局大厅办理，税务管理人员对纳税人的管理也更加便捷、高效。

（2）资质申请：打造专业高品质企业

在纸质票据业务时代，远大印务在票据印刷业务积累了良好的口碑，在与税务、财政等企事业单位合作中都建立了良好的伙伴关系。远见信息成立后，再次将主要的目标客户群定位为政府机构和各大企事业单位，为了达到政府对招投标企业严格的资质要求，远见信息除了大力打造自己的核心产品外，同时也积极申请信息行业相关资质资格。2013年7月，远见信息完成了"双软"认证，10月20日通过了ISO9000质量管理体系认证和ISO27001信息安全管理体系认证，11月6日通过了CMMI三级软件能力成熟度认证。

（3）行业交流：他山之石，可以攻玉

为了加强交流与学习，远见信息借助远大印务在印刷行业和票据业务领域的优势资源，多次邀请政商各界专业人士进行交流考察。2013年7月，远见信息承办了中国印刷技术协会商业票据印刷分会创新驱动升级转型经验交流会。同年11月，远见信息参加了"2013中国（重庆）国际云计算博览会"，并展示了票据电子化成果。随着远见信息在信息化行业的不断发展，远见信息也逐渐形成了开放包容的互联网思维，乐于分享自己在创新驱动和升级转型方面的经验和体会，与同行深入探讨印刷行业的数智化转型和信息化行业的发展方向，在相互交流学习中，汲取各家之长，带领远见信息不断向纵深发展。

3. 资源保障

为保障远见信息可以顺利实施远大印务的数智化转型战略，远大印务在资金、人才、基础设施等多方面给予支持和帮扶。

（1）资金保障

要想顺利实现数智化转型，财务保障是核心一环。为此，远大印务先后斥资4000万元作为远见信息的启动资金；不仅如此，还提供远大印务与远大信息财务一对一结对指导服务，将远大印务财务经验与远大信息共享。

（2）人才保障

俗话说："人才是创新发展的第一驱动力。"人才是最重要的技术载体。

2013 年 5 月，远见信息全面整合了之前收购的重庆观成计算机系统服务有限公司，为远见信息的发展奠定了深厚的技术人才基础。成立之初，远大印务也派出了核心管理团队为远见信息的发展提供了必要的战略咨询支持。在内外部各方的支持下，远见信息很快就组建起一支高效、专业的研发和运维团队。

（3）基础设施保障

信息化系统要发挥作用，必须有良好的硬件基础。远见信息斥资 1200 余万元打造了近千平方米的高性能与高保密性兼顾的自有专业 IDC 机房，并于 2013 年初建成投用。机房拥有重庆市级双路供电，6 小时 UPS 电池组，柴油发电机组，同时通过公安部安全等级保护三级认证，用于承载自有的各个私有云平台。在当时如此体量的 IDC 机房也就各大运营商在建，而阿里云等互联网公有云平台也才商用不久。可靠的 IT 基础设施建设，为远见信息可信数据运营奠定了坚实基础。

4. 文化搭建

企业的发展离不开企业文化建设，远见信息一直秉承"敬业、正直、勤学、创新、协作"的企业核心价值观，以"远见未来、成就卓越、创新求实"的企业精神和"发现价值、创新模式、高效运营、精准服务"的经营理念，立志成为国内领先的可信数据运营服务商，远见信息成立之初便确定了配套企业数字文化①。

远大印务在发展过程中就以全心全意关注员工的成长为企业核心文化，远见信息继承了这一企业文化并进行了发扬，打造学习成长型组织，并着力培养数字文化氛围。

（1）制定全流程学习方案

从入职开始，远见信息便为每一位员工建立入职培训、部门学习、技能提升三部分为主体的学习方案，在学习方案中充分融入了数字文化培养。全流程学习方案，增进了员工的学习兴趣，培养了员工的学习主动性，帮助员工学习提升，打开思想境界，突破思维模式，提高数字化认知能力。这一举措也为远见信息的发展提供了内生动力。

---

① 中国总会计师，《重庆远见：秉持服务初心 践行价值创造——谈 CC-CMM EPM 在 12366 体系中的应用》，2021 年 3 月 2 日。https://doc.taixueshu.com/journal/20210007zgzkjs.html.

（2）丰富员工业余生活学习

远见信息利用员工工作时间以外的空隙，不仅组织开展了技术培训讲座、知识分享和同行业交流，还邀请高校老师为大家讲解数智化转型理论。一系列的业余学习，不仅为员工带来数智化的思维理念，更鼓励大家活学活用，其间更是碰撞出了不少智慧的火花。

（3）打造"远见塾"学习品牌

"远见塾"是由远见信息的全体员工自发组织、自愿参与的内部学习分享会，以共事、共学、共知、共识、共创为根本，促进全体员工更加高效、有序、科学地共事。"远见塾"提倡由公司员工以不同部门的不同视角做学习分享，同时希望在此过程中能点亮彼此的灵感，从而充分发挥个体的思想性，促进整个远见信息作为人的集合，产生出自发的、主动的、全面的和可执行的修正能力。

● 转型成果：互联网可信数据服务商

"变是不变唯一的真理。"这是"远见人"一直坚持的企业信条。为了跟上科技的飞速发展而不被数智化浪潮所淘汰，远见信息管理团队积极求变，前瞻性布局前沿技术，在变局中把握新机遇、应对新挑战、塑造新优势。将涉密印刷资质优势转化为可信数据服务优势，将纸质发票印刷经验转化为电子发票开发技术。经过两年的发展，远见信息将战略发展目标定位为"国内领先的可信数据运营服务商"和"创新的信息技术科技企业"①。远见信息累计投入 4000 余万元，以政策构建、技术研发、资源整合为三大核心，以互联网技术、大数据能力为基础，打造出了"一个数据三朵云"的信息支撑架构。"一个数据"，即互联网可信数据；"三朵云"，即金税通整合服务平台的发票云、乐透电子商务的 O2O 生活云和虚拟产业园区服务的产业云。

1. 可信数据

"可信"是远见信息基于大数据理论中"4V"特性自主创新提出的"第 5V 特性"。大数据"4V"即 Volume（大量）、Variety（多样）、Value（价值）、Ve-

---

① 中国总会计师，《重庆远见：秉持服务初心 践行价值创造——谈 CC-CMM EPM 在 12366 体系中的应用》，2021 年 3 月 2 日。https：//doc.taixueshu.com/journal/20210007zgzkjs.html.

locity（效率），而远见信息开创性地提出了"第 5V"——Veracity（可信）①。可信数据包括结构化数据（发票、产品溯源等）、半结构化数据（电子商务、信用等）、非结构化数据（各项产业应用等）。

2012 年的远大印务已成为重庆印刷行业知名的企业，但作为远大转型成立的远见信息则还处于襁褓之中。初创团队一直在思考远见信息的路该怎么走，对于在印刷行业耕耘了半辈子的掌舵人张爽来说，新兴的信息行业是一个完全陌生的行业，但他认为不管是纸质发票印刷还是电子发票，它们的发展应该是相通的，其核心应该都是要保证安全可信。参照纸质发票印刷的安全可信解决思路，电子发票的数据一定也要打上"安全可信"的标签。因此，远见信息成立之初就定下了立志成为"可信数据服务商"的目标。

为了能够提供完善的可信数据服务、树立安全可靠的企业品牌形象，远见信息继承了远大印务敢闯敢拼的那种勇于"自我革命"的劲头，在远见信息成立之初还没有任何业务和盈利的情况下，斥资 1200 余万元打造高性能与高保密性兼顾的自有专业 IDC 机房。这让远见信息快速步入全国可信数据服务企业前列，并为多年后取得数据服务企业能力评估规范 AAAA 级（优秀级）评估打下了坚实的基础。远见信息管理团队的这一决策，对于后续远见信息在各个领域业务发展都起到了非常重要的作用，它不仅是远见信息数智化转型的基础，更是获得客户信任、推动业务发展的"引擎"，意义深远。

2. 发票云

发票云，即金税通网络（电子）发票整合服务云平台，远见信息将网络（电子）发票业务和创新型业务应用（手机开票，发票验真查验）进行了整合，构建了完整的发票云服务产业链，提供传统发票、网络发票、机打发票、电子发票一体化的发票云服务。

2012 年 5 月，国家发展改革委下发通知，将开展国家电子商务（电商频道）示范城市电子商务试点工作，其中很重要的一项内容是网络（电子）发票应用试点。当时，远大印务的主营业务还是纸质票据印刷，远大印务在得知这一消息后，立刻意识到远大票据印刷这一主营业务的危机来了；并且这不光是远大印务的危机，也是纸质票据印刷行业的危机。但挑战与机遇并存，新时代的到来

---

① 远见信息官网，《企业简介》，2013 年 1 月 1 日。https：//www. vitco. cn/web/about. html。

也是一次机遇，一次远大印务在票据领域继续深耕的机遇，它即将为远大印务开启一扇新的发展之门。

为了抓住机遇迎接挑战，积极主动转型，远见信息应运而生，而电子发票作为远见信息打开市场的第一个产品，在远见信息召开的第一次产品讨论会上，确立了"远见出品，必属精品"的宗旨。当时的总工程师提出了运用云计算技术助力电子发票推广的思路，这与技术副总打算搭建发票云平台的想法不谋而合。要知道当时阿里云等互联网厂商都还处于起步阶段，云计算的技术成熟度还不高，市场对云平台的接受程度还存在极大的不确定性。当然，事后证明这一前瞻性的决策非常正确，为后期网络（电子）发票的成功研发奠定了坚实的基础。

网络（电子）发票的推广不仅能产生良好的经济效益，而且能产生巨大的社会价值。据测算，全面推行网络（电子）发票后，重庆市每年可节省近亿元发票工本费，为纳税人节约超 1 亿元税务成本。如果按照重庆纸质发票年均使用量 15 亿份计算，网络（电子）发票的全面推行将使重庆每年将少砍 1 万多棵树，减少 500 多吨碳排放①。

远见信息"金税通查验"凭借创新度、UI 美观、逻辑结构清晰度、技术稳定等优势，成功入围"2013 首届重庆十大最火 App"。

3. 生活云

生活云，即乐透本地 O2O 移动互联生活云平台，其载体为 LotoCiTY（乐透网），主要提供网络（电子）发票手机验真查验、乐透积分乐园、乐透本地生活社区、乐透电商平台等核心产品服务。

1994 年税制改革出现增值税发票，直至 2000 年，航信推出防伪税控系统，后又经过十多年的发展，发票防伪系统已趋于完善。由于受限于消费者"不爱开发票"的消费习惯，如何鼓励消费者每次消费后开具发票、如何解决个人发票验真等问题，仍然是税务部门积极探索的问题。当时重庆税务部门因为电子发票试点的原因，邀请远见信息一起交流探讨这些一直困扰税务部门的问题，远见信息通过沟通知道相关情况后，又敏锐地意识到这可能是另一条发展出路，因为远见信息始终坚信"客户的痛点，即未来的商机"。在与税务部门进行充分的沟通

---

① 央广网，《重庆开出全国第一张电子发票》，2014 年 4 月 1 日。http：//news. cnr. cn/native/city/201404/t20140401_515201123. shtml.

后，远见信息管理层立即召集相关业务和技术人员共同商议，经过不断地否定、肯定、再否定、再肯定，最终拿出了一套有效的解决方案。

跨入互联网时代，相信大家的印象不仅停留在手机、电脑等互联网产品的更新换代上，其他诸如打车、购物等与我们息息相关的生活工作细节，也都早已渗透了数字化。2012年正是团购网发展如火如荼的一年，经历了"百团大战"，远见信息管理团队受此启发，打算打造一个以消费者需求为中心，以移动互联网为基础，提供移动互联云生活电子商务服务的生活云（取名"乐透网"）。生活云提供发票验真服务，每验真一张发票则获取相应的积分。用户可以用积分在生活云平台上抽奖或兑换相应的礼品。在鼓励消费者开具发票的同时，也解决了消费者发票验真问题，可谓一举两得。

乐透网（lotocity）上线以来，受到了消费者的一致好评。2013年10月，乐透网发票验真查验积分抽奖活动第一期开出了10万元大奖，极大地促进了消费者开具发票以及参与活动的热情。乐透网，是中国最早的云生活电商代表企业之一，其创新的O2O模式服务大众最早提供了基于定位（LBS）的便捷精品生活服务，借助"服务模式领先、用户体验领先、创新能力领先"三个领先优势，引领移动互联网改变人们消费和生活习惯，立志成为中国最大的本地云生活电子商务服务商，树立行业标杆。

4. 产业云

产业云，即远见互联网虚拟产业园服务云平台，是远见信息依托原北部新区管委会，联合中国中小企业协会创办的虚拟园区平台。虚拟产业园以"合法诚信"为基础，以"离岸注册、离岸纳税"为特征，以"0元创办企业，新型商事托管，绿色经济税收监管"为支撑，构建虚拟产业经济的引入、孵化、培育、发展机制，打造网商及服务商虚拟产业集群，发展新型的区域产业经济生态圈，为电子商务活动探索新的产业发展路径和政府服务模式。

2013年6月，《重庆市人民政府关于进一步推动互联网产业发展若干政策的意见》发布，该文件旨在进一步推动以云计算、大数据、移动互联网、物联网等技术为特征的下一代互联网产业（云端创新产业）发展，加快实施"云端计划"，建立和健全网商公共服务体系基础，创建"国家电子商务示范城市"和"国家电子商务示范基地"。远见信息又从中敏锐地嗅到了发展商机，当时的电商、团购、电子交易等应用场景市场已趋于饱和，远见信息想要分一杯羹，所要付出的代价太大，投入产出比对于还处于初创期的远见信息来说无疑是不可取的。远见信息想要发展壮大必须另辟蹊径，而当时的服务众包平台——猪八戒网则在服务交易领域大放异彩。远见信息当时想：为什么我们不把公司也办到互联网上呢？远见的技术团队立马评估了虚拟产业园的技术可行性，随即着手开发实施。

在虚拟产业园平台搭建好后，如何开展业务又是摆在面前的一道难题，这一创新在西南地区都属于首例，还没有任何一个工商登记机关办过类似登记。为了获得营业资质，远见信息多次与所在辖区管委会协调沟通，用远见掌舵人张爽的话说，要将管委会的门槛踏穿。终于在中国中小企业协会的大力支持下，虚拟产业园于2013年10月获批开园。其服务产品主要包括传统企业注册类产品、电子发票增值服务类产品、电商推广类产品和其他增值服务产品。园区落户于重庆原北部新区（2016年划入两江新区），是西部首个互联网虚拟产业园区，是传统产业园区的又一个创新发展模式。虚拟产业园区将通过优惠的产业政策和优质的信用服务，立足西部，面向全国，吸引全国互联网企业落户重庆远见互联网虚拟产业园，打造重庆"国家电子商务示范城市"的新亮点。

● 未来：继往开来，再攀高峰

远见信息应远大印务数智化转型而生，有了远大印务的保驾护航，远见信息可谓是出道即巅峰。远见信息凭借着专业的产品创新和优质的服务水准，成为中国电子发票首个国家标准的参与制定者之一，其荣誉和成就斐然，两年的时间几乎完成了一般信息技术公司十年的技术沉淀和业务资源积累。与远大印务通过试卷印刷业务形成的资质壁垒从而拿到票据印刷业务一样，远见信息也通过参与电子发票研发过程中展示的过硬的开发技术及全面的运营服务能力，为后期参与竞标并成功中标重庆市税务局12366呼叫业务奠定基础，也为远见信息后续的发展提供了有力保障。远见信息已经从单一的电子发票突围，蜕变为可信数据服务商，未来将有无限可能。

当然，远见信息的快速发展与其核心管理层对信息化、数字化、智能化发展趋势的把控密不可分，特别是远大印务掌舵人张爽敏锐的眼光，他多年前就意识到传统行业必定会被数智化所颠覆。面对主营业务可能受到的冲击，远大印务直面挑战，向"死"而"生"，"自我革命"，走上数智化转型之路——成立远见信息，提前布局信息化产业，打造企业发展的"第二曲线"，重新塑造企业价值网络。

"雄关漫道真如铁，而今迈步从头越。"随着国家税务总局发布《关于开展增值税发票系统升级版电子发票试运行工作有关问题的通知》，电子发票进入全面试运行阶段。但税收作为国家经济命脉，推广初期必然只会选择国有企业作为服务商。对前期已经投入了4000多万元的远见信息来说，如何活下去是当前面临的最大问题。无论如何，为了企业的长远发展，数智化转型之路必须坚定地走下去。

远见信息有着坚定的信念把数智化转型之路走下去，但市场变幻莫测，不是所有事情都是一帆风顺的。电子发票试点成功后，远见信息未来该如何发展？远见董事长张爽常说"成功的经验是未来决策的基础"，那么远见信息如何凭借前期的成功经验，做好数智化转型的"下半篇文章"呢？面对当下不太乐观的形势和不确定的未来发展方向，如何利用好现有技术、团队和业务资源积累等优势谋生存、求发展？如何创造出符合远见信息持续发展的盈利模式？是继续深耕税务领域，力争成为税务服务核心服务商，还是调整业务方向，拓展其他数智化服务领域？这些挑战必将再一次考验远见信息管理团队的远见卓识。

开发者观点

以"远见"探寻传统行业数智化转型之路

成卫　副教授/重庆理工大学 MBA 学院、计算机科学与工程学院

◆ 案例开发缘由

作为重庆唯一的发票印制企业，远大印务对于大多数重庆人来说都不陌生，在我们日常生活中所接触到的很多发票上都可以见到"远大印务"的名字。案例开发团队很早之前就做过调研和交流，甚至有团队成员作为核心管理成员参与过远见信息电子发票的研发工作，见证了远大印务数智化转型的关键时期，对其数智化转型的内在原因、转型策略和实施路径都有比较深入的了解。时隔多年，从数智化转型已成百家争鸣之势、各种经验和做法都日趋成熟的今天来看，当年

远大印务的数智化转型过程仍有很强的借鉴意义，可信数据、发票云、生活云、产业云等概念依然是当代企业数智化转型的突破口。

远大印务探索数智化转型的道路是曲折而艰辛的，但前途是光明的。远见信息作为远大印务数智化转型的产物，承载了远大印务数智化转型的技术、人才和成果积累。远见信息自2012年7月成立以来，先后荣获全国工业品牌培育示范企业、重庆市专精特新企业、重庆市高新技术企业、重庆市知识产权优势企业等多项荣誉。远见信息现已拥有全资控股子公司7家，组建起了一支集可信数据研发、系统化运营管理、高品质服务于一体的一流团队，现有员工220余人，这充分说明了远大印务数智化转型的成功。

作为一个传统的印刷企业，且在本地票据印刷行业中已具有一定垄断地位，是什么驱动远大印务进行数智化转型？是外部压力还是内驱使然？一个传统的印刷企业是如何借助大数据、云计算、人工智能等新兴信息技术实现数智化转型的？转型过程中会遇到哪些问题？带着这些疑问，案例开发团队在远大印务相关部门的积极配合下，系统收集来自公司宣传部门提供的一手资料，以及公司官网、官方微信公众号、新闻报纸、多媒体平台相关报道、行业报告、书籍期刊等近2G的二手资料，包括远大印务和远见信息的企业简介、发展大事记、宣传画册和视频、调研报告、相关政策文件、经营团队架构等内容；经过资料整理、归类、分析，最后梳理出完整的调研提纲，为后续的企业实地调研、企业创始团队专访打下坚实基础。

◆ 实地调研新发现

在对远大印务和远见信息收集到的资料进行整理消化的基础上，案例开发团队围绕"数智化转型"主题向远大印务提交了调研提纲。远大印务和远见信息管理层对我们的访谈提纲进行了书面回复，并在长达5小时的面对面访谈过程中，对每个问题都进行了较为详细的交流。通过本次与远大印务掌舵人、远见信息创始人张爽以及核心管理层的访谈交流，案例开发团队对远大印务的成长历程、远见信息成立的初衷、转型期间遇到的困难、管理者的想法，以及后续的发展和将来的打算等内容都有了一个更加清晰的认知。

案例开发团队在调研中发现，远大印务，特别是远大印务掌舵人张爽，对信息化、数字化、智能化发展趋势有非常前瞻性的预判，并能够非常有魄力地力排众议进行改革创新，在远见信息成立初期便精准地确立了"成为可信数据服务商"的战略定位，之后更是打造出了基于云的"一个数据三朵云"技术支撑架构。在明确的战略定位和前瞻性的数智化理念指导下，远见信息迅速在税务服务领域站稳了脚跟，为后续的数智化转型发展奠定了坚实的基础。与二手资料相比，与企业一把手和核心管理层的深入现场调研与访谈，让团队更清晰、更直观地了解了远大印务以及远见信息在数智化转型方面的战略规划和具体举措，对远大印务数智化转型的起因、实施路径有了一个非常深刻的认识；也让团队认识到一个传统企业想要成功地进行数智化转型，管理者的眼光与魄力、明确的战略定位和目标、政策与资金的支持、技术的前瞻性、数智化企业文化以及开放的生态合作均是关键因素。

◆ 洞察企业新认知

通过系列调研，案例开发团队对远大印务和远见信息的管理经验和实践特色进行了系统回顾、梳理与总结。团队成员一致认为，远见信息作为远大印务数智化转型的载体，主要体现出三大特色：

一是数智化转型的切入点高，为后期持续发展奠定了坚实的基础。远见信息作为"全国电子发票标准制定者"之一，成功开出了重庆市第一张电子发票，其中的部分设计更是优于现行的电子发票。经过电子发票试点项目的研发，远见信息不仅积累了丰富的开发经验和技术，而且与税务部门建立了良好的合作关系，开拓了市场，为企业的可持续发展奠定了基础。

二是"产学研"合作模式，使远见信息能够快速成长。远见信息与重庆理工大学共同成立的"互联网+会计"大数据智能税务实验室，利用产业、学校、研究机构等相互配合，发挥各自优势，形成强大的研究、开发、生产合力，并在实际运营过程中体现出了强大的综合优势，弥补了远见信息初创期技术和人才的短缺，更使其数智化转型之路上少走了弯路，降低了公司发展的试错成本。

三是与时俱进，充分利用前沿科技支撑数智化转型。以"电子发票"为切入点，在税务服务方向找到了更多的着力点，并充分利用了云计算、大数据、人脸识别、身份认证、OCR等技术，使其业务朝着多元化发展，未来还有更多的可塑性。拥有更多的基础技术实力，远见信息的数智化转型发展将走得更远。

◆ 案例开发总结

当前，日益深化的数智化建设在我国突飞猛进，大数据、云计算、人工智能等新技术的广泛应用，对传统企业的理念和服务模式乃至市场生态和竞争格局均形成了不可规避的颠覆性冲击。2023 年 2 月，中共中央、国务院发布了《数字中国建设整体布局规划》，从国家层面构建数字中国建设的"2522"总体布局，标志着数字经济已经进入了快速发展阶段。对传统企业而言，宏观上，国家数字经济发展已成为大趋势；中观上，数字化发展已"倒逼"传统行业不得不进行数智化转型；微观上，数智化转型已成为企业自身提质增效、改革创新的内在需求。企业需要考虑的不再是是否需要进行数智化转型，而是如何做好数智化转型的问题，这也是团队开发本案例的初衷之一。

远大印务数智化转型既是企业发展的内生需要，更是顺应时代的明智之举。作为一家传统印刷企业，远大印务以电子发票研发为契机，成立了远见信息，开启了数智化转型的"自我革命"之路。经过多年发展，从一开始单一的电子发票突围，蜕变为"智慧税务"服务商，并逐步发展为更加全面的"智慧政务"解决方案提供商。远大印务的数智化转型案例为广大的传统中小企业数智化转型提供了很好的案例参考，其数智化转型的切入点、实施路径、工作成效和未来发展方向等都具有非常好的借鉴意义。数智化转型不仅可以帮助企业提质增效，更有助于企业实现产品或服务创新，开辟新的发展赛道。

"变是不变唯一的真理。"这是"远见人"一直坚持的企业信条，也是其数智化转型取得成功的关键，远大印务和远见信息的成功揭示了传统企业未来发展的方向，它们的经验和故事让更多的传统企业更有信心和决心走上数智化转型的道路，迎接未来的挑战和机遇。

随着数字化浪潮的席卷，传统企业面临着前所未有的挑战与机遇。在这个时代背景下，远见信息的"自我革命"式数智化转型，不仅展现了企业的远见卓识，也为整个传统行业提供了宝贵的经验和启示，其自我革命的勇气和智慧，更为传统行业的数智化转型树立了典范。远见信息"居安思危"，在其传统业务蓬勃发展时期，不仅敏锐地捕捉到了电子发票的市场机遇，更通过深耕税务信息服务领域，实现了从电子发票到可信数据服务商的蜕变。这一转型过程充分展示了远见信息对于技术创新的重视和应用，也体现了其对市场变化的深刻理解和快速响应。本案例深度剖析了远大印务的成长历程和远见信息数智化转型过程，探索了传统行业数智化转型的内生动力和逻辑规律。

远见信息在税务发票领域有着多年的经营经验，对市场动态和行业趋势有着敏锐的洞察力。面对数字化浪潮的席卷，远见信息及时捕捉到了电子发票的市场机遇，并果断决策，将数智化转型作为企业发展的核心战略。这种远见卓识和战略决策，使远见信息在转型之路上迈出了坚实的第一步。

在数智化转型的过程中，远见信息没有选择简单的技术升级或业务调整，而是进行了彻底的"自我革命"。从传统的税务发票中突围，涉足税务信息服务领域，并通过不断创新和优化，最终蜕变为可信数据服务商。这种勇于自我革命和突破创新的精神，是远见信息转型成功的核心动力。

在数智化转型的过程中，远见信息始终坚持技术引领和创新驱动。企业积极引入先进的数字化技术和工具，如大数据分析、云计算等，以科技创新推动业务模式的升级。同时，远见信息还注重研发投入，不断推出具有竞争力的新产品和服务。这种技术引领和创新驱动的发展策略，使远见信息在激烈的市场竞争中保持领先地位。

在数智化转型的过程中，远见信息也面临着诸多挑战和风险，如技术更新换代的压力、市场接受度的挑战、员工转型的困难等。然而，远见信息始终保持着冷静和清醒的头脑，通过制定科学的风险管理策略、加强员工培训、优化业务流程等措施，有效应对各种挑战和风险，确保了转型的顺利进行。这种科学的风险管理策略和应对挑战的能力，体现了远见信息在转型过程中的稳健和成熟。

远见信息的企业信条"变是不变唯一的真理"，深刻揭示了企业在数字化时代必须保持持续创新和变革的核心观念。面对科技的飞速发展和数字化浪潮，远见信息管理团队展现出了前瞻性的战略眼光和勇于变革的决心。通过积极布局前沿技术，远见信息不仅在变局中把握新机遇、应对新挑战，更成功地形成了自身的新优势。通过打造"一个数据三朵云"信息支撑架构，远见信息成功地将互联网技术、大数据与企业核心业务相结合，实现了业务的数智化转型和升级。

远见信息深知数智化转型的成功离不开高素质的人才队伍。因此，企业在转型过程中注重人才培养和团队建设，通过内部培训、外部引进、开办"远见塾"等多种方式，打造了一支具备数字化思维和技能的团队。这支团队不仅为企业的数智化转型提供了有力的人才保障，还为企业的长远发展奠定了坚实的基础。同时，远见信息还注重团队文化的建设，通过营造和制定积极向上的工作氛围和激励机制，激发员工的创新精神和团队凝聚力,为企业的转型发展提供了强有力的支撑。

远见信息的数智化转型取得了显著的成效,不仅使远见信息的运营效率得到了大幅提升,还为客户提供了更加优质、高效的服务。同时,这种转型也为整个传统行业树立了榜样,激发了更多企业投身数智化转型的热情。此外,远见信息还积极履行社会责任,通过提供可信数据服务,为社会治理和公共服务提供了有力支持,实现了经济效益和社会效益的双赢。这种转型成效和社会价值的实现,充分证明了远见信息数智化转型的正确和其价值所在。

展望未来,随着数字化技术的不断发展和市场的不断变化,传统企业需要继续加强技术创新和人才培养,勇于"自我革命"和突破创新,以适应时代的发展需求。同时,政府和社会各界也应该为传统企业的数智化转型提供更多的支持和帮助,共同推动传统行业的数智化转型和发展。在这个过程中,远见信息的成功转型经验和启示将为广大传统企业提供有益的借鉴和参考。

远见信息的数智化转型之路是一次传统行业"自我革新"的典范。它充分展示了市场洞察与战略决策、"自我革命"与突破创新、技术引领与创新驱动、人才培养与团队建设、挑战应对与风险管理以及转型成效与社会价值等多个方面的优秀实践。这一案例对于传统企业而言具有重要的启示意义,值得深入研究和借鉴。同时,我们也期待更多的传统企业能够像远见信息一样,勇敢迎接数智化转型的挑战,实现"自我革命"和突破创新,为行业的未来发展注入新的活力和动力。

附录

附录1 远见信息发展大事记

附表1 远见信息的重大事件

年份	重大事件
2012	·公司成立 ·获国家试点重庆市唯一网络(电子)发票应用试点单位 ·参与中国首个电子发票国家标准制定

续表

年份	重大事件
2013	·重庆远见互联网虚拟产业园项目正式启动 ·重庆市地税网络发票验真手机查验系统上线 ·重庆国税"营改增"全面试点顺利上线并平稳过渡 ·网络发票验真查验积分抽奖活动第一期 10 万元大奖开出 ·重庆远见互联网虚拟产业园获政府批复正式开园 ·重庆市地税网络发票智能终端手机开票系统全市上线 ·"金税通"荣获 2013 年首届重庆十大最火 App
2014	·网络发票验真查验积分抽奖活动第二期 10 万元大奖开出 ·电子发票平台成功启动，开出全国首张全生命周期电子发票 ·全国首个网络（电子）发票整合管理系统在珠海市上线运行
2015	·圆满完成国家级网络（电子）发票应用试点项目

附录 2　远见信息业务及组织架构

1. 远见信息的业务

远见信息现有业务包括"三电两服务"五大板块，即电子发票、电子台账、电子档案、呼叫中心服务、开发与运维服务。

（1）电子发票

远见信息与北京百望金控科技有限公司合资成立百望云（重庆）信息技术服务有限公司，开发了乐企平台，为广大企业提供"全电票"（全面数字化的电子发票）服务。

全重庆市第一张乐企数电发票

（2）电子台账

远见信息是企业统计台账国家标准重要起草单位之一，其开发的企业数据监管系统为重庆市统计局提供了全线上、可视化的大屏展示。

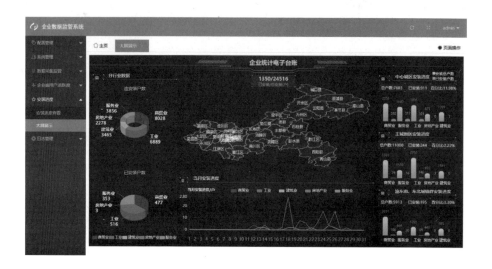

（3）电子档案

远见信息是中国电子档案国家试点项目重要参与者之一，其开发的远大智慧物联电子档案系统为远大印务提供了高效、安全、可靠的电子档案管理服务。

（4）呼叫中心服务

远见信息通过了 CC-CMM 呼叫中心能力成熟度模型应用级认证，连续多年为重庆市税务局提供 12366 呼叫服务，并荣获 2022 年度最佳政务/公共服务热线。其业务已拓展到贵州、青海、西藏等地。

（5）开发与运维服务

远见信息为政府和各企事业单位提供软件开发、系统运维服务。

2. 远见信息组织架构

远见信息的管理是扁平化的，董事长、总经理直接领导下属各个部门。

（1）政务服务事业部

他们是真正推动企业前行的一群人。他们根据公司对于政务服务的战略目标和经营计划制订事业部的营销计划和策略并实施，完成公司营销指标，确保公司年度目标及战略规划的有效实施；同时，负责与客户、技术中心及客服中心无缝对接，完成前期需求调研和需求分析。政务服务事业部的目标是三年内成为重庆领先的智慧政务服务商。

（2）企业服务事业部

他们是最了解企业财税痛点的一群人。他们根据公司对于企业服务的战略目标和经营计划，制定财税服务业务拓展策略并实施，依托纳税服务热线以及驻点服务，找到纳税人痛点，为税局与纳税人提供优质服务，完成公司下达的任务目标。企业服务事业部的目标是三年内成为重庆领先的财税服务平台商。

（3）技术中心

他们是让理想变成现实的一群人。他们负责公司项目相关的系统需求调研、需求分析、软件设计、软件编码、软件测试、联调、部署、上线、驻点运维和IDC运维等相关工作。他们的目标是做最懂业务的技术专家团队。

（4）客服中心

他们是政府和人民之间沟通的桥梁。他们主要服务于12366政策法规解答，以及电子税务局、重庆国税网络发票、重庆国税税控盘等方面的相关政策咨询、纳税相关操作系统答疑、部分相关投诉等。他们的目标是成为西南第一的纳税服务热线。

（5）法税事业部

他们是最了解企业法税痛点的一群人。他们根据战略目标和经营计划，制定法税服务业务拓展策略并实施，在完成任务目标的同时整合资源。他们的目标是三年内成为重庆领先的法税服务平台商。

（6）人力行政中心和财务中心

他们是最了解各个部门的一群人。他们根据战略目标和经营计划，制定公司人力、行政、财务层面的目标以及支持计划。如果你对公司有任何疑问，找到他们总是没错的。

附录3　远见信息的企业文化

远见信息是一支对客户充满责任感和激情的团队，崇尚学习、善于创新、精诚合作、真诚服务、提倡共赢，确保以最快的时间、最优的服务最大限度地满足客户的需求，为中国智慧政务服务以及财税服务建设不断贡献自己的力量。

1. 使命

- 建设更美好的数字化社会

2. 愿景

- 用更智慧及人性化的服务，为全人类节约 1 亿小时

3. 企业价值观

- 敬业、正直、勤学、创新、协作

4. 经营理念

- 专业经营、成就客户、稳健发展、创造价值

5. 品牌理念

- 可信的、创新的、专业的、科技的

6. 管理理念

- 责任明晰到位
- 沟通精准开放
- 执行高效务实

7. 人才理念

- 尊重，激励，竞争，合作

新大正：数字赋能打造物业行业未来组织[*]

案例概要

  物业服务行业与百姓生活紧密相关，提供更高水平的物业服务是人民对美好生活向往的重要组成部分。在数字中国的建设浪潮中，推动物业服务及管理的数字化转型是大势所趋。新大正物业积极进行数字化转型既是面对数字技术冲击的必然选择，也是物业行业提供更智能服务的必然要求。当前新大正专注于智慧城市公共空间与建筑设施的运营和管理，构建以基础物业为主体，城市服务和创新服务"两翼"协同发展的三大版图，现已遍布 28 个省份 124 个城市，管理 900多个物业服务中心，拥有员工 43000 多人，服务面积近 1.7 亿平方米。本案例通过对新大正数字化转型行为进行剖析，探索物业行业如何借助外界数字化赋能进行数字化转型，明晰物业企业如何逐步实现企业数字化，旨在引起人们对物业行业在数字化时代背景下企业发展方向的思考，并为物业行业数字化转型变革提供管理借鉴。

---

  * 本案例由重庆理工大学 MBA 学院、管理学院的李巍教授，方洲、何林、孔樟睿及何叶同学撰写，并得到新大正集团首席数字官于亭先生、运营管理中心总经理冯刚先生的支持。本案例旨在用于 MBA 教学中课堂讨论的题材，而非说明本案例所述的管理行为是否有效。

案例正文

• 引言

2024 年 7 月 11 日，新大正物业集团股份有限公司（以下简称新大正）发布消息，与字节跳动旗下企业协作平台"飞书"签订战略合作框架协议，将借助飞书强大的数字化技术及其先进理念与管理经验，助力新大正数字化转型，推动企业在公建物业服务行业高质量发展[①]。据悉，目前新大正的 4 万余名员工已全员迁移至飞书[②]。"我们相信在数字化技术和创新应用的赋能下，新大正将更好地满足客户需求，提升服务品质，进一步巩固和扩大我们在物业服务行业的领先地位。"新大正首席数字官于亭表示[③]，飞书为新大正量身打造的"一站式"协作平台上线后，新大正正在重塑组织形态、管理方式、业务流程，打造敏捷组织，逐步实现三个目标：管理数字化、业务数字化、行业数字化。新大正作为国内公建物业服务领域的代表企业之一，正在打造集团统一的数字化底座，通过数字化转型赋能企业向数据驱动型企业升级，赋能物业服务全生命周期。此次合作，新大正借助飞书在数字化技术和创新领域的力量，持续关注人工智能、物联网、机器人以及数据、数字场景管理等相关技术合作。

其实，新大正积极进行数字化转型的举措并不突然，通过数字赋能积极进行企业数字化转型是物业行业的大势所趋。近年来，数字化转型在全行业铺展开来。2023 年 2 月，中共中央、国务院印发的《数字中国建设整体布局规划》给出了数字中国建设的框架，中国数字经济已进入快速发展阶段。在行业数字化转型浪潮驱动下，数字建设与转型成为众多企业在升级产业、市场与产能方面的新"抓手"。在物管行业，越来越多的物业企业在利用数字化变革改善管理框架与服务效率，从而提高企业管理能力以及多元服务场景应对能力。据市场资料，

---

①③　人民网，《新大正与飞书战略合作助力数字化转型》，2024 年 7 月 11 日。http：//cq. people. com. cn/n2/2024/0711/c365415-40909245. html.

②　凤凰网，《新大正合作飞书 物企转型用上数字化"利器"》，2024 年 7 月 15 日。https：//house. ifeng. com/news/2024_07-15-56742006_0. shtml.

2023 年头部物业企业的数字化投入平均占营业收入的 0.5%～2%，重点投入在管理、服务、经营和数据治理方面。而新大正作为一家历史悠久且具有敏锐洞察力的上市公司，早已在 2023 年年报中正式提出数字化转型战略，预告了公司将与飞书进行合作，要"全面推进组织数字化转型，重构组织运行机能"。

● 企业概况

新大正成立于 1998 年，是完全市场化发展的第三方物业服务企业。新大正专注于智慧城市公共空间与建筑设施的运营和管理，构建以基础物业为主体、城市服务和创新服务"两翼"协同发展的三大版图。其中，基础物业板块涵盖航空物业、学校物业、办公物业、公共物业、医养物业、商住物业以及商场、景区等多类细分产品；城市服务则秉承"与物理空间有权益、与百姓生活有粘性"的长效运营理念，依托城市公共空间、公共资源、公共项目，打造以城市空间运营为核心的全域化、全流程智慧型综合服务解决方案，推动城市管理类服务产业的提档升级；创新服务则聚焦多场景立体化运营服务，企业由此推出专属线上平台（如"小新菁选""S 潮宝"）、综合服务中心、会员服务产品。

新大正通过不断深化研究客户需求、作业场景及服务标准，创造服务价值和提供优质体验，成为公建物业服务专家。现已遍布 28 个省份、124 个城市，管理 900 多个物业服务中心，拥有员工 43000 多人，服务面积近 1.7 亿平方米。新大正是中国物业管理协会名誉副会长单位、重庆市物业管理协会副会长单位、国家级服务业标准化试点单位。2019 年 12 月 3 日，新大正成功在深交所挂牌上市，股票代码 002968，成为国内第二家登陆 A 股市场的物业服务企业，也是在深交所上市的第一家物业企业。而新大正"无地产母公司、非住宅公建物业服务为主业、创新业务多元化"的三大特征，也使其在众多上市物企中具有差异化的竞争优势。

此外，新大正还具有众多竞争优势以维持其市场领先地位。①机制优势。新大正是重庆市最早一批成立的物业企业之一，是一家运行机制灵活的民营企业，拥有近 20 年的市场化运营经验。新大正的机制优势使其在市场上动力充足，竞争能力较强，相比同业能够提供更高性价比的服务。②人员与组织优势。新大正拥有完整的梯队化管理团队，其成立不久便率先引入员工持股的激励方式，激发了骨干成员的积极性，增强了管理团队的凝聚力和归属感。新大正近 20 年来骨干成员的稳定状态保持在较高的水准，对公司的发展和战略规划的延续起到了至关重要的作用。③项目资源优势。新大正自1998年成立至今，通过提供不断更新与优化的服务，积累了一大批优质且稳定的客户资源。尤其在川渝黔地区，新大正获得了多个公共类及学校类物业项目，在这些类型项目上的深耕使新大正积累了管理经验，形成了一定的业务壁垒。新大正在获得多个项目的同时，专注于提升服务品质，赢得了客户的认可，保证了稳定的项目来源。

● 企业发展历程

1. 初创及起步阶段（1998—2008年）

新大正于1998年正式更名创立，同时成立了党支部。次年，新大正获得ISO9002国际质量管理体系认证，并承接第一个国优项目——大正大厦。2001年，新大正开始实施内部员工股权激励，成为一家1/3员工持股的物业管理公司；同年，承接广璐大厦物业，开启公司市场化发展进程。如果说跳出"房企包围圈"是新大正最明智的策略，那么，率先切入行政机关的后勤服务社会化领域，则让这个策略有了落脚点。2004年，乘着政府机关后勤服务社会化改革的东风，新大正承接了某政府机关物业服务。自此，新大正在公共物业这条新路径上不断向前突进。2005年，重庆大学城开建后，新大正借此契机进入学校物业领域。2007年，重庆建立西永微电园之际，新大正介入园区物业，从而完成了公司产品结构的调整。

新大正深耕物业服务20余载，作为一家第三方专业物业公司，新大正以精准的战略定位和差异化的市场策略，立足重庆，拓展全国。创立之初，新大正坚持依靠市场的力量，不断拓展物业新领域，专注于智慧城市公共空间与建筑设施的运营和管理。新大正坚持用标准化打造专业能力和素养，创立之初即通过三体系国际认证；2008年成立企业标准化研究院，建立了系统、先进、科学的企业标准体系。此外，新大正开发了基于PDCA循环的项目质量管理模型，陆续发布企业五大业态物业服务标准和两项地方标准①。多年来，新大正始终关注客户体验和需求满足，以客户为基点设计优质服务，致力于以标准化提升专业服务水

---

① 新浪财经，《新大正物业正式登陆A股》，2020年1月8日。http：//finance.sina.com.cn/stock/relnews/cn/2020-01-08/doc-iihnzahk2722708.shtml.

准，并推动行业进步。

2. 快速发展阶段（2009—2019 年）

作为土生土长的重庆物业企业，新大正在相当长的时期，坚持深耕重庆市场，专注于城市公共空间与建筑设施管理的独特定位，在办公物业、公共物业和学校物业领域均形成了市场领先优势。新大正砥砺前行，不断拓展其业务范围和服务领域。在发展方向上，新大正在 2013 年就聘请全球知名咨询公司罗兰贝格进行战略咨询，并与德勤、普华永道等世界著名公司合作，对公司战略、组织、管理、机制进行持续的动态调整，确保公司按正确的方向发展。在服务领域拓展上，2011 年，在大型开发商物业不愿意进入的公租房领域，新大正承接了最大最多的公租房项目。2012 年，新大正承接贵州省高级人民法院物业，开始走出重庆市场，开拓四川、贵州等西南区域市场，开启业务全国化布局，并进入快速成长期。2015 年，新大正承接重庆大足人民医院物业，正式进入医养物业领域。2016 年，新大正完成股改，成立集团，并于同年承接江北国际机场物业，进入航空物业领域。2017 年，在中标重庆江北国际机场物业后，新大正相继拓展了包括北京大兴国际机场在内的全国 20 多个一线机场。新大正独特的发展道路与发展方式，是建立在对行业发展规律的认知与把握基础之上的，这与新大正对企业发展战略的重视密切相关，得益于其不断借助"外脑"持续变革创新。2017 年 3 月 22 日，新大正成功挂牌"新三板"，这意味着新大正将面对更加严格的要求，必须要制定更宏伟的战略目标。在新起点、新动力下，新大正坚持"社会、企业、员工和谐进步"的初心，怀揣"让城市更美好"的使命，着眼于客户需求，加快发展速度，调整产业结构，实现产品标准化，形成强大的复制能力与运营能力；同时，专注于智慧城市公共空间与建筑设施的运营和管理，致力于成为领先的城市公共空间与建筑设施管理服务商。

经过多年的发展，新大正获得了诸多荣誉。在 2018 年中国物业服务百强企业排名中，新大正荣获物业服务企业综合实力第 17 名[①]。作为第三方物业企业，新大正在市场化发展过程中关注客户的体验和需求，关注为客户提供专业的服务，而其标准化的服务体系和能力源于 2008 年便建立的标准化研究院。经过多

---

① 新大正官网，《第二届国际物业管理产业博览会开幕 中国物业管理协会公布物业服务企业 TOP100》，2018 年 10 月 17 日。https://www.dzwy.com/news/mtbd/2022-05-19/100.html.

年的发展和沉淀，新大正于 2019 年 12 月 3 日正式在深圳证券交易所挂牌上市，成为重庆第一家、国内第二家登陆 A 股市场的物业服务企业①。上市对新大正物业的未来发展有非常积极的意义。非住宅物业市场潜力巨大，但格局较为分散，上市企业中主要服务非住宅物业的企业较少，而新大正抢先上市可以获得先发优势。此举一方面可增强品牌效应，另一方面可以借助上市获取的资金进行基础建设及扩张，为后续市场竞争打下坚实基础。上市当年，新大正营业收入突破 10 亿元，进驻全国 18 个省份 31 座城市。同时，结合市场的状况与企业的发展情况，新大正将其战略定位为成为领先的城市公共空间与建筑设施管理服务商。

凭借不同类型的物业管理经验和门类齐全的服务标准体系，新大正在公共场馆、航空和学校等细分领域形成了全行业领先优势，于 2019 年 6 月承接北京大兴国际机场和西安交通大学项目②；次年 6 月，进驻广交会展馆。新大正带着多年积累的服务经验逐步走向全国。随着公共物业市场化程度的提高，具备优质服务能力的新大正物业拥有广阔的市场空间。

3. 持续发展阶段（2020 年至今）

当前，市场上"大手笔"的并购层出不穷，并购、合资等方法已经成了物业服务企业较为常见的拓展规模的手段。而在这方面，新大正也同样积极展开布局，在合资合作与收并购两方面同时发力。合资合作方面，2020 年 7 月，新大正与青岛融源影视文化旅游产业发展有限公司（以下简称青岛融源）的合资合作签约仪式在青岛李沧区隆重举行③。此次双方携手，就青岛李沧区基础设施建设、智慧城市建设及运营管理进行深入合作，开启了大型国有企业与知名上市物业公司的合作共赢模式。据悉，本次合作双方，青岛融源作为李沧区政府资产运营管理平台，日常负责推进李沧区"智慧城市、智慧社区、智慧街区"的建设；新大正作为独立第三方物业上市企业，负责为李沧区提供智慧城市建设和运营保障服务。双方合资合作，共同助推城市管理创新发展。本次"智慧李沧"的

---

① 新浪财经，《新大正物业正式登陆 A 股》，2020 年 1 月 8 日。http://finance. sina. com. cn/stock/ relnews/cn/2020-01-08/doc-iihnzahk2722708. shtml.

② 网易，《李茂顺：新大正坚守"做一家好企业"的初心，让城市更美好》，2020 年 9 月 23 日。ht-tps://www. 163. com/dy/article/FN6SO1690519SLC9. html.

③ 新浪财经，《新大正携手青岛融源 探索"智慧城市"运营新模式》，2020 年 6 月 24 日。http:// finance. sina. com. cn/stock/relnews/cn/2020-06-24/doc-iircuyvk0232212. shtml.

建设，新大正结合智慧城市运营管理新模式，抓住产城融合发展新趋势，开启新大正智慧城市建设的新篇章。2020年12月，新大正联合辉尚金控设立贵阳市大正辉尚智慧城市运营服务有限公司，共同开发运作贵州城市运营及物业服务业务，进一步升级公司城市服务战略。收并购方面，2020年11月，新大正成功收购民兴物业，进一步拓展了四川市场，巩固了西南区域公共物业市场的领先优势。

2021年是新大正"五五"战略规划的开局之年，企业制定了"12345"总体战略，规划了2021—2025年的发展蓝图。"12345"总体战略，即坚定一个核心目标，至2025年稳居公建物业第一方阵；实现数字化转型和城市服务转型两个方面的突破，形成以基础物业为主，城市服务和创新业务协同发展的三大版图；通过人才、市场、资本、科技"四轮"驱动，助力企业发展。2021年，新大正正式更名为"新大正物业集团股份有限公司"，营业收入突破20亿元，重庆以外区域收入占比超过50%。同时，新大正以科技驱动链接未来，启动数字化转型：以客户为中心，链接各方资源，转型成为平台化的智慧城市服务运营商①。在不断实践和创新中，新大正逐步把互联互通、流程再造、业务赋能、智慧物联、品牌树立等纳入全新的生态平台来建设，打通"人—科技—空间—服务"，建成以智慧机场、智慧学校、智慧机关、智慧办公、智慧场馆、智慧园区、智慧社区、智慧城市等为核心的全生态链。为此，新大正释放出十余个数字化岗位，招聘海量数字化专业人士，吸纳行业大咖、产品专家、专业技术人才、业务专家。此外，新大正于2022年承接北京冬奥会主场馆后勤保障，首次服务国际大型赛事。同年，新大正收购四川和翔，进入市政环卫领域。2022年上半年，新大正中标中国银保监会、国家开放大学、长沙轨道交通、南京新媒体大厦等重要项目。随着标志性项目、战略性项目、创新性项目的拓展，新大正项目拓展呈现出数量和质量"并举"的趋势。

新大正自2021年布局城市服务赛道以来，积极探索其独具特色的城市服务模式，高效整合专业资源要素，积极拓展各专业领域市场，并取得了一定成绩。2023年，新大正营业收入突破30亿元，荣获"重庆市企业创新奖"，并入选"重庆民营企业100强"。2023年4月25日，雅安市雨城实业发展有限责任公司

---

① 搜狐网，《新大正数字化变革招募令》，2021年1月18日。https：//www.sohu.com/a/445333620_732736.

（以下简称雨城发展）与新大正在雨城发展的会议室正式签署战略合作协议[①]。双方此次合作，旨在共同打造以市政公共服务、城市空间运营、数字社区治理三大板块为核心的"城市大管家"综合服务体系，为城市公共空间、公共资源、公共项目提供一体化运营服务解决方案。近年来，数字化转型在物业行业铺展开来。2024 年 7 月 11 日，新大正发布消息，与字节跳动旗下企业协作平台"飞书"签订战略合作框架协议，此次合作将从数字化技术和管理方向展开，帮助新大正进行数字化转型，提升服务效率和客户体验。

● 构建"数造"组织

1. 业务基础数字化

（1）组织主动转型

随着智能设备与移动互联网、物联网的发展，城市智慧化的趋势已十分明显。面对未来，新大正坚守商业的本质、坚守物业管理的根本、坚守企业的核心价值观，以移动互联网和物联网的技术与思想，改造传统的物业基础管理，延伸导入公共资源与资产管理，在"人人互联、物物互联"的基础上，通过物业服务的联结，建立信息平台，实现人物互联，生成大数据、衍生新业务。2017 年，新大正正式启用 CMS 新办公系统。CMS 系统提供了系统功能、基本功能等丰富的功能板块，旨在提高员工的工作效率和用户体验。这是企业业务系统整体信息化建设的重要一环，业务信息化要求各板块人员对业务不断创新，用机制、自动化、信息化的方式解决现场品质检查问题。

从信息化办公系统应用到组织全方位数字化转型，新大正始终奋勇前行。新大正数字化发展战略以实现物业资产数字化、作业流程智能化、服务质量最佳化、工作效率最高化为目标，通过数字化赋能公司业务与职能管理。报告期（2021 年业绩报告）内，新大正对职能中后台进行了下沉，加强了条线建设，新增城市运营中心、创新孵化中心，强化数字化信息中心，为未来发展奠定基础；设立深圳慧链云科技有限公司作为信息化建设项目实施主体，加快推进数字化建

---

① 新大正官网，《雨城发展与新大正签署战略合作协议》，2023 年 4 月 6 日。https：//www.dzwy.com/news/jtxw/2023-04-26/240.html.

设，以满足公司快速发展的需求，支撑创新业务与增值服务发展①。此外，新大正成立数字化建设及决策委员会、业务数字化工作推进小组，以推动数字化战略的落地与实施。新大正重点围绕业务数字化、管理数字化等方面展开。在业务数字化方面，新大正注重业务先行，紧贴业务现状与实际，持续打造全面开放的慧链云业务数字化平台，建立健全场景连接。新大正现已完成基础物业服务、客户服务等功能，逐步实现业务全方位赋能，为后续构筑良性生态体系奠定基础。在管理数字化方面，为提升全国化发展协同管理，新大正全面启动管理数字化"三统一"工作，即建设全公司统一的流程中心、升级打造全新的统一协同办公平台、统一员工移动办公终端等，并重点推进和实现招聘、入职全过程无纸化管理②。

（2）外部赋能合作

新大正深刻意识到，随着"云大物移智"等数字经济的迅猛发展，为满足服务多元化需求，在与用户建立连接和多区域办公的物业管理升级驱动下，在构建智慧社区服务生态连接驱动下，在更安全快速的用户体验驱动下，物业企业"上云"与数字化转型是大势所趋。而要快速实现数字化转型，首要任务就是灵活构建属于自己的生态系统，以更快地开发服务与去中心化的生态服务，来达到快速响应外部的创新变化，更高效地实现转型和超越。新大正作为一家传统的物业服务企业，要想实现企业的数字化转型并不是一件易事，从掌握数字技术的人才到成熟的数字化系统，新大正面临较大的挑战。因此，除了主动从内部开始数字化变革外，新大正也积极展开与外界的合作，加快企业的数字化转型进程。

为此，新大正引入了"金蝶云·苍穹"，加速云转型，实现换道超车、颠覆创新与突破极限。自2019年7月以来，新大正和金蝶连续在员工服务、财务、HR、供应链管理、合同管理及银企服务专项业务上成功合作，共同打造行业领先的物业管理数字化管理平台。作为新大正的战略合作伙伴，金蝶借助优质的行业信息化解决方案能力，满足新大正更多元化的服务需求，为新大正的数字化建设持续赋能，并在企业数字化转型升级道路上展开全方位、深层次的战略合作。新大正和金蝶的合作主要包括：共同拓展数字化服务市场，协同推进数字化建设，打造物业行业的数字化产业服务平台，共享客户资源，等等。金蝶作为企业数字化转型的引领者和赋能者，可为新大正的成长打下"数据能力+管理能力"的双重基础。此次双方的强强联合，借助彼此的合作优势和资源共享，全面助力企业数字化转型升级，通过统一的信息化平台连接财务、供应链、合同、人力资源、协同办公等业务，实现了100%凭证自动化率、提高30%财务效率、减少286笔月均协同凭证。此外，企业与字节跳动旗下企业协作平台"飞书"展开合作，从数字化技术和管理方向推动新大正的数字化转型进程。

2. 物业服务数字化

（1）基础物业服务数字化转型

随着城镇化的加快，物业管理行业建设现代化服务平台，通过不断整合社区物业资源，拓展和丰富社区服务，一步步提升物业行业的服务质量和价值，行业也因此迎来了高速发展。为了继续拓展基础物业板块、增强基础物业服务，新大正推行"主动营销+项目合伙"，即立足主动营销，打造大客户体系，利用资源平台，挖掘细分业态，强化续约保盘；并通过资产合作运营、开展城市合伙人计划、项目合作开发等多种形式的合资合作项目，实现自身业绩的增长和突破。具体针对以下内容进行：做强基础物业版图，内外兼修，实现"双轮"驱动；加快创新产品突破，做大创新服务版图，支撑集团高质量发展；打磨商业模式，提升专业能力，做实城市服务版图，形成协同作战体系；强化资源整合，提升投后整合能力，实现资本驱动发展；围绕发展需求，打造数字化服务平台雏形，支撑项目提质增效；升级组织及管控模式，实现平台化转型，满足长远发展需求①。

随着数字化转型的推行和运用，新大正在各个基础物业板块均取得了一定的进展，如医疗后勤服务行业。从传统的保洁、维护社会秩序等基础物业服务，逐渐转变为智能化、多元化、"一站式"的平台服务需求，服务升级的要求日益迫切。以新大正为代表的公建物业企业深拓医疗后勤服务领域10余年，全国在管医疗后勤服务项目近40个，在"平台化"发展策略的指引下，将"探索新型医疗服务模式，打造智慧医养后勤服务平台"作为物业服务的发展定位。"你好，这里是一站式服务中心，请问需要什么帮助？"在重庆市人民医院"一站式"智

---

① 新浪财经，《年报解读｜新大正：全国化布局稳固提升、业绩持续增长、发展加速》，2023年3月28日。http://finance.sina.com.cn/cj/2023-03-28/doc-imynmkse8665053.shtml。

慧服务中心办公室的大屏幕前，新大正客服熟练地接起了电话，当得知要求向老年科运送标本后，她立即在前方电脑进行了派单操作，即刻，在病房区工作人员的手机终端就接收到了信息，对方及时反馈接单后，运送任务随即开启，而这一切在智慧大屏上清晰可见。据相关人员介绍，当医院不同科室给服务中心打电话后，他们会第一时间进行分派和记录，完成情况都可以在大屏幕上一目了然。通过全方位辅助医疗后勤物业服务的智慧医疗"一站式"服务平台不仅能够整合医院后勤资源、统筹后勤服务、计量服务数量、提升服务质量，还能够收集反馈建议，促使物业服务单位改善医院后勤服务。

（2）城市服务与数字创新

作为行业先行者，新大正早早地意识到，数字化转型是必然趋势，物业管理必须加速建设智慧物业服务平台，为用户带来高性价比的服务体验。目前，新大正已经建立了服务专属的线上平台，立足综合服务中心平台，为注册会员打造多种业态场景的专属数智服务产品：通过 App、公众号和小程序等渠道，实现本地生活服务的数字化连接；通过智能设备，实现与客户直接接触的岗位人员装备数字化；通过 5G 技术和人脸识别技术，实现出入口管理数字化；通过智慧车场，实现车辆管理数字化；通过视频和 AI 技术，实现环境管理数字化；通过智慧物联网 IOT 技术，实现设备设施管理数字化。此外，新大正结合城市运营发展趋势和自身的资源优势，提出了智慧城市运营管理的 MOST 模式。该模式以智能技术为驱动，围绕城市管理、运营、服务，提供一体化解决方案，最终实现城市运营和公众生活的极大提升。

新大正还以高校后勤一体化管理运营为蓝本，打造出智慧城市公共建筑与设施管理运营的"慧服务"信息平台，创新物业管理服务模式。新大正负责人在采访中提及，在未来五年战略规划中，新大正一方面致力于成为领先的城市公共空间与建筑设施管理服务商，另一方面则会坚持在创新增值业务和城市服务维度持续探索和自我突破。

近年来，相关部门均对老旧小区改造、养老服务、城市服务等作出明确的部署和要求，这无疑给物业行业带来了重大发展机遇，新大正也由此开拓新的赛道——城市服务，开始聚焦资产管理、社区运营、老旧小区改造等多种城市服务产品[1]。

---

① 新大正官网，《连获多项重要荣誉，这家物业企业凭什么？》，2022 年 4 月 27 日。https：//www.dzwy.com/news/mtbd/2022-08-22/179.html.

2021 年，新大正新设智慧城市运营中心①，初步建立专业开发及运营团队，有序推动城市服务业务发展，在老旧小区改造与长效运营探索、市政环卫业务创新，停车场和园区资产管理，以及城市服务合作资源拓展等方面取得实效。其间，新大正对接了重庆及西南区域多个老旧小区的改造项目；承接涪陵新城区市政环卫项目，实现城市服务新业态突破；积极拓展与设计、施工、基金、养老、策划等多类型单位的合作，为城市服务的展开储备丰富合作资源。2022 年，新大正以老旧小区改造、市政环卫等多维度、多角度深度切入城市服务，提升项目拓展规模，推动业务模式多元化，打造城市服务生态圈。经过试点落地运营，整合打造为到家服务、校园服务、商务服务、美居服务、租售服务、空广服务六大服务产品类别，并搭建了"S 潮宝"、公建业态"小新菁选"两个创新平台，作为公司战略高地，这是新大正未来的利润核心来源，将以数字化支撑基础服务及城市服务快速发展②。

● 以标准、数字化推动企业高质量发展

1. 标准化与数字化

新大正作为国家一级资质的专业化物业管理企业和中国物业管理协会常务理事单位，已通过多项管理体系认证，具有较完整的管理运行体系和丰富的管理经验。新大正依靠长期积累的项目管理经验，建立了一套行之有效的服务标准，并向社会进行推广。作为首要起草单位，新大正协助主管部门起草了重庆市地方标准《高校物业管理服务规范》（DB50/T797—2017）、《重庆市商务楼宇物业管理服务标准》（DB50/T307—2008）。2011 年 12 月，新大正被国家标准化管理委员会评为商务楼宇物业管理国家级服务业标准化试点单位。经过多年的实践，新大正已形成了以服务标准化为关键基础，贯穿服务产品研究、项目服务实现的全链路标准开发模式，形成不断为客户提供优质服务的标准化优势。目前，新大正已走出了"企业标准—地方标准—国家标准"的坚实之路，主导和参与编制各级

---

① 上游新闻，《稳中求进 新大正书写高质量发展"答卷"》，2022 年 4 月 27 日。https://www.cqcb.com/wanbadian1/2022-04-27/4859470_pc.html。

② 网易，《新大正——全国市场遍地开花，优势业态领航实现快速增长》，2022 年 4 月 22 日。https://www.163.com/dy/article/H5GC2V1S0515ARKP.html。

国家标准、团体标准、地方标准等。尤其是在航空服务领域，新大正更是直接作为机场航站楼物业行业标准起草立项单位，针对航空机场服务已建立了 80 余个程序文件、128 项作业指导书、168 个视频教学案例。此外，由新大正承担的中国物业管理协会 2022 年度课题"物业服务企业标准化有效性研究"顺利通过结题验收，并从众多课题中脱颖而出，获评 2022 年度物业管理优秀研究课题，成为中国物业管理协会五个优秀课题之一。

2020 年 5 月《中华人民共和国民法典》的颁布，开启了物业行业价值体现的新起点。《中华人民共和国民法典》以法律的形式明确了物业管理行业的社会地位，同时用民商立法方式明确了物业管理行业未来的发展方向。这不仅有利于规范行业参与者，包括政府、业主、物业公司、配套供应商，明确各方的权利义务，而且有利于行业的健康成长和发展。全国物业服务标准化技术委员会副主任、中国物业管理协会标准化建设专业委员会主任、新大正董事长李茂顺在《数字时代中小物业企业标准化建设探讨》主题演讲中提到，数字化转型对标准化提出了新要求，需要重新认识标准化的价值和作用。因此，新大正在已有基础设施数字化的基础上，不断"加码"数字化升级，推动标准数字化革新。2024 年 7 月，新大正与"飞书"正式签订战略合作框架协议，推出定制"一站式"协作平台，打造出易操作的对客服务系统；同时，还将依托飞书数字化底座能力，加速企业数字化变革管理，助力新大正数字化转型，推动企业在公建物业服务行业的高质量发展。"数字化的时代已经来了，数字化的转型对我们的标准化提出了更高的新要求，也让我们认识到标准化是数字化的前提和基础。"李茂顺表示。标准化可以激发出更多的创新和发明，推动技术的进步和应用，促进知识和经验的共享，促进产业的升级和转型，助力物业行业实现高质量发展。

2. 数字化与高质量发展

当下，越来越多的企业意识到"顺应数字经济发展潮流，实现数字化转型"对于企业高质量发展的重要性。新大正作为国内上市物业公司，积极探索和落地智慧物业服务新模式，努力构建数字化平台，为客户提供更优质的服务体验。此外，新大正通过云之家办公协同系统，增加没有移动端的业务系统的信息推送，实现了移动办公，降低了工作成本，提高了执行效率，有效提升了物业管理的工作效率，增强了物业公司内部的沟通交流，保障了物业公司的服务品质①。在公司战略及基础设施层面，新大正已经采取了多方面的举措。新大正注重企业的高质量发展，将数字化转型与企业的高质量发展紧紧结合在一起。2020 年，新大正对内完善了组织架构、企业治理、运营管理、数字化建设、商业模式创新；对外依托上市平台，开展外延并购、加快合资合作，实现了"内生＋外延"的"齐步快跑"态势，加速全国中心城市布局，深耕区域和细分市场，丰富延伸服务内涵，持续提升服务品质，推进高质量发展②。2021 年，新大正还对内部管理流程和职能进行了优化和改革，对专业能力持续进行更新与突破，完善了品质管理模型，建成"项目分级、品质分区"品控系统，引导资源优化配置；持续推动标杆建设，打造完成一批标杆示范项目，为区域、业态赋能；针对效益较差的项目开展"回头看"专项活动。品质的管控和内部管理能力的提升，有效地提升了新大正的口碑和续约率。

同时，新大正在公司董事会及战略委员会研讨的战略大纲方向指引下，历时一年多，经过反复论证完善，在 2021 年制定了"12345"总体战略，规划了2021—2025 年的发展蓝图。2021 年的发展成果证明了新大正有能力去实现更高的目标，公司上下必须坚持做一家好企业的梦想，坚定把公司发展成为国内领先的城市公共空间与建筑设施管理服务商的愿景，在努力实现保持公建物业领先地位的基础上，在数字化转型和城市服务转型两个方面取得突破，并从组织、研发、运营、机制和模式创新五个方面，加快组织能力建设，实现公司高质量发展。可以说，数字化转型是新大正面对市场竞争并积极应对的选择，更是高质量发展要求下唯一正确的选择，新大正的全面数字化转型将推动企业迎来高质量发展的时代。

● 未来：持续打造物业服务未来组织

新大正经过 20 余年的快速发展，用专业与真诚、勤奋获得了客户的认可。新大正表示，进入新发展阶段，新大正将主要以内生、外延、创新业务三个方面

---

① 云之家官网，《云之家助力新大正物业移动办公》，2021 年 10 月 8 日。http：//2fstatic. yunzhi-jia. com/home/dynamic/news？source＝media&article_id＝615fb855a293915175003574&pageNum＝1.

② 重庆日报，《"内生＋外延"齐步跑 新大正全国化战略效果初显》，2021 年 3 月 30 日。https：//app. cqrb. cn/dichan/2021－03－30/618908_pc. html.

为"抓手",稳步推进经营规模扩张和业务结构优化升级。未来,新大正将在遵循对未来战略发展有效支撑的策略前提下,将集中优势业态持续发力,聚焦中心城市,抓住优质并购机会,强化业务创新。例如,通过打造"S 潮宝"平台深挖增值业务潜在价值等,乘势而上实现跨越式发展;还将继续专注于医院智慧后勤一体化服务,为医院智慧后勤服务的"大安全""大后勤""大服务"做支撑、做保障,在导诊、陪护、医养等方面持续探索服务边界,使医疗后勤服务运行更加安全、管理更加精细、服务更加周到,同时通过多元服务让医院的运转更加顺畅,从而给患者带来更好的就医体验,让医生专注于治疗,让患者获得更好的帮助①。

随着中国数字经济进入快速发展阶段,数字化转型在全行业铺展开来。在行业数字化转型浪潮的驱动下,数字建设与转型成为众多企业在升级产业、市场与产能方面的新抓手。物业管理行业内,越来越多的物业服务企业都在利用数字化变革改善管理框架与服务效率,从而提高企业管理能力以及多元服务场景应对能力。据相关新闻透露,目前,新大正数字化转型正在"两条腿行走":一方面,业务层面正在大量借助飞书进行赋能转型;另一方面,集团层面也正在从顶层设计出发,推动数字化转型加速深化。未来,希望"两支队伍"能齐头并进,力往一处使,共同做好数字化转型,通过数字化手段提升服务效率,优化客户体验,为客户创造更多的价值。

开发者观点

探寻数字时代物业行业的组织数字化之道

李巍 教授/重庆理工大学 MBA 学院

◆ 案例开发缘由

新大正物业集团股份有限公司成立于 1998 年,专注于智慧城市公共空间与

---

① 新大正官网,《医院里的"多面手",揭秘医养服务背后的故事》,2023 年 4 月 7 日。https://www.dzwy.com/news/mtbd/2023-04-07/236.html。

建筑设施的运营和管理，构建以基础物业为主体，城市服务和创新服务"两翼"协同发展的三大版图。通过不断深化研究客户需求、作业场景及服务标准，让客户专注于主业，创造服务价值和优质体验，成为公建物业服务专家。随着数字时代的来临，物业行业正在如火如荼地开展数字化转型。作为一家上市公司，新大正如何在变化如此迅速且激烈的市场上进行数字化转型以保持已有地位，并不断继续拓展事业版图？物业企业的数字化未来将如何？这些问题驱使案例开发团队去了解新大正。

为了更好地实地调研，团队迅速进行资料收集、整理与调查，在资料收集的过程中，团队成员重点关注包括组织内部、物业服务等方面在内的数字化举措和智慧。例如，针对物业服务板块，新大正在城市服务板块秉承"与物理空间有权益、与百姓生活有粘性"的长效运营理念，依托城市公共空间、公共资源、公共项目，打造以城市空间运营为核心的全域化、全流程、智慧型综合服务解决方案，推动城市管理类服务产业的提档升级；创新服务则聚焦多场景立体化运营服务，企业由此推出专属线上平台（如"小新菁选""S潮宝"）、综合服务中心、会员服务产品。案例开发团队通过集团内部数字化思维变化、战略转型，以及对外提供的数字化创新服务上展现的数字智慧等，探究新大正如何通过数字赋能打造数字化的物业组织。

◆ 实地调研新发现

案例开发团队系统地收集了来自于新大正官网及官方微信公众号、企业传记、新闻报纸、多媒体平台相关报道、行业报告、书籍期刊等十余万字的二手资料，包含新大正创立与成长过程中的重大事件、影响因素、成果奖项以及面临的相关问题等主要内容。对新大正二手资料的进一步收集、梳理与分析，为后续实地调研与企业访谈做了充分准备。案例开发团队围绕"数字化转型"这一主题，针对新大正在集团数字化转型方面的企业管理经验与实践活动，设计了具有高度关联性的调研提纲，并提交给新大正高层审核；在获得允许后，团队奔赴新大正重庆办公总部进行实地调研，对相关高层管理人员进行访谈。

在访谈交流过程中，案例开发团队询问了以下几个问题：新大正于2023年正式提出数字化转型战略，主要的发展规划以及愿景有哪些；为此，新大正已经开展了哪些方面的工作；在数字化转型过程中面临哪些挑战（主要是技术、人才、组织和文化等方面）；目前取得了哪些成效。团队还针对二手资料提到的企业打造数字化底座，询问了公司的具体规划、"智能管控"方面有哪些具体的举措和成效，以及数字时代，对于打造物业行业未来组织，新大正有哪些发展规划和行动。这些问题有助于团队系统地了解新大正的数字化转型。团队在调研过程中发现，新大正秉承"让城市更美好"的使命，一直坚持创新，紧随时代的发展，在为客户提供更满意的服务上从未止步，创新与发展贯穿企业的发展，其中的管理智慧和数字化实践举措值得进一步研究。

◆ 洞察企业新认知

通过系列调研，案例开发团队对新大正的管理经验和实践特色进行了系统回顾、梳理与总结。团队成员一致认为，新大正的企业特色主要表现在以下两个方面：

一是差异化发展战略。新大正创立之初，企业坚持依靠市场的力量，不断拓展物业新领域。目前，新大正为城市多种类型建筑提供一体化综合服务，建立了学校物业、航空物业、办公物业、公共物业、医养物业、商住物业六大综合产品，以及保洁、保安、设施、餐饮和商业咨询五大专业平台，不断强化差异化特征，形成了四大核心竞争力。①坚持用标准化打造专业能力和素养。创立之初通过三体系国际认证；2008年成立企业标准化研究院，开发了基于PDCA循环的项目质量管理模型，陆续发布企业五大业态物业服务标准和两项地方标准。②不断探索专业化的发展道路，根据物业不同属性提供专业化的物业管理服务，细分了学校、航空、场馆、办公、园区、公共、医养、市政、住宅、商业十大专业产品，以满足不同类型物业多元化的功能需求。③应用机械化作业改变物业作业方式。除了传统的人工或普通机械清洁的方式之外，新大正结合机器与软件开发、数据分析等方式，开发出了特有的公共空间智慧清洁服务模式。④基于未来发展，新大正构造了"升级—拓展—转型—助推"的智慧物业运营模型，根植于"物"的管理，承载对"人"的服务，专注智慧城市公共建筑与设施设备管理。升级，是指用移动互联网技术和物联网技术改造传统的基础物业管理；拓展，是指空间规划、资源管理、环境监测、设施维保等方面实现智能化运行；转型，是指基于城市空间（学校、机场、园区、场馆等）的智慧化管理平台；助推，是指为智慧城市的每一个"细胞"提供全场景服务，助推城市智慧升级。

二是高度重视人才。以人为本是新大正作为劳动密集型的服务类企业持续发展的根基，新大正的发展成绩离不开人才的支持，其独具特色的激励体系有助于公司与激励对象利益共享、风险共担，吸引和凝聚优秀人才，促进公司快速成长和长期发展。随着新大正的快速发展，组织机构不断扩大，为应对行业技术人才稀缺的现状问题、确保企业未来市场拓展与竞争稳居前位，新大正启动"鲁班"计划、"灯塔"计划，开展管培生集训；同时，积极为员工创造成长平台，保证人才管理贴近企业核心业务，做好培养、吸引和用好人才的工作，推动技术革新和服务质量的不断提高。新大正自 2001 年起就持续对核心员工实施股权激励，激发核心员工内生动力。为了推动新战略的落地实施，2020 年底，新大正聘请外部专业机构协同重新梳理了中长期激励体系并于 2021 年正式推出。首先，新大正实施了 2021 年限制性股票激励计划，对以中后台管理团队为主的员工结合未来发展目标拟定股权激励的业绩考核方案；其次，新大正完善了原有核心员工持股平台股份——重庆大正商务信息咨询合伙企业中的中高管持股部分的考核机制，统一了考核目标；最后，在限制性股权激励制度的基础上，针对全国化战略推进过程中占据重要板块的城市公司的团队，新大正推出了城市合伙人计划。结合三种针对不同对象的激励工具，新大正从不同层面构建利益共同体、事业共同体和"命运共同体"，努力把新大正打造成有志于在物业行业干事创业的优秀人才共同创业平台。

◆ 案例开发总结

中国数字经济业已进入快速发展阶段，数字化转型在物业行业铺展开来。在行业数字化转型浪潮驱动之下，物业管理行业内，越来越多的物业服务企业都在利用数字化变革改善管理框架与服务效率，从而提高企业管理能力以及多元服务场景应对能力。新大正作为一家上市公司，其遍布 28 个省份、124 个城市，管理900 多个物业服务中心的物业企业，为基础物业、城市物业等提供了大量服务，作出了巨大贡献。更立体全面地展现物业企业的形象，帮助公众了解与日常生活紧密相关的一个行业的数字化未来，洞察其中的数字化转型智慧，是团队开发本案例的初衷。

目前，数字化转型在各行各业正如火如荼地开展。新大正也正在进行各方面的数字化转型，在维持已有市场的基础上，进一步扩大企业优势。一方面，新大正专注自身进行由内向外的数字化变革，例如，新大正和金蝶连续在员工服务、财务、HR、供应链管理、合同管理及银企服务专项业务上成功合作，共同打造行业领先的物业管理数字化管理平台；金蝶凭借其优质的行业信息化解决方案能力，满足新大正更多元化的服务需求，为新大正的数字化建设持续赋能。针对信息平台与创新业务，新大正则强调要加大信息化平台开发力度，打造基于互联网和物联网的智慧物业管理与创新业务平台，推动公司转型升级。另一方面，新大正强调要积极创新，结合数字技术、物联网、大数据等技术为公众提供更智能的服务，为企业降本增效、增加收益。例如，新大正已经建立了服务专属的线上平台（如"小新菁选""S潮宝"），并立足综合服务中心平台，为注册会员打造多种业态场景的专属服务产品，提供节能减排、智慧车场、私域资源等平台的智慧运营服务。总之，在数字化时代，不主动求变，就会被时代淘汰。新大正从顶层战略到基础服务都积极进行数字化转型是数字时代的明智之举。从新大正身上，我们洞察到中国企业对"提供好服务"的坚守，更感受到中国企业主动应变、迎难而上的信心与决心。

附录

附录1　新大正大事记

年份	重大事件
1998	·公司创立
1999	·获得ISO9002国际质量管理体系认证 ·承接重庆市第一个国优项目——大正大厦
2001	·实施内部员工股权激励，成为1/3员工持股的物业管理公司 ·承接广璐大厦物业，开启市场化发展进程
2004	·承接某政府机关物业，进入公共物业领域
2005	·第一次企业文化价值体系梳理 ·承接重庆大学虎溪校区物业，进入学校物业领域
2007	·承接西永微电园物业，进入园区物业领域

续表

年份	重大事件
2008	· 董事长王宣获得"中国优秀民营企业家"及"中国商业服务业改革开放30周年卓越人物"荣誉称号 · 成立员工互助性质的爱心基金会
2011	· 成为国家级服务业标准化试点单位 · 第二次企业文化价值体系梳理，发布《人力资源工作条例》
2012	· 承接贵州省高级人民法院物业，开启全国化业务布局
2015	· 承接重庆大足人民医院物业，进入医养物业领域
2016	· 完成股份制改革，成立新大正物业集团 · 承接重庆江北国际机场物业，进入航空物业领域
2017	· 挂牌"新三板"（证券代码：870776）
2019	· 获得重庆市"五一劳动奖状" · 营业收入突破10亿元，进驻全国18个省份、31座城市 · 成功上市挂牌深交所（股票代码：002968）
2020	· 收购民兴物业100%股权，实施了上市后的首次并购 · 布局城市服务新赛道 · 发布"五五规划"，锚定未来战略
2021	· 营业收入突破20亿元，重庆以外区域收入占比超过50% · 成为中国物业管理协会标准化建设专业委员会主任单位
2022	· 承接2022年北京冬奥会主场馆后勤保障，首次服务国际大型赛事 · 收购四川和翔，进入市政环卫领域 · 获评人民网"社会责任企业奖"年度企业奖
2023	· 营业收入突破30亿元，业务遍及全国28个省份、124个城市 · 荣列中国物业服务百强第12名 · 荣获"重庆市企业创新奖" · 进入"重庆民营企业100强"

资料来源：新大正官网。

附录2 新大正三大业务板块

1. 基础物业

（1）航空物业：领跑航空服务，打造城市"门厅"

立足"四型机场"（平安、绿色、智慧、人文）的建设核心，新大正航空物业服务不断巩固机场服务标准，持续深挖机场服务垂直领域，构筑智慧航空物业生活服务生态圈。新大正的航空项目已进入重庆江北国际机场、广州白云国际机场、北京大兴国际机场等全国 24 个机场。

基础物业服务：保洁服务、秩序维护、工程维保、客户服务、手推车管理。

航空特色服务：客舱保洁、飞行区及地面航空安全保障、地面接机、要客航班保障等一系列服务。具有安全管理常态化、真情服务个性化、产品流程标准化、智慧管理可视化等服务优势。

（2）学校物业：让学校专注教育

新大正深耕校园物业近 20 年，以标准化、专业化、智慧化的服务打造美好校园，建立全流程学校物业服务链及针对师生的特色教辅服务，致力成为全方位服务于校园的"贴心大管家"。新大正已为重庆大学、西南大学、长安大学、山东大学、西南大学附属中学、重庆人民小学等全国近 100 所学校提供后勤一体化服务。

基础物业服务：保洁服务、秩序维护、环境绿化、工程维保、客户服务。

学校特色服务：智慧校园打造、公寓管理服务、综合治理服务、教学保障服务等。

（3）办公物业：共创绿色、智能、高效现代办公空间

新大正致力为党政军机关、企事业单位提供绿色、低碳、节能、智能化的办公空间服务。围绕办公客户需求提供会议服务、接待服务、餐饮服务等多种办公业态特色服务，致力于打造高规格、高品质、高站位的"三高"办公物业典范。新大正已为全国 400 多个办公项目提供服务。

基础物业服务：保洁服务、秩序维护、工程维保、绿化服务。

办公特色服务：会务服务、接待服务、停车管理、党建联盟、餐饮服务、智能安防、能耗服务等。

（4）公共物业：服务城市空间，孵化公共产品

新大正以平台化发展策略，深拓公共物业服务领地，创新孵化细分领域，精研服务品质，为大型场馆、产业园区、市政道路、交通设施等多类型城市公共建筑与设施提供一体化城市运营服务，共建美好城市。新大正已为全国 100 多个公共物业项目提供服务。

基础物业服务：秩序维护、工程维保、环境保洁、客户服务。

公共特色服务：场馆特色服务、园区特色服务（如智慧园区打造）、交通特

色服务（如城市窗口打造）、市政特色服务（如城市亮化、市政环保）。

（5）医养物业：探索新型医疗后勤服务模式，打造智慧后勤平台

新大正以平台化发展策略，将医养业态作为公司战略发展方向，深拓医疗后勤服务领地，创新管理模式，精研服务品质，致力于提供医养结合的医疗保障服务，共创新时代美好生活。新大正已为重庆市第一社会福利院、南阳口腔医院等全国 30 多个医养物业项目提供服务。

基础物业服务：保洁服务、秩序维护、工程维保、医辅服务。

医养特色服务：专业陪护服务、专项养护服务（如空调终端清洗）、设备及能源管理、医院餐饮服务。

（6）商住物业：助推城市商业繁荣，服务居民幸福生活

新大正服务于城市商业综合体、公租房等特色住宅，连续多次获评重庆市公租房物业服务工作先进单位，用专业提升城市商业空间价值、提高住区业主居住幸福感。新大正已为全国 100 多个商住项目提供服务。

基础物业服务：秩序维护、工程维保、环境保洁、客户服务。

商住特色服务：公租房特色服务、商业特色服务、住宅特色服务。

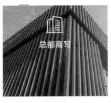

2. 城市服务

精耕城市空间运营，助推城市管理升级，新大正秉承"与物理空间有权益、与百姓生活有粘性"的长效运营理念，依托城市公共空间、公共资源、公共项目，打造以城市空间运营为核心的全域化、全流程、智慧型综合服务解决方案，

推动城市管理类服务产业的提档升级。

3. 创新服务

新大正所提供的多场景立体化运营服务包括专属线上平台（如"小新菁选""S 潮宝"）、综合服务中心、会员服务产品。

渝烟物流：数智创新助推智慧物流建设[*]

案例概要

　　天地交而万物通，物货流而百业兴。物流作为现代经济体系的重要构成和产业链、供应链的关键所在，是支撑经济发展的基础性、战略性、先导性产业。数字经济时代，以数智创新赋能烟草物流，乘数而上、加数而行，既是促进烟草物流行业高质量发展的明智之举，也是推动烟草物流行业现代化建设的关键路径。作为烟草行业智慧物流建设的推动者和践行者，渝烟物流以数智技术助推管理升级，致力于实现烟草物流的全流程、全要素、全场景覆盖。本案例通过对渝烟物流的数智创新行为进行深入分析，探索渝烟物流基于"事、货、人"三方面，在建设以"一体化、智慧化、绿色化"为主要特征的现代物流过程中的独到洞悉与创新举措，特别是在"数智工商交接"转型中所做出的革新与改进，旨在为中国物流业数字化转型升级提供管理启示与经验借鉴。

　　* 本案例由重庆理工大学 MBA 学院、管理学院的丁超博士，黄千禧、赵梦玉、唐强忠及余意同学撰写，并得到渝烟物流副总经理周俊杰先生、大数据发展部部长李劲先生、企业管理部副部长郭亮先生等的支持。本案例旨在用于 MBA 教学中课堂讨论的题材，而非说明本案例所述的管理行为是否有效。

案例正文

● 引言

2024年3月8日，在北京隆重召开的全国烟草行业物流工作会议，回顾总结了2023年度烟草物流工作情况，深入剖析了当前面临的挑战与机遇，并明确部署了新一年的核心任务与发展方向。国家烟草专卖局对本次会议给予了高度重视，并做出重要批示，物流产业作为现代流通体系的核心支柱，对于推动经济高质量发展、构建现代化经济体系具有不可替代的先导性、基础性和战略性意义。烟草行业物流工作必须坚持精益高效、协调共享、绿色循环，着力强化服务支撑力、增强组织协同力、提升价值创造力，加快建设一体化、智慧化、绿色化的烟草现代物流体系[①]。当前，物流战线正遵循烟草行业"十四五"规划，全力打造精益高效、协调共享、绿色循环的烟草供应链物流体系。烟草物流团队攻坚克难，创新探索，提升物流现代化水平，以数智创新驱动物流效率提升，强化供应链协同；同时，坚持绿色发展理念，促进物流低碳转型。这些努力为烟草物流行业高质量发展与现代化建设提供了坚实支撑，确保了供应链的安全、高效、敏捷、稳定与可持续性[②]。

"8D网红城市"重庆，既是街巷鼎沸、高楼林立的"赛博之都"，亦是蜀道险峻、羊肠九曲的崎岖之地。如何让山城13.6万卷烟零售户享受到更便捷、更舒适的配送服务，中国烟草总公司重庆市公司物流分公司（以下简称渝烟物流）探索出了自己的"锦囊妙计"[③]：第一，在事项运行方面，渝烟物流借鉴飞机塔台管理模式，通过精心搭建的一系列数字看板，如在途管理、入库管理及服

---

① 微信公众号，《2024年全国烟草行业物流工作会强调 加快建设一体化智慧化绿色化烟草现代物流体系 努力形成行业面向未来发展的核心能力》，2024年3月12日。https：//mp.weixin.qq.com/s/oJL-kSeoKmTR5XupkuD63Q.

② 微信公众号，《｜40年·焦点时刻32｜现代物流》，2022年8月29日。https：//mp.weixin.qq.com/s/f5QvYyAYBZiAjTLO-aS_tA.

③ 微信公众号，《如何让山城零售户享受到更便捷、更舒适的配送服务，重庆烟草探索出了"锦囊妙计"》，2024年8月15日。https：//mp.weixin.qq.com/s/pQn8jKGPit3Ikwqo-Y8hMA.

务管理等，实现了对物流全链条的实时监控与精准调度。这些数字看板不仅让工商交接的每一个环节都清晰可见，更通过智能算法优化交接流程，极大地提升了物流交接效率与服务质量水平。第二，在货物状态方面，充分融合 VRP 路径算法和 GIS 等数智技术，实现了对卷烟货物从工业发货到送达园区的全过程追踪。通过采集实时数据，汇集并分析各个环节的过程数据，渝烟物流构建了完整的数据体系，为风险管控提供了坚实的数据支撑。在此基础上，渝烟物流能够精准识别潜在风险点，及时采取应对措施，确保卷烟在运输过程中的安全与稳定，有效维护了客户利益与市场秩序。第三，在人员管理方面，渝烟物流通过沉淀员工行为数据，全面了解员工的工作状态与绩效表现，进而优化考核评价体系，激发员工的工作积极性与实践创造力。此外，渝烟物流还引入"3+2"融合评价管理模式，促使员工不断提升自身的数智素养、管理认知、创新思维及实践能力，逐步成长为适应现代烟草物流建设需求的复合型高质量人才。这种以人为本、向数而行的管理理念，不仅为渝烟物流营造了积极向上的工作氛围，更为其永葆生机与活力筑牢了"数智堡垒"。

● **企业概况**

渝烟物流于 2006 年在重庆江北南桥寺园区挂牌，秉承"厚德载物、和畅其流"的企业精神。在重庆烟草 40 余年历程中，渝烟物流已陪伴了十八个春秋。紧紧围绕"精益高效、协调共享、绿色循环"发展策略，渝烟物流以党建为引领，以数字化转型为"抓手"，扎实推进现代烟草物流建设，承担着重庆市卷烟物流管理的主体责任，负责全市系统卷烟物流的发展规划、标准制定、流程制定和分层分类对标考核，同时负责对域内辖区单位卷烟的仓储、分拣、配送任务。渝烟物流采用先进的物流技术和设备，业务涵盖订单受理、打码、分拣、包装、配送全流程，坚持以客户为中心，以质量求生存，以创新求发展，不断提升服务品质和效率。在数智创新的浪潮中，渝烟物流深刻洞察卷烟物流业的未来发展趋势，以数智技术赋能物流管理架构优化调整，目前基本形成了"1+4+N"（1 个管理与运行一体的物流分公司、4 个区域配送中心、N 个区县单位中转站）的物流管理架构，年卷烟配送量超过 114 万箱；其中，江北配送中心配送量约 73 万箱，属地化管理的万州、涪陵、黔江配送中心年配送量分别约为 19 万箱、15 万箱、7 万箱。近年来，渝烟物流全面提升管理质效、增强发展动能，在行业率先建成地图中心，支撑全市系统专卖政务"一件事一次办"、烟叶、物流等业务运行。

目前，渝烟物流每年承担着从各中烟公司接收和仓管约 145 万大箱卷烟的任务，全市配送辐射 8.24 万平方千米、39 个行政区县，服务 13 万卷烟零售客户，实现了 24 小时直接送货到户、48 小时接力送货到户①。

商业卷烟物流是商流、物流、信息流和资金流的最终汇聚点，物流是商业中的工业，而数字化是供应链发展到新阶段的必然趋势和必然选择。"十四五"期间，重庆烟草将数字化转型作为高质量发展和现代化建设的基本路径和重要特征，把运用数据看板驱动业务流程变革作为转型的主要发力点，在实践中采用"336644"方法论推进物流产业优化升级。目前，渝烟物流在仓储、分拣等环节已逐步实现了自动化作业，卷烟物流也从原来的劳动密集型逐渐转向技术密集型②。

为进一步加快物流数字化转型进程，渝烟物流根据国家烟草公司对行业物流提出的精益高效、协调共享、绿色循环的发展方向以及中国烟草总公司重庆市公司"数智渝烟"的数字化转型发展蓝图，率先从卷烟物流的源头——工商交接业务入手，开展"数智工商交接"转型实践，探索卷烟物流数字化转型的道路，实现高确定性的烟草物流③。渝烟物流开发推广数智配送作业系统，为客户提供送货在途显示、线上评价等功能，物流服务实现无感交接、实时跟踪。此外，渝烟物流借鉴飞机塔台调度模式，建成"数智工商交接"系统，为全国 19 家卷烟工业企业提供掌上数据服务，卸货等待时间明显缩短。渝烟物流在绿色物流建设方面成效显著，其实现了全市 39 家单位塑膜回收全覆盖，电子小票覆盖率达 99.7%，节约小票 1100 万张，返还循环利用烟箱 1811.2 万只；同时，投用新能源配送车 20 辆，减少碳排放超过 2300 吨④。

● 企业发展历程

1. 企业初创阶段（2006—2014 年）：齐心协力，争当行业成长楷模

2006 年 6 月 21 日，正式运行启动仪式的隆重举行，标志着重庆市烟草公司

---

① ② 资料来源：由渝烟物流提供。

③ 微信公众号，《热文回顾｜重庆市烟草公司工商交接业务的数字化转型》，2023 年 1 月 20 日。https://mp.weixin.qq.com/s/iBvvvMsL5qxIvlR1V-MLfg.

④ 微信公众号，《｜先进集体｜重庆市局（公司）物流分公司：以智赋能畅物流》，2024 年 6 月 4 日。https://mp.weixin.qq.com/s/6qEp15EEVBGfXjIkLbJHbA.

卷烟物流中心正式成立。同年，全国烟草行业齐聚山城重庆，召开了具有深远意义的现代物流建设工作会议。此次会议不仅为行业内外树立了"合理规划、统一标准、经济实用、综合配套"的鲜明建设旗帜，更深刻阐明了现代物流体系构建的核心原则与战略导向，为重庆乃至全国烟草物流的转型升级绘制了清晰的蓝图[①]。渝烟物流借此东风，明确了发展路径，致力于通过技术创新与模式优化，推动物流效率与服务质量的双重飞跃，开启了初创企业的成长之旅。

2010 年 5 月，国家烟草专卖局在南京召开了全国烟草行业现代物流建设工作会议，强调"烟草物流是烟草行业的核心业务，是中国烟草面向未来提升核心竞争力的重要支撑"。以此为标志，烟草行业物流体系逐步向"两烟"（卷烟与烟叶）一体化、供销一体化、工商一体化深度拓展，物联网技术的融入更是让行业供应链物流的智能化、透明化雏形日益清晰[②]。在此背景下，渝烟物流积极响应、勇于尝试，不断探索适合自身发展的物流创新之路，力求在这场物流革命中抢占先机，为行业进步贡献"重庆力量"。

党的十八大以来，中烟商务物流有限责任公司提出并大力推行精益物流，将精益理念融入物流全过程、全环节、全要素，呈现出管理水平明显提升、精益成效不断显现的良好局面，有力推动了行业物流高质量发展[③]。渝烟物流紧跟党的十八大精神指引，积极响应时代号召，紧密围绕新的改革形势，不断深化内部管理、优化资源配置、强化科技支撑，加速推进现代物流体系建设。通过一系列创新举措，渝烟物流凭借其在现代物流建设领域的卓越贡献与不懈努力，收获了来自社会各界的广泛认可与高度赞誉。其先后荣获重庆市总工会授予的"重庆五一劳动奖章"，以及国家烟草专卖局授予的"全国烟草行业第五届先进集体""全国烟草行业第八届先进集体""全国烟草行业现代卷烟物流配送中心示范单位""全国烟草行业'十一五'教育培训工作先进集体"，全国总工会授予的"工人先锋号"等荣誉和称号。这些荣誉是对其全体员工辛勤耕耘、勇于创新的充分肯定，更是对其在提升物流效率、优化服务流程、促进地方经济发展等方面所取得显著成效的崇高嘉奖。

---

① 微信公众号，《｜40 年·焦点时刻 32 ｜现代物流》，2022 年 8 月 29 日。https：//mp. weixin. qq. com/s/f5QvYyAYBZiAjTLO-aS_tA.

② 微信公众号，《一图读懂中国烟草现代物流 20 年》，2023 年 6 月 12 日。https：//mp. weixin. qq. com/s/Erb0hDlm3IDcLCGI7gPb5A.

③ 微信公众号，《｜喜迎二十大 新时代新作为｜10 年高质量推进，行业精益物流工作不断迈上新台阶》，2022 年 9 月 26 日。https：//mp. weixin. qq. com/s/nFWX5EqR92rpd-3FfIw1Lw.

2. 业务升级阶段（2015—2019 年）：易地技改，创新实践初露峥嵘

进入高质量发展新阶段，国家烟草专卖局党组提出了符合党中央决策部署的发展蓝图以及契合行业发展实际的实践指南，行业"1+6+2"高质量发展政策体系逐步确立，掀开了全面推动行业高质量发展的新篇章①。在此背景下，烟草行业工商企业卷烟托盘联运工作正在全国范围内持续开展。然而，从重庆烟草发展实际来看，现阶段实行托盘联运还存在不少困难和限制：首先，托盘规格不一，与商业伙伴存在细微差异，例如，长度仅相差 5 厘米便足以影响联运效率；其次，RFID 仓储管理技术的普及尚不充分，限制了物流信息的实时追踪与智能调度。考虑到企业成立时间不长，任何大规模的改造均需巨额投入，这无疑会加重财务负担。更关键的是，改造期间的生产中断将对车间运营造成直接影响，进而影响整体业务连续性。如何破解卷烟托盘联运面临的各种挑战，成为渝烟物流亟待解决的难题。

在经过一系列摸索与尝试后，在供应链物流建设的高度，通过协同商业企业科学规划、完善运行机制、理顺业务流程，渝烟物流于 2015 年创新实施了"同址同库"和"异址同库"两种建设模式，不仅有效突破了托盘联运工作中的技术桎梏与管理瓶颈，还显著提升了物流对接效率与工商一体化水平，为行业物流模式创新树立了良好典范②。渝烟物流在涪陵的易地技改项目取得显著成功后，万州紧随其后，于 2018 年启动了全面的改革举措。万州卷烟物流易地技改项目围绕"适度自动化、高度智能化、深度柔性化"的工艺设计理念，以高起点规划、高水平设计为目标，深度剖析传统作业瓶颈，精准施策，重塑工艺流程并精选设备，旨在通过数智创新提升物流效率和服务质量。

新配送中心融合了自动化、智能化与柔性化技术，成功解决异型烟高效处理、库内外二次理货优化及库内托盘智能流转三大难题。万州卷烟物流配送中心采用高架库仓储、机械手拆码垛、倍速链备货、AGV 转运、全品规复合式分拣的模式，既兼顾投资利用效益又兼顾技术稳定可控，还"预留"未来发展需要，打造了 20 万箱规模的卷烟物流配送中心建设典型案例③。

---

① 微信公众号，《一图读懂中国烟草现代物流 20 年》，2023 年 6 月 12 日。https://mp.weixin.qq.com/s/Erb0hDlm3IDcLCGI7gPb5A.

② 微信公众号，《｜有好货｜12 张图看懂工商供应链物流建设的"重庆探索"》，2016 年 8 月 23 日。https://mp.weixin.qq.com/s/x0YTQxCNO1sGhNkr3d7qsQ.

③ 中国产业经济信息网，《向"新"而行 以"质"取胜——重庆万州卷烟物流易地技改项目建设纪实》，2024 年 8 月 17 日。http://www.cinic.org.cn/zgzz/qy/1550310.html.

3. 数智创新阶段（2020年至今）：向数而行，数实融合塑强引擎

2020年，渝烟物流迎来重大里程碑，其分拣配送业务整体迁入海尔路869号新园区。此次搬迁中，公司高效完成了全量卷烟的移库与转运工作，展现了强大的组织协调与执行能力。新园区的启用，标志着渝烟物流迈入了更加高效、数字、智能的发展新阶段。然而，在新园区正式"启航"之际，重庆烟草行业卷烟物流却遭遇了突如其来的疫情挑战，这对原本期待在新环境中实现更高效、更稳定运行的物流体系构成了不小的压力。面对这一不可抗力的影响，重庆烟草物流战线迅速行动，科学部署，有效打通物流"大动脉"，确保供应链畅通无阻；同时，精细管理"微循环"，提升服务效率与质量[1]。作为促进烟草物流可持续发展的重要驱动力，渝烟物流深度融入数字化转型战略，针对道路交通、消防安全、疫情防控等关键领域，以及卷烟仓储、分拣配货、配送运行等核心环节，全面升级风险管理体系。

渝烟物流运用大数据、云计算等先进数智技术，对潜在风险进行精准研判，动态绘制四级风险分布图，实现风险可视化、可追踪。同时，建立分级管控清单，通过智能化手段优化资源配置，确保防控措施精准高效落地[2]。这一系列数智创新举措，充分彰显了渝烟物流数字化转型的独特优势，它为重庆烟草行业在逆境中保持产业链、供应链的安全稳定与高效运行提供了坚实支撑。渝烟物流的卓越表现和韧性，不仅保障了市场供应，稳定了行业信心，更为推动地方经济恢复与发展作出了不可磨灭的贡献。

2021年，为响应国家烟草专卖局关于物流精益高效、协调共享、绿色循环的号召，并紧密契合中国烟草总公司重庆市公司（以下简称重庆烟草）关于"数智渝烟"的战略规划，渝烟物流勇立潮头，率先在卷烟物流的起点——工商交接环节，启动了"数智工商交接"的深刻转型。这一举措标志着渝烟物流正式踏上了卷烟物流全面数字化转型的征途，旨在通过数智创新重塑工商交接流程，提升作业效率与交接精准度，确保烟草物流的高确定性运行[3]。2022年，卷

---

① 微信公众号，《｜喜迎二十大 新时代新作为｜张文：做精服务 做强保障 确保烟草产业链供应链"血脉畅通"》，2022年9月21日。https：//mp.weixin.qq.com/s/9uUilvnT-eKvgErF0L8gaQ.

② 微信公众号，《｜一周｜构建智慧物流场景、跑出成品发运"加速度"、狠抓安全生产……》，2022年6月21日。https：//mp.weixin.qq.com/s/zcll5h_SDAJzq3XtJlL4_g.

③ 微信公众号，《热文回顾｜重庆市烟草公司工商交接业务的数字化转型》，2023年1月20日。https：//mp.weixin.qq.com/s/iBvvvMsL5qxIvlR1V-MLfg.

烟物流数智配送作业系统作为重庆烟草商业"数字化转型全面展开年"的一项重点建设任务，在重庆主城和涪陵、万州、黔江等区县开展试点。试点过程中，该系统从服务质量、工作效率、规范管理、降本增效、管理转型等方面，为各单位物流在客户体验提升、员工工作提效、企业管理提质等方面的变化带来了新的"数智要素"①。2023 年，重庆烟草对全市烟草商业系统物流工作进行规划部署，明确以"西部领先、行业一流"为渝烟物流建设目标，突出卷烟营销保障，全面推动改革创新，深化物流数字化转型，加快推进项目建设，持续提升物流运行现代化水平②。

● 渝烟物流数智创新

1. 事项运行数字化，高效统筹工商交接

（1）在途管理看板，打好事前准备根基

渝烟物流在深入剖析传统工商交接管理的瓶颈时，敏锐地识别出核心症结：数据层面的缺失、不准确与滞后性。这些问题不仅导致了操作人员与设备长时间的无效等待，增加了运营成本，还因手工作业的烦琐与易错性，直接影响了交接效率与准确性，进而影响了客户体验，降低了服务满意度。因此，优化数据收集、处理与反馈机制，确保数据的全面性、精准度和时效性，成为提升工商交接管理效能、增强服务质量的关键路径。

为了解决上述问题，渝烟物流按照"1263"数智渝烟规划，开展"数智工商交接"转型实践，借鉴机场塔台集中调度管理模式，利用物联网、移动互联网和云计算等新技术，将交接前、中、后全过程纳入管理，通过将物流全过程的人、车、物、场、财全要素数字化，并搭建数据看板将交接业务所涉及的所有信息整合在重庆烟草云平台上综合应用，实现了业务"上云"，卷烟物流从流程驱动转向数据驱动，推动工商交接数字化转型③。

---

① 微信公众号，《｜一周｜推动物流全要素协调共享；应用物流数智配送作业系统；顺利完成异型烟分拣设备技改》，2022 年 11 月 21 日。https：//mp.weixin.qq.com/s/qwfEJcCReSmd0O3d12YTUw.

② 微信公众号，《｜一周｜加快建设物流现代化体系，创新推动物流高质量发展，构建绿色精益物流新格局……》，2023 年 3 月 27 日。https：//mp.weixin.qq.com/s/YZByXHLrRGMTU_WJvymRQg.

③ 微信公众号，《｜管理｜智慧物流，一切尽在掌握——重庆市局（公司）"数智卷烟工商交接"转型实践》，2021 年 11 月 8 日。https：//mp.weixin.qq.com/s/yjHmqLIsCUry05_ppDnqaQ.

在工商交接前的精心筹备阶段，渝烟物流深刻认识到要实现物流效率的根本性提升，必须将数据采集的触角前伸至整个卷烟供应流程的起点——工业发货环节。这一前瞻性的规划布局意味着从卷烟货物装箱、封签的那一刻起，所有与卷烟物流相关的信息就开始被系统精准捕捉，包括但不限于卷烟货物的详细信息、发货时间、起始位置、运输路线、仓库容量等。同时，系统还实现了对司机身份、车辆状态（如车牌号、车型、载重能力）、预计行驶路线等关键要素的即时录入与追踪。在途运输过程中，渝烟物流充分利用物联网、GPS 定位及大数据分析等数智技术，对司机、车辆、货物、天气、道路状况等多维数据进行全方位、全天候的实时采集与系统分析。这些数据通过先进的算法模型，在"地图中心"这一核心平台上进行深度处理与边缘计算，不仅为管理者提供了直观、全面的在途管理视图，还能有效预测可能遇到的交通拥堵、恶劣天气等潜在风险，并据此动态调整运输路线和调度计划。为进一步提升调度计划的有效性与精确度，渝烟物流特别搭建了一系列在途管理系列看板，直观展示了车辆实时位置、预计抵达时间、货物运输状态、车辆承载货物、预计交接完成时间等重要信息，使调度人员能够迅速响应各类突发情况，实现精准调度与高效协同（见图1）。

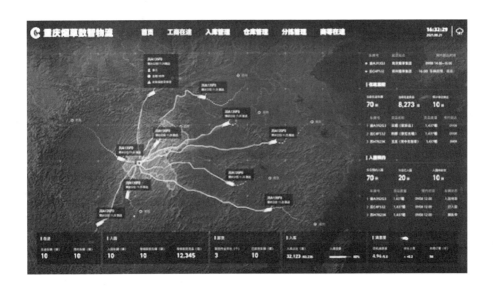

图 1　工商交接的车辆在途大屏截图

资料来源：由渝烟物流提供。

"数智工商交接"打破了送货车辆到达物流园区才"启动"交接的局限，"互联网地图中心"让数据"千里"汇聚，车辆抵达误差被控制在半小时内，装卸计划相应匹配，卷烟及时入库，减少了无效等待与资源浪费①。

（2）入库管理看板，提升事中对接效率

为打破工商交接中的"信息孤岛"，渝烟物流融合访客、订单管理、园区道闸、仓储管理、入库设备控制五套系统，打通设备自动化与管理信息化之间的堵点，形成入库管理看板，减少单据手工重复录入②。首先，访客预约系统的引入使物流园区的停车管理变得井然有序。运货司机可以通过手机 App 或网页平台提前预约停车区域，系统根据园区内各停车区的实时空闲状态、车辆类型及预计停留时间等信息，智能分配最佳停车位置，并通过即时通信功能向司机推送预约成功的详细信息及导航路线，能够有效避免司机在园区内盲目寻找停车位的情况，并减少不必要的等待与绕行，进而提升整体通行效率。同时，预测技术的加入则进一步增强了货物运输的预见性。系统结合历史数据、实时路况信息及天气预报，能够提前预测并推送园区附近道路拥堵情况、未来几小时的天气变化以及可预约的卸货时间段，有助于司机合理规划行程，避开高峰时段和恶劣天气，确保货物按时、安全送达。此外，为进一步提升作业交接效率，渝烟物流园区还推出了全方位的入园前服务。工业车辆出发后，系统便会录入配送司机及运货车辆的相关信息，提前完成入园登记手续；配合司机钉钉小程序，抵达前向司机推送园区附近的道路情况、天气和可预约卸货时间，实施客户预期管理；当送货车辆抵达园区时，园区道闸系统会自动识别车牌、联动抬杆，减少运货司机的现场等待时间；进入园区后，系统自动向运货司机下发入园停车、月台停靠的引导通知；针对来自不同出发地的车辆，园区会提前与其出发地进行联系，共享车辆安全检查和防疫准备信息，确保车辆及货物的安全③。

当运货车辆抵达物流园区后，渝烟物流应用 AGV 智能转运，实现出入库及备货环节的托盘流转自动化、智能化、柔性化，出库、备货效率达 900 万支/小

---

① 微信公众号，《数智渝烟 激荡管理新气象》，2023 年 4 月 28 日。https：//mp. weixin. qq. com/s/qs_5ptRrMknKeLC3pYjVEw.

② 资料来源：由渝烟物流提供。

③ 微信公众号，《热文回顾｜重庆市烟草公司工商交接业务的数字化转型》，2023 年 1 月 20 日。https：//mp. weixin. qq. com/s/iBvvvMsL5qxIvlR1V—MLfg.

时，入库效率达 1200 万支/小时①。此外，渝烟物流还携手菜鸟，通过物流数据中心统一建设，联通了各个"烟囱式"的信息系统，使物流全过程、全场景中的人、车、货、场等全要素全面打通，在此基础上，"数智工商交接"作业效率大幅提升，标准单车作业时间由 90 分钟下降到 70 分钟以内，入库作业能力从每日 18000 件增加到 24000 件，效率提升 33%，卷烟到货的预测精度从以前的"按日为单位"提升到 30 分钟内②。

（3）服务管理看板，完善事后服务质量

在渝烟物流这片繁忙的物流枢纽中，每年承担着上百万箱卷烟的庞大交接任务，但"零等待"的承诺已不再仅仅是口号，而是日常运作中的常态。这一成就的背后，是渝烟物流对数智创新和服务优化的不懈追求。通过引入先进的物流管理系统、智能调度平台和自动化装卸设备，渝烟物流成功打破了传统交接模式中的时间瓶颈和效率桎梏，实现了从卷烟入库到出库的全链条高效协同③。

针对服务环节，渝烟物流管理流程从"运单交票"环节前置到工业企业的"电子上锁"，促进了计划的有效执行；针对服务空间，渝烟物流从工业车辆进入物流园区前置到车辆在途全过程管理转变，有效解决了车辆拥堵入园难题；针对协同对象，渝烟物流从一个部门发力变成全供应链协同发力，提高了整体效率；针对管理维度，渝烟物流从"货物入库作业"向"服务工业客户"转变，管理对象拓展到了人、车、货、场等④。对于卷烟物流的运货司机而言，全流程数智管理极大地缩短了卸货的等待时间，最长等待时间从 117 小时转为控制在 24 小时以内，司机平均等待时间减少 2/3。这种变化带来的不仅是时间上的节约，更是心理上的一种解脱。他们不再需要为卸货时间的不确定而焦虑，也不必

① 微信公众号，《"第二届镜头里的烟草物流"摄影作品选登》，2024 年 7 月 2 日。https：//mp. weixin. qq. com/s/A4f4y99iQQa82jE-GC9s7w.

② 重庆日报，《重庆烟草牵手菜鸟完成物流数字化转型 日均入库作业能力提升 33%》，2022 年 4 月 22 日。https：//mbd. baidu. com/newspage/data/landingsuper？_refluxos = a2&ruk = FarIZBSVyfTZJKOsSPAyg& urlext =%7B%22cuid%22%3A%22lavVala22a_J8v8GluSgiga42aj08vicgPvi8jiCS8Ko0qqSB%%7D&isBdboxFrom = 1& pageType = 1&rs = 4054010629&context =%7B%22nid%22%3A%22news_10492753014449821415%22,%22sourceFrom%22%3A%22bjh%22%7D.

③ 微信公众号，《数智渝烟 激荡管理新气象》，2023 年 4 月 28 日。https：//mp. weixin. qq. com/s/qs_5ptRrMknKeLC3pYjVEw.

④ 微信公众号，《｜管理｜智慧物流，一切尽在掌握——重庆市局（公司）"数智卷烟工商交接"转型实践》，2021 年 11 月 8 日。https：//mp. weixin. qq. com/s/yjHmqLIsCUry05_ppDnqaQ.

在严寒酷暑中因长时间等待而饱受煎熬。取而代之的是，他们可以在预约好的时间内到达，享受到快速便捷的交接服务，从而有更多的时间和精力投入到下一趟运输任务中去。当送货车辆缓缓驶入园区，其车牌瞬间被园区道闸系统精准捕捉并自动识别，随即触发道闸自动抬起，这一流畅操作极大地缩短了运货司机在入口处的等待时间，让车辆得以无缝进入园区。一旦车辆安全进入，智能系统即刻启动，通过电子渠道向运货司机发送详尽的入园指引，包括最佳停车位置及月台停靠的具体指示，确保司机能够迅速且准确地完成停靠，进一步提升了物流作业的交接效率与顺畅度。

此外，渝烟物流园区还将企业关怀延伸至送货司机的日常生活细节，注重满足司机的个性化需求，如适时且贴心地向运货司机推送餐饮优惠、住宿选择等后勤服务信息。这种超越传统物流范畴的服务设计，旨在让司机在繁忙的工作间隙，也能感受到温暖与便利，从而增强他们对园区的情感连接与满意度。此举不仅彰显了渝烟物流对司机群体的深切关怀，也极大地提升了其品牌形象与市场竞争力，成为行业内独树一帜的典范。工商交接后，渝烟物流实时收集工业司机的满意度反馈，搭建服务评价及考核系列看板，这一数智创新举措极大地促进了服务质量的飞跃，司机满意度实现了从 79 分至 99.8 分的跨越式增长，彰显了渝烟物流在优化服务管理、提升客户体验方面的卓越成效。

2. 货物状态可视化，精准实施风险管控

（1）采集实时数据，快速感知车辆动态

渝烟物流最重要的"物"是卷烟，面对重庆独特的地理环境（山高水远、道路崎岖、桥梁密布、雾日频繁），如何做好货物运输过程中的风险管控，实现卷烟配送安全"零事故"，成为渝烟物流必须解决的核心议题。面对传统安全管理中的盲点，渝烟物流深刻认识到，实时数据的缺失让超速、疲劳驾驶等隐患难以即时监控，而过程数据的空白则让货物装卸、送货交接等环节难以追溯。为此，渝烟物流严格遵循重庆市"安全第一、预防为主、综合治理"的安全生产工作要求，积极推动管理理念从被动应对向主动预防转变，引入先进的数智信息技术手段，在保障卷烟配送安全方面采取了多重策略，实现了风险管控的可视化与智能化。

在数字化浪潮下，渝烟物流紧跟时代步伐，积极引入并综合利用一系列高科技设备，如卫星定位主机、人脸智能分析设备、OBD（车载诊断系统）设备以及高清视频监控设备，共同搭建起功能强大的车载智能终端系统①。这一创新举措不仅极大地提升了卷烟物流运输的透明性、安全性与高效性，还实现了对卷烟物流全链条的深入洞察与精细管理。卫星定位主机作为核心部件，能够实时、准确地追踪运货车辆的位置信息与行车记录，无论车辆行驶在何种复杂地形或天气条件下，都能确保位置数据的稳定传输，为调度中心提供即时、可靠的车辆位置信息反馈，有助于优化配送路线，避开高风险路段，确保卷烟在运输过程中稳定、安全，同时节省运输时间与成本。人脸智能分析设备的加入，则为驾驶员身份认证与驾驶行为监控提供了有力支持。通过高精度的人脸识别技术，系统能迅速验证驾驶员身份，确保只有经过授权的驾驶员才能操作车辆，有效防止了非授权驾驶的风险。

同时，结合智能分析算法，系统还能实时监测驾驶员的面部表情、肢体动作、疲劳状态等情况，即时发现并预警不安全驾驶行为，如超速驾驶、疲劳驾驶、接打电话、抽烟驾驶、不视前方等，为安全管理筑起了一道坚实的防线。OBD（车载诊断系统）设备的集成，则让车辆健康状况与油耗管理变得更为直观与高效。它能够实时读取车辆的各种运行参数，如车辆油耗、行驶里程、车辆故障、电瓶电压等，通过数据分析与故障诊断，为管理者提供车辆性能评估、故障预警及节能减排建议，帮助渝烟物流实现车辆的动态化管理与精细化维护，有助于降低运输成本并提升经济效益。而高清视频监控设备的部署，则进一步增强了卷烟物流运输的透明度与安全性。

无论是在车辆内部还是外部，高清摄像头都能捕捉到全程记录货物运输与交接的清晰影像资料，这些资料不仅为卷烟物流过程中货物装卸、货品数量、送货交接等方面提供了确凿的证据，确保每个环节都能追溯可查，还能在车辆遭遇紧急情况时，为远程监控中心提供直观的现场画面，便于及时采取应对措施，保障卷烟货物与运输人员安全无虞。

（2）汇集过程数据，实时监测风险隐患

在烟草物流的精细化管理中，终端采集设备遍布卷烟供应链的各个节点，可实时捕捉货物状态、运输轨迹、调度情况等基础数据。这些数据通过智能主机进行高效的无线定向加密传输，确保信息在传输过程中的安全性与隐私保护。一旦数据抵达云端服务器，渝烟物流系统会立即进行严格的解密处理，并通过先进的

---

① 资料来源：由渝烟物流提供。

分发机制，确保数据能够迅速、准确地被相关系统接收[①]。

在预测阶段，重庆烟草商业数据中台的"互联网地图中心"不仅是地理信息的汇聚点，更是智慧物流的核心大脑。该中心深度融合 VRP 路径算法和 GIS 等数智技术，能够精准模拟运输路线、实时交通状况及天气变化等因素，并根据送货时间、送货周期、送货装载量、工作量平衡等因素，采用优化算法，保证日常配送中的线路优化效率。通过动态调整预计到达时间，车辆抵达误差被成功控制在半小时以内，这一显著成效不仅减少了货物运送等待时间，而且大幅提升了顾客满意度和供应链运作效率。

在调度阶段，渝烟物流借助重庆烟草商业数据中台的大数据处理及云计算能力，采用"数据+算法+算力"这一创新模式，对海量卷烟物流数据进行深度挖掘与系统分析，基于实时数据快速响应市场变化；同时，支持线路、地图等多种智能调度方式，还可以在不同调度方式之间进行无缝切换，快速生成最优的调度方案，确保卷烟物流运作的灵活性与敏捷性。与原有的人工调度相比，数字调度不仅将调度计划的计算效率提升了 300 倍，还实现了资源的高效配置与成本的精细控制。

在作业阶段，智能化和网络化管理成为提升物流效率与交接质量的关键。通过物联网、RFID（无线射频识别）等先进技术，业务流程与工艺流程实现了无缝对接与实时协同优化。渝烟物流系统能够自动监测作业进度，对未按调度指令执行的操作进行实时预警，并通过流程管控机制确保作业规范执行，实现风险隐患的在线监测和关键数据的云端汇聚，有效提升了作业效率并大幅降低了人为失误与潜在风险。

在反馈阶段，渝烟物流构建了完善的客户满意度评价体系，实时收集并分析客户反馈，同时结合实际作业过程中的效率数据，形成多维度闭环考核体系。这一考核体系不仅帮助企业及时发现并解决问题，还促进了服务质量的持续改进与提升。依托先进的数智技术，渝烟物流持续优化物流流程并提升服务质量，为烟草行业的稳健前行扛起坚实后盾。通过汇聚过程数据，渝烟物流不仅大幅提高了运输的时效性与精准性，还为客户打造了前所未有的高效、便捷、可靠的物流体验[②]。

---

① 资料来源：由渝烟物流提供。
② 微信公众号，《｜管理｜智慧物流，一切尽在掌握——重庆市局（公司）"数智卷烟工商交接"转型实践》，2021 年 11 月 8 日。https://mp.weixin.qq.com/s/yjHmqLIsCUry05_ppDnqaQ。

数智创新不仅是渝烟物流进行数字化转型的重要驱动力，更是其满足市场痛点、优化服务质量的关键所在，引领着渝烟物流逐渐从传统物流业迈向数智化新纪元。

（3）搭建数据看板，综合保障运行安全

渝烟物流深刻把握数据管理的精髓，将"数据的基础在取，关键在控，提升靠用"作为核心策略。针对卷烟配送中的重点管控环节，渝烟物流精心构建了"1+4"的数据看板体系，即一个综合总览看板（监控平台看板）与四个专项细化看板（预警处置看板、证据中心看板、考评管理看板和移动终端看板），全面覆盖了配送效率、库存管理、车辆调度及客户服务等多个关键领域[①]。数据看板的搭建不仅让配送风险管理变得直观可视，更实现了风险的精准识别与及时应对，有效提升了卷烟物流的整体运营效率与服务质量，为推动渝烟物流稳健前行注入了强劲动力。

监控平台看板作为整个系统的中枢，以高度集成化的方式全面展示了卷烟物流配送的核心运营指标。车辆总数与行驶里程的实时更新，让管理者对运货车队规模及活跃度有了清晰认知；报警数量的即时反馈，如同预警雷达，能够即时发现并提示潜在的安全隐患；安全趋势分析则如同一面镜子，映射出物流运行的安全健康状态；单位排行更是激发了内部竞争活力，促进了各环节的自我优化与质量提升。车辆运行的每一个细微动态，都在这块总看板上得到了淋漓尽致的展现，确保了卷烟物流运输的透明化与高效化。

预警处置看板有助于管理者根据风险预警的不同等级，优先处理高风险事项；通过对预警处理情况的实时监控，迅速掌握问题解决的进度与效果；围绕预警类型分布所揭示的常见风险点，制定针对性防范措施；将监管视线聚焦于关键少数高风险车辆，并自动向车载终端下发语音提醒，时刻提醒驾驶员注意行车安全，及时预防和纠正不安全驾驶行为。

证据中心看板以其强大的证据收集与展示功能，为违规行为的管理提供了有力支持。该看板直接推送重点违规行为，如超速驾驶、疲劳驾驶等，不仅让违规行为无所遁形，更使控制消除隐患的工作变得更具针对性与实效性。对违规行为的精准打击与严肃处置，有助于有效遏制不良驾驶习惯的"蔓延"，从而提升整体驾驶安全水平。

---

① 资料来源：由渝烟物流提供。

考评管理看板通过大数据分析技术的运用，实现了对驾驶员绩效的精细化评价。驾驶员的行驶里程、油耗水平、违规次数以及安全记录等关键数据被汇聚成评分画像，使每位驾驶员的工作表现都得以量化呈现。这种精细化的评价方式，不仅让优秀驾驶员得以脱颖而出，更激发了全体驾驶员对标整改、控制风险的积极性，形成了自我提升、追求卓越的良性管理氛围。

移动终端看板的引入，极大地提升了卷烟物流监管的便捷性与灵活性。各级管理人员只需通过手机、平板等移动设备，即可随时随地查看车辆运行动态、接收预警信息、处理紧急事务，真正实现了移动办公与远程监管的无缝对接。

通过搭建数据看板全面展示车辆与卷烟的状态，渝烟物流得以动态高效管控"物"的风险，实现从静态分析向动态评估转变、从事后处置向事前事中预防转变、从单点防控向联防联控转变，物流配送车辆安全运行指数评分也从最低分58分上升到最高分95分[①]。

3. 人员管理智能化，筑牢组织数智堡垒

(1) 构建融合载体，沉淀员工行为数据

作为数字重庆建设的积极践行者和有力推动者，重庆烟草工商企业勇于开拓，深度探索数字化转型之路，在卷烟智造、数字营销、智慧管理及党建创新等方面均开创了独特模式，并取得显著成效[②]。

步入新时代，面对党的建设新使命与新要求，渝烟物流积极响应，创新性地提出了"支部建在云上"的工作模式。这一举措充分利用现代信息技术，特别是云计算、大数据等前沿科技，打破了传统党组织的物理界限和时空限制，实现了党员学习教育、组织生活、工作交流的在线化、智能化[③]。它不仅增强了党组织的凝聚力和战斗力，还促进了党建工作与业务工作的深度融合，为渝烟物流的高质量发展注入了强劲的红色动力。步入两江云计算数据中心的2号楼，高耸的机柜如同钢铁森林，整齐划一地排列着，每一台闪烁的服务器不仅是数据的守护者，更是推动现代烟草发展的重要力量。该楼拥有惊人的20000个机架容量。其中，专为重庆烟草量身打造的专有云平台，在经过精心策划的三期扩容后，已傲然矗立起170个高密机柜，并部署了多达240台高性能服务器，它们协同工作，

---

① ③ 资料来源：由渝烟物流提供。

② 微信公众号，《管理向上，共赴新程！看2023年全国烟草行业企业管理现场会》，2023年4月23日。https://mp.weixin.qq.com/s/rO_OngxDxYyOQ9zbkd4UYQ.

构建起一个强大的计算网络。同时，42 台交换机如同神经网络中的突触，确保数据在云平台内高速、稳定地传输。整个平台提供的 CPU 核心数高达 15831 核，内存总量更是达到了惊人的 75T，这样的算力配置足以应对各种复杂的数据处理任务，为渝烟物流的业务发展提供了稳固的支撑。

除了强大的计算能力，重庆烟草专有云平台还配备了 4588T 的海量存储资源，可存储数据量相当于 1500 个中国国家图书馆的藏书总量，这不仅保障了业务数据的安全与完整，更为未来的数据增长预留了充足的空间。随着专卖监管、物流配送、烟叶管理等关键业务系统的陆续上线运行，重庆烟草商业系统的数据资产也在不断积累与丰富①。

为厘清"数智渝烟"建设脉络，截至 2024 年 5 月，重庆烟草完成 86 个分类共 182 个流程梳理，稳步推动数据全量入湖、分类入池，沉淀数据 14TB、数据库表 7595 张，搭建移动应用平台、轻流低代码平台、数据可视化平台等数字平台，集成业务应用 93 个，覆盖 196 个应用场景，建设数据看板 2982 个、电子表 271 张②。通过这些数据沉淀，管理者可以基于谋划、部署、落实和检查等维度，实时掌握员工动态，为企业的战略决策提供有力支持。昔日管理难题如雾散，渝烟物流以"人在干，数在转，云在算"的智慧新篇取而代之。依托强大算力，重庆烟草专有云平台成为渝烟物流数字化转型的坚实基石，不仅让管理决策有据可依、有数可循，更引领企业迈向精细化、科学化、规范化的新高度。渝烟物流各业务领域在云平台的赋能下，加速数字化转型步伐，共绘智慧烟草物流新蓝图。

（2）创新分析模型，优化考核评价体系

卷烟物流数智配送作业系统是重庆烟草商业"数字化转型全面展开年"的一项重点建设任务，该系统对物流配送涉及的人、车、卷烟等关键要素进行数据采集、上云、建仓，开发客户无感交接、线上物流跟踪、服务评价等功能，将卷烟送货业务的职责、流程、标准和事项进行明确和固化。要想加快物流数字化转型进程，必须做好运行环境部署、基础信息维护、宣传动员培训、工作责任落实等工作，从思想认识、人员配备、部门协同、考核评价等方面加强数智创新的组

① 微信公众号，《数智渝烟 激荡管理新气象》，2023 年 4 月 28 日。https：//mp. weixin. qq. com/s/qs_5ptRrMknKeLC3pYjVEw.

② 微信公众号，《如何上云用"数""智"绘蓝图？且看渝烟商业数字化转型经验》，2024 年 5 月 16 日。https：//mp. weixin. qq. com/s/7wxqRKwnpiB_a31PzJxnjg.

织保障，进一步提升物流运行效率效益、服务质量和管理水平，深入推进"五个一流"的高质量物流运行体系建设①。

在探索高效管理与数智创新的道路上，渝烟物流匠心独运地构建了以数字化工具为核心驱动力的"3+2"融合评价管理模式。这一模式不仅深刻重塑了企业内部数字管理生态，还极大地激发了党员队伍的活力与创造力，为企业的持续健康发展注入了强劲动力。

"3"大工作指标，作为该模式的基石，精准定位了评价体系的三大维度：首先是"党建指标"，它依托云平台强大的数据分析能力，实时捕捉党员在党建活动中的参与度、贡献度及学习成效等关键数据，确保党建工作有迹可循、有量可评；其次是"业务指标"，通过云平台与业务系统的深度对接，量化评估党员在各自岗位上的工作绩效、服务质量及业务创新能力，让业务成果成为党员能力最直观的体现；最后是"创新指标"，鼓励党员勇于探索、敢于突破，将管理创新、技术创新等方面的成果纳入评价体系，激发全员创新热情，推动企业不断向前发展。

"2"个评价指数，则是指在三大指标坚实支撑下，融合而成的两大核心评价体系："党员先锋指数"聚焦于党员个体的综合素质与先锋模范作用，通过综合考量党员在党建、业务、创新三方面的表现，评选出表现突出的党员先锋，树立标杆，引领风尚；"组织堡垒指数"则侧重于党组织整体功能的发挥与战斗力的提升，通过评估党组织在凝聚党员力量、推动业务发展、引领创新实践等方面的成效，强化党组织的战斗堡垒作用，确保党的路线方针政策在企业得到全面贯彻落实②。

"3+2"融合评价管理模式的实施，不仅让渝烟物流的人员管理更加精细化、科学化，也为党员队伍的成长与发展提供了更加公平、透明的舞台，有效促进了智慧党建与数字业务的深度融合，为企业的数字化转型与高质量发展奠定了坚实基础。

（3）强化牵引机制，发挥数智管理效能

渝烟物流在党建引领下，深度整合党建引领力、业务执行力与创新驱动力三大核心指标，并融合构建"党员先锋指数"与"组织堡垒指数"两大评价体系，

---

① 微信公众号，《｜一周｜推动物流全要素协调共享；应用物流数智配送作业系统；顺利完成异型烟分拣设备技改》，2022 年 11 月 21 日。https://mp.weixin.qq.com/s/qwfEJcCReSmd0O3d12YTUw.

② 资料来源：由渝烟物流提供。

创新性地走出了一条从"指标"到"指数"的精细化管理之路。这不仅有助于全面评估党员个人在思想、工作、学习及创新方面的综合表现，还能深刻剖析党组织在团队建设、领导能力、服务效能等方面的整体状况。通过数据化、可视化的精准画像，渝烟物流能够客观评先进、精准识落后、高效补短板，为优秀党员和党组织树立标杆，同时也为后进者提供明确的改进方向。这一闭环管理机制促使数据不断沉淀，形成宝贵的数字经验知识库，实现"从思想理论到具体行为、从系统数据到精准画像"的双元输出，以数智创新持续优化党员行为牵引机制，激发党组织活力，推动整体工作效能的全面提升。

一方面，渝烟物流常态化开展群众性创新活动，坚持"走出去""引进来"相结合，有效提高广大员工应用数字工具的能力水平，增强了全员用数据提升工作质效的自觉性，让员工成为数据提供者、经验贡献者、流程策划者，激发全员"学数、采数、用数"的热情。"我们主要从技术和供应链层面着手，利用数据中台，打通作业系统和数据看板，有效破解卷烟皱损原因追溯难这一问题，1~8月皱损烟数量同比下降28.38%，大幅提升了工作效率……"在2023年重庆市局（公司）举办的数字创客大赛决赛现场，来自物流条线的参赛选手信心满满地向大家介绍道。此外，重庆烟草还邀请专家学者开展论坛、讲座、授课等，以多重举措并行的方式进一步增强了全体员工在数智创新方面的参与感和体验感①。

另一方面，渝烟物流创新性地融合了"党建"与"大数据"理念，实现了党建工作的数字化转型。通过将传统纸质党建档案电子化，运用大数据分析技术，对党内数据进行深度挖掘与精准管理，显著提升了党建管理的效率与水平。同时，构建线上学习平台，汇聚丰富学习资源，为党员量身定制学习计划，并依托移动应用，打破时空限制，灵活解决学习与工作的冲突，确保学习教育常态化、个性化。此外，渝烟物流还巧妙地引入"积分制"管理机制，以季度为考核周期，结合党员个人特质与岗位要求，从多维度量化评价党员表现，不仅直观展现党员成长轨迹，还精准描绘出每位党员的"数字画像"，为党建精细化管理提供了有力支撑，进一步推动了党建工作的数智创新与持续发展②。

① 微信公众号，《如何上云用"数""智"绘蓝图？且看渝烟商业数字化转型经验》，2024年5月16日。https://mp.weixin.qq.com/s/7wxqRKwnpiB_a31PzJxnjg.
② 微信公众号，《为党建工作插上信息化翅膀——黔江卷烟厂党委以信息化平台开启数字党建新局面》，2022年9月7日。https://mp.weixin.qq.com/s/NSWrKTyi9NDqOkP5rlewpQ.

• 未来：乘数智东风之势，建现代烟草物流

"回望征途千山远，翘首前路万木春。"以数字化转型为翼，渝烟物流积极开展"数智工商交接"转型实践，驱动烟草物流行业高质量发展与现代化建设。通过数智创新，渝烟物流利用云计算强化数据处理，搭建一系列数字看板，为数字化转型夯基筑台，推动运营管理水平和工商交接效率提升，探索卷烟物流数字化转型的可行之策。此举革新了传统物流运营模式，不仅为渝烟物流自身发展注入了强劲的数智动力，更为整个烟草行业的现代化建设探索出一条可复制、可推广的数字化转型路径，彰显出数智创新的广阔前景。数字经济时代，渝烟物流正积极拥抱数字化转型浪潮，全力加速向全产业链的深度与广度延伸。在这场变革中，数据被赋予了前所未有的价值，成为驱动烟草物流行业现代化发展的重要引擎。借助大数据、云计算、物联网等前沿数智技术，渝烟物流构建起一系列智慧物流场景，如通过智能仓储实现库存精准管理、通过智能分拣提升作业效率、通过智能配送优化路径规划、通过智能调度灵活应对需求变化、通过智能管控确保运营安全高效。智慧园区则集成了这些智能应用，形成全方位、立体化的物流数字生态系统。这些创新成果不仅具备高度的先进性和实用性，更展现出广阔的推广应用前景，正引领渝烟物流向着更加智能化、高效化、绿色化的现代烟草物流迈进。

渝烟物流始终紧跟"数字重庆"的建设步伐，深度融合数智创新与业务实际，在构建一体化、智慧化、绿色化的现代物流体系上深耕细作。当前，渝烟物流数字化转型成效初显，以"云网端+人工智能互联网"为代表的数字化技术给烟草物流管控的观念和传统做法带来了巨大的冲击。但这仅仅是"点"的突破，智慧物流建设需全面铺开，覆盖全流程、全要素、全场景，打造无缝衔接、智能驱动的物流生态系统[1]。习近平总书记在党的二十大报告中指出，"要加快建设现代化经济体系，着力提高全要素生产率，着力提升产业链供应链韧性和安全水平"[2]。这意味着渝烟物流未来建设方向需要更加关注从确定性需求向不确定性

---

[1] 微信公众号，《热文回顾｜重庆市烟草公司工商交接业务的数字化转型》，2023 年 1 月 20 日。https：//mp.weixin.qq.com/s/iBvvvMsL5qxIvlR1V-MLfg.

[2] 微信公众号，《奋力开创中国特色社会主义新局面！总书记二十大报告，给物流业释放这些信号》，2022 年 10 月 16 日。https：//mp.weixin.qq.com/s/yfI31H7I-TPcVxnakVPP2g.

需求的转变，关注从补短板向企业赋能的转变，关注从提升效率到支撑创新的转变①。

在"数字重庆"的宏伟蓝图下，渝烟物流将在建设以一体化、智慧化、绿色化为主要特征的现代物流之路上继续砥砺前行，在不懈探索与深度实践中取得新成果、新突破，持续培育和发展新质生产力，不断解锁现代烟草物流建设新密码，为卷烟物流行业树立示范标杆，为"数字重庆"建设贡献渝烟力量。

展望未来，以数智创新助推现代烟草物流建设任重而道远，渝烟物流已经踏上了新一轮的长征。

开发者观点

以智慧物流推动行业高质量发展

丁超　博士/重庆理工大学 MBA 学院、管理学院

◆ 案例开发缘由

以党建为引领，以数字化转型为抓手，渝烟物流紧紧围绕"精益高效、协调共享、绿色循环"发展要求，坚持自主管控、强化服务保障，加快建设网络多层级、运行一体化、服务柔性化的现代化供应链物流体系，以数字供应链建设畅通一体化组织运行，扎实推进现代烟草物流建设。借鉴飞机塔台调度模式，渝烟物流在行业率先建成地图中心，建成运用"数智工商交接"系统，构建一系列数字看板，为全国 19 家卷烟工业企业提供掌上数据服务。渝烟物流早已成为现代物流建设的重要驱动者。案例开发团队对其密切关注，并展开了周期访谈和交流活动。团队早期对于渝烟物流的关注点主要集中在其"绿色物流"的属性上，但随着对渝烟物流相关信息与数据资料的持续跟踪，团队惊讶地发现，渝烟物流

---

① 微信公众号，《热文回顾 | 重庆市烟草公司工商交接业务的数字化转型》，2023 年 1 月 20 日。https：//mp.weixin.qq.com/s/iBvvvMsL5qxIvlR1V-MLfg.

并非仅限于绿色发展，其在数字物流、智慧物流、精益物流、绿色物流等方面都具备独到见解与深刻探索，并取得了显著的实践成效。

根据国家烟草专卖局对行业物流提出的"精益高效、协调共享、绿色循环"发展要求以及重庆烟草"数智渝烟"的数字化转型发展蓝图，渝烟物流率先从卷烟物流的源头工商交接业务入手，开展"数智工商交接"转型实践，探索卷烟物流数字化转型的道路，实现高确定性的烟草物流。在数字经济浪潮下，渝烟物流在"数智工商交接"转型的过程中有哪些创新举措和显著成效？渝烟物流如何以数智技术优化物流管理，实现数智物流的全流程、全要素、全场景覆盖？渝烟物流在建设以一体化、智慧化、绿色化为主要特征的现代物流方面有哪些探索与实践？在以"云网端+人工智能互联网"为代表的数字技术加持下，渝烟物流如何以数智创新助推现代烟草物流建设？这些疑问与好奇驱使团队积极联络渝烟物流的高层管理者，在进一步收集和完善相关二手资料的同时，获得实地调研与访谈的机会。

◆ 实地调研新发现

案例开发团队系统地收集了来自渝烟物流官网及官方微信公众号、新闻报纸、多媒体平台相关报道、行业报告、书籍期刊等来源近10万字的二手资料，包含渝烟物流创立与成长过程中的重大事件、影响因素、成果奖项以及面临的相关问题等主要内容。对渝烟物流二手资料的进一步收集、梳理与分析，为后续实地调研与企业访谈做了充分准备。以2024年9月的渝烟物流实地调研为例，团队围绕"数智创新"这一主题，针对渝烟物流在推动现代烟草物流建设等方面的企业管理经验与实践活动，设计了具有高度关联性的调研提纲，并提交给渝烟物流高层审核；在获得允许后，团队奔赴重庆市江北区进入渝烟物流集团进行实地调研，对相关高层管理人员进行访谈。在访谈交流过程中，案例开发团队询问了渝烟物流在发展过程中遭遇的关键事件、问题挑战以及成长机会，在建设以一体化、智慧化、绿色化为主要特征的现代物流方面的洞见、举措与挑战，以及在"数智工商交接"转型过程中的创新举措、显著成效、未来展望等相关内容。

在调研中发现，渝烟物流在国家烟草专卖局对行业物流提出的"精益高效、协调共享、绿色循环"发展要求以及重庆烟草关于"数智渝烟"数字化转型发展蓝图的指引下，积极开展"数智工商交接"转型实践，借鉴机场塔台集中调度管理模式，利用物联网、移动互联网和云计算等新技术，通过将物流全过程的人、车、物、场、财全要素数字化，整合在重庆烟草云平台上综合应用，实现了业务上云，卷烟物流从流程驱动转向数据驱动，推动工商交接数字化转型。与二手资料相比，深入现场的调研与访谈让团队较为清晰地认识和了解到渝烟物流在数智创新方面的具体规划和实践活动，包括在事项运行数字化、货物状态可视化、人员管理智能化等方面的创新成效。在数字经济浪潮的席卷下，渝烟物流通过用数据驱动作业效率提升、用信息对称驱动服务改善、用数字化转型引领精益管理的方式，将数智创新贯穿工业发货、在途运输、调度安排、抵达预约、车辆入园等整个工商交接过程，实现了数智物流的全流程、全要素、全场景覆盖，为行业数字化转型提供示范标杆，为地方数字经济建设贡献"渝烟力量"。

◆ 洞察企业新认知

通过系列调研，案例开发团队对渝烟物流的管理经验和实践特色进行了系统回顾、梳理与总结。团队成员一致认为，渝烟物流的企业特色主要表现在以下两个方面：

一是率先开展"数智工商交接"转型实践，为行业数字化转型树立示范标杆。在"数智渝烟"发展规划的战略指引下，渝烟物流从卷烟物流的源头——工商交接业务入手，借鉴飞机塔台调度模式，基于重庆市烟草商业系统云平台和两个中台，建成"数智工商交接"系统并实施。将所有数据上云进入数据中台后，渝烟物流借助业务中台的"互联网地图中心"，构建一系列数字看板，围绕工商交接事前准备、事中执行及事后服务，包括工业发货、在途运输、调度安排、抵达预约、车辆入园等流程，实时收集相关数据并全面纳入数智管理体系。借助先进的数智技术手段，渝烟物流通过数智创新实现数据的自动采集与系统间的实时互联，将事项运行、货物状态、人员管理等关键要素全面数智化，对工商交接业务流程进行深度重构与高效整合，推动管理效能与业务效率双重提升，旨在构建一个数字业务智能互联的烟草物流运行新模式。

二是以"三全"促"三化"，通过数智创新优化烟草物流管理，助推烟草物流行业高质量发展与现代化建设。"三全"指实现数智物流的全流程、全要素、全场景覆盖。渝烟物流携手菜鸟打造"全市数字物流一张图"，通过物流数据中心统一建设，联通了各个"烟囱式"的信息系统，全面打通物流全过程、全场景中的人、车、货、场等全要素之间的"信息孤岛"，用数据驱动提升工商交接作业效率，用信息对称驱动服务质量有效改善，用数字化转型实现数智资源融通互联。"三化"指建设以一体化、智慧化、绿色化为主要特征的现代物流，渝烟物流遵循"精益高效、协调共享、绿色循环"的发展要求，充分发挥新一代数智信息技术对现代物流建设数字化转型升级的作用，旨在通过数智创新发挥数据效用价值、实现资源动态适配、完善行业网络布局，加快建设服务保障更有力、资源配置更高效、控本增效更显著、科技引领更突出、人才队伍更优秀的现代物流管理体系，推动形成功能完善、集约高效、协同发展的多层级行业物流资源网络，与利益相关者共绘烟草行业数字化转型、高质量发展、现代化建设的全新篇章。

◆ 案例开发总结

面对全球百年未有之大变局，作为一家卷烟物流企业，渝烟物流深刻洞察时代趋势，积极响应烟草物流行业数字化、智能化、现代化转型的迫切需求。作为卷烟物流领域数字化转型的先行者，渝烟物流不仅通过整合先进信息技术与海量数据资源，建成"数智工商交接"系统，驱动业务流程再造与服务模式升级；还持续深耕数智创新，在行业率先建成"地图中心"，实现数据采集、业务上云、智能建仓，为全国19家卷烟工业企业提供掌上数据服务，致力于协同烟草物流生态系统中的其他参与者，构建行业数字化转型、高质量发展、现代化建设的长效机制。因此，让社会更全面、客观和真实地了解"渝烟物流"这一在重庆本土崛起的物流企业，不仅是团队开发本案例的初衷，也是重庆理工大学MBA学院践行"学科融通、产教融合、知行融升"教育理念的重要使命。

在数字经济浪潮中，以数智创新为核心驱动力，深度革新烟草物流体系，不仅是加速其高质量发展的战略选择，也是迈向数字化、现代化转型的必由之径。作为烟草物流行业数字化转型的佼佼者，渝烟物流牢记并响应习近平总书记关于"加快建设现代化经济体系，着力提高全要素生产率，着力提升产业链供应链韧性和安全水平"的重要指示，遵循重庆烟草对全市烟草商业系统物流工作的战略部署，以"西部领先、行业一流"为建设目标，聚焦"数智创新"这一关键议题，深耕数字物流、智慧物流、精益物流、绿色物流等方面的实践应用，为建设以一体化、智慧化、绿色化为主要特征的现代物流贡献"渝烟力量"。在此过程中，渝烟物流全面推动组织改革创新，深化物流数字化转型，加快推进"易地技改""卷烟物流数智配送作业系统""数智工商交接"等项目工程，通过数智技术与数据资源的深度融合，赋能供应链管理高效化、数字化、智能化，实现作业效率倍增与物流模式创新，引领行业在数字经济时代乘势而上，持续提升物流运行管理数智化水平，加速推进现代烟草物流建设进程。

附录

附录　渝烟物流大事记

年份	重大事件
2006	·6月21日，中国烟草总公司重庆市分公司物流分公司举行正式运行启动仪式
2009	·1月，重庆市总工会授予渝烟物流"重庆五一劳动奖状" ·3月27日，渝烟物流获重庆市文明单位奖牌 ·5月4日，国家烟草专卖局授予渝烟物流"第五届全国烟草行业先进集体"
2010	·6月20日，渝烟物流获得行业现代卷烟物流配送中心示范单位奖
2011	·3月，渝烟物流被评为"全国烟草行业'十一五'教育培训工作先进集体" ·6月1日，渝烟物流被全国总工会评为"工人先锋号"
2012	·9月，渝烟物流的储备部、送货部QC小组分获"全国优秀质量管理小组"
2015	·4月1日，江北卷烟配送中心"易地技改"项目举行开工典礼 ·7月1日，工商一体化同址同库涪陵新配送中心正式运行，成为行业工商物流一体化的范例
2016	·1月1日，全市系统物流非法人实体化正式运行，"一司四中心"的集约化、专业化管理架构形成
2017	·12月，市局（公司）与万州区政府签署《国有土地上房屋收购置换协议书》，万州配送中心"易地技改"项目启动
2018	·9月，万州配送中心"易地技改"项目建设正式启动
2020	·3月30日，全市系统物流非法人实化运行优化工作全面启动，万州、涪陵、黔江配送中心划归属地管理 ·6月21日，渝烟物流分拣配送整体迁入海尔路869号新园区 ·7月2日，渝烟物流顺利完成了新物流全部卷烟移库转运工作
2021	·重庆烟草商业物流按照"1263"数智渝烟规划，开展"数智工商交接"转型实践

续表

年份	重大事件
2022	·3月21日，全市系统首批自购新能源纯电动配送车在渝烟物流正式投入使用，标志着重庆烟草绿色物流建设迈入新的发展阶段 ·9月7日，电子烟第一次到货，全市电子烟自主仓储分拣配送正式启动 ·9月12日，电子烟送达第一个客户 ·11月16日，渝烟物流开始闭环管理运行，抗疫情、保运行、稳大盘
2023	·1月10日起，数智物流为全市零售客户的物流追踪、卷烟交接、货物清点、服务评价提供全场景服务 ·12月25日，万州卷烟物流新配送中心试运行启动会召开，标志着该项目正式投产 ·12月末，全市系统累计建成数字门店4.2万个，占比32%，实现"西部领先、行业一流"
2024	·8月16日，重庆烟草上半年绿色宣传覆盖零售户13万户，参与率达到80%，累计回收塑膜108吨，回收率达到60.5%，减少碳排放9.3吨

资料来源：根据官网整理。

忽米网：科技创新赋能产业价值跃迁*

案例概要

在新型工业化与数实融合的时代和技术背景下，工业互联网作为新一代信息技术与制造业深度融合的产物，是新型基础设施建设的重要组成部分，是推动数字经济与实体经济深度融合的关键路径。以科技创新构筑组织发展基座，作为国家级跨行业跨领域工业互联网平台，忽米网专注自研标识解析、物联感知、数字孪生等数智技术，积极搭建工业互联网创新生态圈，赋能工业行业数字化、智能化转型。本案例通过对忽米网的系统化创新的多层次、多场景应用进行深入分析，探索忽米网在数字战略创新、数字能力建设、数字生态构建、赋能模式变革、产业数字治理等方面的洞见、举措与挑战，特别是其在从信息化平台转向技术化平台的升级路径中所做出的革新与改进，旨在为中国制造业数字化转型与升级提供可行的路径借鉴与管理对策。

---

　*　本案例由重庆理工大学 MBA 学院、管理学院的李巍教授，黄千禧、刘映吉、邱红及李丹同学撰写，并得到忽米网市场总监李泯汉先生、项目部经理黄辉扬先生和生态采购部经理杨斯雅女士的支持。本案例旨在用于 MBA 教学中课堂讨论的题材，而非说明本案例所述的管理行为是否有效。

案例正文

• 引言

2024 年 6 月 20 日，由天津市人民政府携手重庆市人民政府精心筹备的"2024 世界智能产业博览会"盛大启幕。此次博览会不仅汇聚了全球智能科技领域的企业、专家学者与创新成果，更成为展示中国智能产业发展新高度、新成就的重要窗口。总书记通过贺信的方式向大会的召开表示热烈祝贺，并强调了智能产业对于推动经济社会高质量发展、发展新质生产力、构建新发展格局的重要意义[①]，为大会增添了浓厚的政治色彩和战略高度。

作为中西部首个国家级"双跨"工业互联网平台，重庆忽米网络科技有限公司（以下简称忽米网）在 N25-A01 天津展区、N31-A09 企业展区两大展区联袂亮相，分别展示忽米科技"产业大脑""未来工厂"等数字化转型领域的解决方案和案例成果，全方面展现忽米网赋能地方产业、制造业企业数字化转型的实践应用和技术底蕴，吸引了大量参会嘉宾驻足观看了解[②]。在 6 月 22 日下午的闭幕式上，忽米科技 CEO 巩书凯发表了题为《构筑津渝数字化纽带，加快发展新质生产力——忽米工业互联网平台推动津渝产业高质量发展》的主题演讲，围绕忽米科技赋能天津、重庆数字化转型成果，分享了忽米网如何以工业互联网为纽带抓手，搭建津渝两地政企交流桥梁，赋能两地打造新质生产力。

巩书凯表示，在制造业数字化转型的时代浪潮中，忽米工业互联网正迈入规模化发展新阶段，为津渝打造新质生产力提供新动能。忽米科技构建了"产业大脑""未来工厂""产教融合"三大解决方案，与天津在智慧港口、数字经济、电动自行车"产业大脑"等发展方向上进行深度合作，成为构筑津渝两地数字

---

① 微信公众号，《习近平向 2024 世界智能产业博览会致贺信》，2024 年 6 月 20 日。https：//mp.weixin.qq.com/s/un_hwxeNVSWD2zLhlAoBBg.

② 微信公众号，《2024 世界智能产业博览会在天津举行，忽米工业互联网助力天津打造新质生产力》，2024 年 6 月 21 日。https：//mp.weixin.qq.com/s/5wq-PEhM5V6AsQfmlbTD-A.

化产业发展、打造新质生产力的新纽带①。自 2017 年在重庆成立以来，忽米网始终致力于为中国制造业提供数字化平台及解决方案，为全国近 20 个地方政府建设"产业大脑"；针对成都电子信息产业、重庆汽摩产业、长三角装备制造产业、贵阳及北海食品加工产业、德州健身器械产业、綦江齿轮产业等地方优势产业，构建起具有地方产业特色的数字化工业互联网产业园，帮助当地政府在产业结构优化、产业生态聚集、产业协同管理等多个领域实现数智创新。忽米网的业务辐射长三角、京津冀、北部湾、鲁西北等地区，以及成渝地区双城经济圈和渝黔经济圈，为重庆、贵阳、成都、苏州、天津、北海、德州、芜湖多地产业链提档升级赋能②。

● 企业概况

忽米网于 2017 年在重庆成立，是中西部首个国家级跨行业跨领域工业互联网平台，致力于打造深耕工业场景的产业数字化赋能平台，针对传统制造业转型升级需求提供基于工业互联网的数字化解决方案，在工业互联网标识解析、物联感知、数字孪生等多项技术领域已走在全国前列。忽米网的技术人员占比超过 60%，拥有近 300 项发明专利，参与 9 项国家标准、6 项团体标准及多项行业标准的牵头制定工作，获批博士后科研工作站。目前，忽米平台已连接工业设备近 200 万台，标识注册量突破 50 亿，位列西部第一、全国前十。忽米网业务覆盖京津冀、长三角等地区，以及成渝地区双城经济圈等国家战略要地，为重庆、九江、天津、苏州、芜湖、成都、山东等 17 个地方政府构建"产业大脑"公共服务平台，聚焦汽摩、电子信息、装备制造、医药化工四大行业，为康佳、比亚迪、小鹏汽车、太极集团、植恩生物等近 5 万家制造业企业打造智能产线、智能车间、智能工厂③。自成立以来，忽米网以"忽米网全国工业互联网标杆示范基地"为依托，持续探索创新应用场景，发展工业互联网产业生态，加快推动数字产业化、产业数字化发展，为重庆打造"智造重镇、智慧名城"贡献力量，为

① 微信公众号，《忽米科技出席 2024 世界智能产业博览会闭幕式并发表主旨演讲》，2024 年 6 月 22 日。https://mp.weixin.qq.com/s/sFL6XLDQv9Fv6uVFV1qn7Q.

② 微信公众号，《忽米科技入选 IDC 2022 年中国工业互联网平台政府侧市场份额报告》，2023 年 12 月 15 日。https://mp.weixin.qq.com/s/6Wbsi1CytQHx2gOvOddZww.

③ 资料来源：忽米网官网，https://hmcloud.360humi.com/.

西部制造产业转型升级提供强力支撑①。凭借卓尔不群的数智能力和创新认知，忽米网成为全国首家贯标试点评估工业互联网平台企业，连续四年入选国家级"双跨"工业互联网平台，排名持续位列前十，连续三次入选工信部国家级工业互联网试点示范项目，入选 IDC、虎嗅、通信产业报、维科网等多个行业报告及榜单，荣膺国家专精特新"小巨人"企业，并多次入选由工业互联网世界和赛迪专家团队评出的"工业互联网 100 佳"榜单②。此外，忽米网还担任工信部下属工业互联网平台创新合作中心主任成员单位（连续三届）、工业互联网产业联盟标识特设组和数字孪生组副主任单位、全国工商联物联网委员会主席团成员单位等多项职务，为中国数字经济发展建言献策。

在数智创新的浪潮中，忽米网不仅深刻洞察了制造业发展的未来趋势，更以实际行动践行"赋能中国制造业转型升级"的企业使命和发展愿景。其"数据是基础、平台是核心、应用是关键""三位一体"的数智创新理念，如同一座灯塔，引领着中国制造业企业穿越数字化转型的茫茫海域，驶向高质量发展的彼岸。忽米网基于 40 年对离散制造业的深度理解，遵循"总体规划、自下而上、分级构建、先内后外、优化集成"的忽米数字化转型基本方法论，核心自研"3+1+4"模式，夯实数智创新能力基座，聚焦供应链协同、机加、焊接、装配、冲压、涂装、物流、经营管理等场景，打造产线级、车间级、工厂级、企业级、行业级五大工业核心应用场景数字化转型解决方案，主要包括智能制造解决方案及数字化运营解决方案；提供低成本、高效率、安全可靠的工业互联网数字化转型服务，助力企业实现工厂数字化、生产自动化、流程可视化，赋能离散型工业企业的智能供应链、智慧生产链及高效经营链协同管理。目前，忽米网与伊之密、360 集团、中原智联、嘉程智宇等生态伙伴达成战略合作，不断加强发展战略对接和互联互通，携手抢占大数据智能化高地，共建工业互联网"生态护城河"，实现多方利益相关者的业态共生、理念共融、价值共创，在对芜湖汽车零部件、长寿化工新材料、綦江齿轮、德州体育用品、四川集成电路与显示器件制造业、太极中药行业、北方稀土、涪陵榨菜等优势产业、重点行业、龙头企业等的服务中取得创新突破。忽米网数智赋能行业高质量发展不断拓展新版图，覆盖

---

① 微信公众号，《"忽米网全国工业互联网标杆示范基地"正式揭牌!》，2021 年 12 月 23 日。https：//mp.weixin.qq.com/s/8DH7_W4hgnpakhc0xAy0tA.

② 微信公众号，《忽米 2023 回首 | 万物向新，聚势而生，在存量时代变革中穿越周期》，2023 年 12 月 31 日。https：//mp.weixin.qq.com/s/xUiQD3ei9V3SugRPyfJiCw.

装备制造、汽摩、健身器材、食品加工等行业近万家企业，已然成为工业互联网行业领域的知名品牌①。

企业发展历程

1. 企业初创阶段（2017—2019 年）：平台时代，应运而生

2017 年 10 月，重庆市制造业龙头企业宗申产业集团经过三年的内部孵化，成立了重庆地区第一家工业互联网服务平台——忽米网。宗申产业集团拥有大量专业设备以及国家级的技术中心，但其使用率却不高，造成大量资源浪费。"我们拥有重庆乃至国内最先进的 3D 打印机之一，能将材料设计、结构设计与制造一体化完成。但是 3D 打印固然好，费用也高，这台设备的进口价格高达 1000 多万元，而我们对它的实际使用频率却不是很高。"宗申创新研究院院长胡显源介绍说，"一些因资金不足而无法购买 3D 打印机的中小企业知道这些消息后，主动找到我们表示想要租借 3D 打印机。也正是这种迫切的资源共享需求给了我们创建忽米网的启发。"② 宗申孵化忽米网的初衷，是希望通过忽米网输出的工业互联网能力，促进行业内及行业间的协作与协同，打破信息和资源孤岛，帮助中小型制造业企业降本增效、向数字化和智能化迈进。

在有了明确的发展方向后，忽米网大力投入技术研发，并孵化出工业知识图谱、数字孪生体、5G 边缘计算器、视觉检测系统等一系列平台级产品和应用级产品。尽管有了产品，但寻找客户成为忽米网发展面临的又一难题，因为当时制造业企业转型的意愿并不强烈。为了树立成功案例、打开市场僵局，忽米网在宗申产业集团总裁左宗申的大力支持下，选择宗申动力的一条生产线来做改造试点，这条线被称为"摩发 1011 线"。经过一年的实践运行，忽米网完成了对宗申动力"摩发 1011 线"的智能改造工作，与传统的自动流水线相比，智能改造后的 1011 生产线人员减少 66 人、减少比例超过 50%，自动纠错防错能力提升了10.6 倍，作业自动化率增长了 10 倍，人均产出效率提升了 2.2 倍，过程装配质

---

① 微信公众号，《忽米科技 2024 年新春贺词》，2024 年 2 月 9 日。https：//mp. weixin. qq. com/s/Uu-saw2JmmDKCLzrG_pNx1g.

② 微信公众号，《从生产通机到研发航空发动机、氢燃料电池 宗申何以实现"动力转换"?》，2018 年 4 月 1 日。https：//mp. weixin. qq. com/s/W-ukgwizFu1aQfOFZQy42A.

量数据采集分析点提升了 10.8 倍①。

宗申动力的成功改造为制造业企业树立了一个典范，展示了数字化转型所带来的巨大潜力和实际效益。对于其他制造业企业而言，这一成功案例无疑是一个鼓舞人心的信号，它不仅证明了数字化转型的可行性，还为制造业企业提供了宝贵的经验和启示，坚定了其进行数字化转型的信心和决心。截至 2018 年 11 月底，忽米网入驻服务商家 13984 家，产生订单 13380 个，成交订单 2432 个，订单协议总金额超 4 亿元，正式被工信部选入"2018 年工业互联网试点示范项目名单"②。2019 年，忽米网已汇集全球 11.4 万户注册企业，其中工业企业近 10 万户，忽米网为它们提供了实施智能化改造的解决方案，也因此荣获"2019 年十佳上云优秀案例"奖项③。

2. 快速扩张阶段（2020—2024 年）：数智时代，乘势而上

2020 年 7 月，忽米网在中国"智能制造万里行"（重庆）产业发展峰会上，正式启动忽米 H-IIP 工业互联网平台——紫薇垣，标志着忽米网在探索数智创新的道路上又攀一座新的高峰。随着忽米 H-IIP 工业互联网平台的发布，忽米网的业务范围已经从宗申所在的汽摩行业，拓展到了电子信息、新材料、高端装备等九大行业。忽米网通过数字孪生、标识解析、5G 边缘计算等技术，帮助企业解决在供应链、生产制造、仓储物流等九大领域的痛点。忽米网因此入选工信部 15 家"2020 年跨行业跨领域工业互联网平台"之一，这是中西部地区唯一的国家级"双跨"平台④，忽米网也由此成为各行业各领域工业互联网平台的示范标杆。此时，忽米网已在重庆、山东、广西、江苏、贵州等省份设立了"国际工业创新硅谷""产城赋能综合体""中小企业智能化赋能中心"等生态集群，商业版图覆盖中国长三角、胶州湾、北部湾、黔渝经济圈等地区，辐射全国，服务共建"一带一路"，多种业态并行，为千万中小企业转型升级赋能，并持续推动工

---

① 微信公众号，《忽米云全国首发，国内首个针对工业领域的云生态产品正式上线》，2018 年 11 月 7 日。https://mp.weixin.qq.com/s/ctlzDmTEw3LCnZmrdv6h_A.

② 搜狐网，《高新动态｜忽米网成立 13 月，入驻商家 13984 家》，2018 年 12 月 6 日。https://www.sohu.com/a/280081436_120044973.

③ 重庆日报网，《智造重镇｜工业互联网赋能智能化改造 忽米网推动十万户工业企业"上云上平台"》，2019 年 10 月 31 日。https://app.cqrb.cn/economic/2019-10-31/106329.html.

④ 微信公众号，《重庆专访｜忽米网络科技有限公司 CEO 巩书凯：工业互联网姓"工"，不姓"互联网"》，2021 年 8 月 24 日。https://mp.weixin.qq.com/s/cxLbVfMVdL9qKYy2pDFqcw.

业互联网新技术、新业态、新模式的发展①。

2021 年 4 月，为深入实施以大数据智能化为引领的创新驱动发展战略，在重庆市打造"智造重镇、智慧名城"的"数智名片"下，以忽米网为代表的一批在渝落地的优秀"双跨"工业互联网平台企业联合开启了"国家级跨行业跨领域工业互联网平台领航者计划"，将实体工业应用技术与场景和互联网底层技术能力深度融合，携手推动工业互联网行业发展，为重庆制造业企业转型升级赋能②。以重庆为起点，忽米网面向全国，围绕地方产业特色、区域特色，持续赋能产业链协同发展。

目前，忽米网已构建十二大垂直行业平台和九大特色区域平台，在重庆、北海、贵阳、苏州、成都等多个城市设立 17 个工业互联网产业园，帮助多个区域龙头企业构建行业级平台；针对成都电子信息产业、重庆汽摩产业、长三角装备制造产业、贵阳及北海食品加工产业、德州健身器械产业等地方优势产业构建产业级平台，全面带动长三角、京津冀、北部湾、鲁西北等地区，以及成渝地区双城经济圈和渝黔经济圈的数字经济发展③。作为工业互联网平台的佼佼者，忽米网凭借其深厚的行业积累与先进的技术实力，为企业、行业、区域数字化转型树立了示范标杆，相继荣膺福布斯中国"2021 年度中国十大工业互联网企业""2022 数字经济案例 TOP100""2022 中国准独角兽企业 100 强""2023 年工业互联网 100 佳""2023 特色专业工业互联网 50 佳"，上榜"2024 世界物联网 500 强排行榜"，连续四次入选"工业互联网试点示范名单"，等等。

● 科技创新赋能多层次应用场景

1. 统筹数智要素，筑牢能力基座

（1）立足数据，夯实基础能力

在工业互联网的广阔蓝图中，数据是企业数字化转型的基础，贯穿工业互联网的始终。数据的获取与应用是工业互联网落地的坚实基础，是连接生产运营各

---

①② 微信公众号，《中国"智能制造万里行"（重庆）产业发展峰会圆满落幕，忽米 H-IIP 工业互联网平台（紫薇垣）全球首发》，2020 年 7 月 26 日。https：//mp.weixin.qq.com/s/edUIDpXTLXZISjH8gYKcPw.

③ 微信公众号，《｜重庆新闻联播｜头条报道｜忽米科技为重庆现代化产业体系建设注入"新动能"》，2023 年 3 月 30 日。https：//mp.weixin.qq.com/s/AlQjykJFrK9q7JgUjpDqFw.

环节的核心纽带，更是驱动整个生态系统数智创新的关键动力。作为工业互联网领域的创新先锋，忽米网依托在行业领域内的数据积累，成功打造了全国动力与摩托车（以下简称动摩）行业首个同时也是重庆市首个具有里程碑意义的工业互联网标识解析二级节点平台——忽米沄析。围绕标识解析二级节点平台，忽米网承接国家工业互联网标识数据交互中间件与资源池服务平台项目，目前已在动摩、电子信息、环境治理、齿轮及传动等行业链接了近 40 家 TOP 级企业入驻平台，衍生产业资源层、产品设备层、流程过程层三大应用场景，在标识技术应用领域走在了全国前列①。

据忽米科技技术副总裁姜仁杰介绍，企业将产品和设备等连接到标识解析平台，就可以获得唯一的工业"身份证"，让工业的全生命周期实现了可追溯、可查询，为数字化的深入落地提供了基础。截至 2023 年底，忽米沄析平台标识注册总量超 70 亿，解析总量近 50 亿，位列西部第一、全国前十②。值得一提的是，在忽米网的助力下，重庆市的标识解析量在全国各大城市中脱颖而出，成功跻身全国第七名。这一成绩的取得，不仅是对忽米网平台实力和数智能力的有力证明，也是重庆市大力发展工业互联网、推动制造业高质量发展的生动写照，更是制造业数字化转型和智能化升级的示范标杆。此外，忽米网还为工业制造型企业打造了基于云计算的智能化工业大数据平台，旨在帮助企业解决终端数据采集、数据与数据间交互、数据分析应用等问题，为工业互联网落地提供基础支撑的同时，助力企业进行数据资源管理和智能决策分析。

工业大数据平台通过强大的数据底层逻辑和数智创新能力，结合忽米工业物联网平台对基本生产数据进行实时采集与存储，通过数据挖掘、分析等数智技术手段，控制生产过程，优化管理流程，完善运营架构，实现科学管控，进而达到提质、降本、增效的目的；同时对产品功能、性能等进行深度分析和改进创新，更好地满足工业企业的个性化、多样化需求。一方面，平台支持 PB 级工业大数据处理分析能力，通过数据挖掘、采集、清洗等数智技术，实现对 IT、OT 数据的实时采集与存储，打造工业大数据基础开放平台，为海量、高并发的机器数据提供存储、计算、分析；另一方面，基于主流的数据挖掘、机器学习和人工智能

① 微信公众号，《平台是核心、数据是基础、应用是关键，忽米网"平台+数据+应用"三位一体助力企业数字化转型》，2021 年 5 月 11 日。https://mp.weixin.qq.com/s/EtQMHX9I0W6nDWWYJMhKcA.

② 微信公众号，《忽米 2023 回首｜万物向新，聚势而生，在存量时代变革中穿越周期》，2023 年 12 月 31 日。https://mp.weixin.qq.com/s/xUiQD3ei9V3SugRPyfJiCw.

等数智技术，平台可开展大数据挖掘与分析功能，建立故障诊断、故障预测、健康评估、质量控制等数据模型，以 SaaS 化方式为工业企业提供数据仓库、工业算法模型、工业机理模型、AI 算法组件等服务[①]。

通过深度布局并持续优化忽米沄析工业互联网标识解析二级节点平台以及忽米工业大数据平台等一系列自研的核心应用级工业智能化产品，忽米网致力于打造一个全面、高效、智能的工业互联网生态系统，抓取、积累各类型工业数据并运用与应用于研发，帮助企业解决传统模式下"信息孤岛"、资源匮乏、"数字鸿沟"等痛点问题，实现提质、降本、增效。

（2）打造平台，提升核心能力

在数字经济蓬勃发展的今天，工业互联网平台作为新一代信息技术与制造业深度融合的产物，是新型基础设施建设的重要组成部分，是推动数字经济与实体经济深度融合的关键路径，其重要性不言而喻。忽米网深知此道，积极发挥"双跨"平台的影响力，围绕公司核心业务和技术，壮大装备制造、高校、科研院所、专家学者等各方伙伴生态体系[②]，形成共创共享、互利共赢的数智创新生态系统。

凭借其深厚的技术积累、敏锐的市场洞察以及对制造业发展的深刻理解，忽米网构建了"1+5+7"平台体系：通过"1"个国家级"双跨"工业互联网平台——忽米 H-IIP 工业互联网平台（紫微垣），汽摩、电子信息、食品加工、危废治理、传动齿轮"5"大垂直行业平台，京津冀、黔中、广西、成渝、江苏、重庆綦江、山东庆云"7"大特色区域平台，为政府、工业园区及大型企业提供工业互联网平台服务，为其迈入工业互联网领域提供抓手[③]。凭借卓越不凡的数智创新能力，忽米 H-IIP 工业互联网平台于 2020 年底作为西部地区唯一的工业互联网平台入选国家级跨行业跨领域工业互联网平台公示名单，于 2022 年作为全国 6 家工业互联网企业之一成功通过标准符合性评估并获批"工业互联网平台选型评估推荐产品证书"，于 2023 年入选 IDC2022 工业互联网平台企业侧市场份额报告和政府侧市场份额报告、虎嗅智库《工业互联网平台发展研究报告》。

---

① 资料来源：忽米网官网。

② 微信公众号，《忽米网亮相世界智能大会，国家级双跨工业互联网平台助推京津冀一体化发展》，2021 年 5 月 21 日。https://mp.weixin.qq.com/s/0wYlYCqxKqBP6x5jy0covA.

③ 微信公众号，《平台是核心、数据是基础、应用是关键，忽米网"平台+数据+应用"三位一体助力企业数字化转型》，2021 年 5 月 11 日。https://mp.weixin.qq.com/s/EtQMHX9I0W6nDWWYJMhKcA.

忽米 H-IIP 工业互联网平台，作为工业互联网领域的璀璨明珠，正以其卓越的链接能力、深厚的技术积累以及广泛的行业覆盖，促进设备、数据、资源、应用与服务的无缝对接，引领中国制造业的数字化转型浪潮。该平台所取得的每一项成就，都是对"平台即核心"这一理念的生动诠释，它不仅是一个技术创新的数智平台，更是一个生态构建与产业升级的发展引擎。作为推动行业数字化转型的强劲引擎，忽米 H-IIP 工业互联网平台不仅是技术创新的汇聚节点，更是生态构建的"数智基石"，承载着构建多元协同、繁荣共生的工业互联网应用生态的宏伟愿景。2023 年，为进一步推动工业互联网数智生态的进化与革新，忽米网将 H-IIP 工业互联网平台全新升级为忽米 H-IIP 工业数智引擎（见图 1），正式形成由智能传感、工业数采、边缘计算三大全域感知硬件产品，物联感知平台、标识解析平台、数据智能平台、应用开发平台、数字孪生平台五大引擎内核，"产业大脑""未来工厂"两大解决方案构成的"感知+平台+应用""三位一体"产品体系，获得鲲鹏 COMPATIBLE 认证，获评工业互联网平台服务安全能力评价五星平台企业[①]。

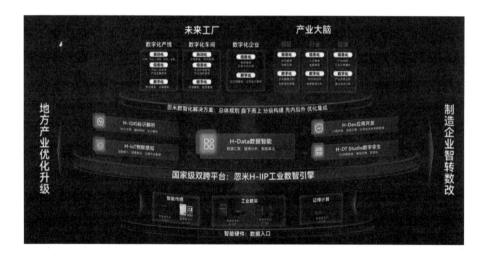

图 1　忽米 H-IIP 工业数智引擎

资料来源：忽米科技微信公众号。

① 微信公众号，《忽米 2023 回首｜万物向新，聚势而生，在存量时代变革中穿越周期》，2023 年 12 月 31 日。https：//mp.weixin.qq.com/s/xUiQD3ei9V3SugRPyfJiCw.

截至 2024 年 1 月，忽米 H-IIP 工业数智引擎借助深厚制造业"基因"和技术底蕴支撑，已连接近 200 万台工业设备，汇聚 6000 个工业组件，沉淀近 4000 个工业模型，云集近万个工业 App，注册超 27 万开发者，依托数字平台底座，深度为汽摩、轨道交通、电子信息、医药、装备制造、食品加工等九大行业和供应链、生产制造、仓储物流等九大领域赋能，为近 20 个地方政府构建具有地方产业特色的数字化产业治理平台①。以忽米 H-IIP 工业数智引擎为基础，忽米网依托在制造业的深厚底蕴和强大的技术支撑，深入产业链、供应链赋能，围绕行业特色、地方产业特色构建了十二大垂直行业平台和九大特色区域平台，通过精准的算法技术与强大的分析能力，洞察行业趋势，优化资源配置，实现数智创新，促进产业链上下游的深度融合，与利益相关者共同形成并维护多元共生、协同共进的工业互联网生态系统。在这一进程中，忽米网远远超越了简单的数据连接与资源整合功能，它不仅是技术融合的桥梁，更是生态进化的领航，忽米网作为核心驱动力引领整个工业互联网生态朝着成熟化、高效化与数智化的方向不断进阶与升级。

（3）深耕应用，强化关键能力

从大数据、云计算、物联网到人工智能、区块链等前沿数智技术，忽米网不仅追求数智技术上的突破，更注重这些数智技术如何在实际业务场景中落地生根，解决实践问题。这种应用导向的思维方式，为忽米网的数智技术创新指明了发展方向，确保了数智技术研发的每一步都紧贴市场需求，避免了数智技术与实际应用的脱节。

在智能制造的浪潮中，忽米网作为行业领先的数字化转型服务商，深度融合了数字孪生、视觉检测、设备智能自愈、发动机自动刻码、焊接工艺优化等一系列前沿数智技术，为工业场景量身打造了全方位、深层次的数字孪生应用体系，助力企业提升产品质量、降低生产过程损耗，实现智能制造，跨越传统制造业的发展边界，迈向高效、精准、可持续的智能制造新时代②。为进一步强化数智创新并深化数智应用，忽米网于 2022 年全新升级数字化转型解决方案，面向产线、车间、企业应用场景提供精准服务，在装备智能化、生产智能化、运营智能化三

---

① 微信公众号，《忽米两会谈｜新华网、人民网、重庆新闻联播、重庆日报……2024 重庆两会期间主流媒体全面聚焦忽米》，2024 年 1 月 23 日。https：//mp. weixin. qq. com/s/MSEvZrIM8uXLbDScgu7wEA.

② 微信公众号，《平台是核心、数据是基础、应用是关键，忽米网"平台+数据+应用"三位一体助力企业数字化转型》，2021 年 5 月 11 日。https：//mp. weixin. qq. com/s/EtQMHX9I0W6nDWWYJMhKcA.

大领域，打造产线级解决方案——物易管、车间级解决方案——产易通、公司级解决方案——企易管，为制造企业提供了从单点突破到全面升级的"一站式"服务①（见图2）。

图 2　忽米数智应用

资料来源：忽米科技微信公众号。

在企业应用层面，作为智能制造与工业互联网领域的先行者，忽米网深谙供应链数智创新对于提升企业核心竞争力的关键作用，聚焦生产过程智能化这一核心议题，遵循"总体规划、自下而上、分级构建、先内后外、优化集成"的"忽米数字化转型基本方法论"，打造产线级、车间级、工厂级、企业级、行业级五大工业核心应用场景数字化转型解决方案，截至 2023 年底，忽米网已为全国近 50000 家制造企业深度赋能②。在行业应用层面，忽米网围绕设计、生产、物流、销售、服务等制造业务全流程，构建了工业互联网能力模型七大能力，凭借其工业大数据管理能力、工业模型管理能力、工业 App 服务能力等关键技术能力和设备管理能力，以及供应链管理能力、生产管控能力等业务支持能力，屡次与汽车制造、食品加工、家电、减震器、医药、军用、矿山设备、健身器材、新能源、特高压等数十个工业细分行业领域内的领军企业携手合作，深入各行业为其全生态赋能，着力构建"龙头带动、上下游供应链协同"的行业转型新

① 微信公众号，《忽米 2022 回首｜深耕聚焦，在时代浪潮中求新图变奔涌向前》，2023 年 1 月 1 日。https：//mp.weixin.qq.com/s/tX-lNgCeZwaToSG-DiFpyg.

② 微信公众号，《忽米 2023 回首｜万物向新，聚势而生，在存量时代变革中穿越周期》，2023 年 12 月 31 日。https：//mp.weixin.qq.com/s/xUiQD3ei9V3SugRPyfJiCw.

格局①。

在产业应用层面，忽米网凭借其深厚的行业洞察力和技术创新力，积极融入并引领地方产业的数字化转型浪潮，结合各地方优势产业构建起具有地方产业特色的数字化产业治理平台，聚焦多个维度实现提档升级，为推动新型工业化高质量发展贡献数智力量②。

2. 聚焦创新议题，赋能业态协同

（1）优化网络架构，高效数据采集

忽米网凭借其先进的数据采集技术，全面兼容 LTE、Wi-Fi 及 Ethernet 等多种网络通信方式，在物联网边缘节点实现数据优化、实时响应、敏捷连接、智能分析，展现出卓越的边缘数据处理能力③。具体而言，在物联网的边缘计算场景中，忽米网产品在数智技术的加持下，能够有效执行数据预处理与优化，确保数据在源头即被高效管理，实现毫秒级的实时反馈与灵活连接。这一能力不仅大幅降低了从现场到数据中心的数据传输量，还巧妙规避了云端处理可能出现的性能瓶颈，从而优化整体网络架构，提升与加快数据传输的安全性与响应速度。忽米网的数智化解决方案以低成本、高智能的方式赋能现场业务，使企业在享受物联网带来便捷的同时，也能有效控制成本。通过边缘智能分析，决策得以更加贴近数据源头，有助于加速业务洞察与决策过程，为企业数字化转型构建强有力的数据底座。

宗申动力 101 智慧工厂便是一个典型的案例。忽米网通过搭建智能网络，使人与机器之间形成互联，从而使端到端高度集成。生产线上每台发动机都会刻上编号和条码，每个工序都通过传感器进行数据检验，并对产品从上线到包装各个环节的所有信息进行记录。通过信息化技术，减少人工干预，及时采集生产数据，合理编排生产计划，平均 10 秒下线一台产品，下线合格率高达 99.3%。此外，忽米网还为宗申动力建设了数字孪生 101 智慧工厂，利用物联网技术及信息系统连接，既可实时展示车间生产工况信息，包括空气环境、空调系统状况、电

① 微信公众号，《｜重庆新闻联播｜头条报道｜忽米科技为重庆现代化产业体系建设注入"新动能"》，2023 年 3 月 30 日。https://mp.weixin.qq.com/s/AlQjykJFrK9q7JgUjpDqFw.
② 微信公众号，《忽米两会谈｜新华网、人民网、重庆新闻联播、重庆日报……2024 重庆两会期间主流媒体全面聚焦忽米》，2024 年 1 月 23 日。https://mp.weixin.qq.com/s/MSEvZrIM8uXLbDScgu7wEA.
③ 资料来源：忽米网官网，https://hmcloud.360humi.com/.

力能耗、5G 通信信号等；又可实时展示当前工厂发动机计划生产数量、实际生产数量、合格率情况、生产下线数量等现场数据。同时，通过设备数据采集，可实时跟踪每个发动机装配单元当前的装配情况（如右箱体装配单元），以及当前AGV 的零配件运输配送情况，包括 AGV 小车运行、空载、充电等状态。经过为期一年的实践运用，与传统的自动流水线相比，101 智慧工厂的自动纠错防错能力提升约 10.6 倍，作业自动化率增长约 10.1 倍，管理协同人员减少约 42.5%，质量数据采集分析提升约 10.8 倍，人均产出提升约 145.5%[①]。

据宗申动力制造技术中心主管曹凌介绍，改造后的智能制造总装生产线由12 个自动化单元组成，通过 6 台机器人实现各单元间的装配工件的转运，使其按工艺流程完成发动机的总装及下线。利用如 RFID、岗位互锁、AGV 物流小车、图像识别等技术，提高制造执行管控效率、加强过程质量管控手段，并为管理提升和决策提供大数据支撑，基本做到了端到端信息集成[②]。忽米网的此次尝试让宗申产业集团开启了新的发展局面，不仅实现了生产数据的实时采集、生产运行情况的及时掌握，而且实现了生产环境与信息系统的无缝对接、现场感知和监控能力的提升。

（2）采取多元措施，确保网络安全

2018 年 11 月 7 日，第五届世界互联网大会在浙江乌镇盛大开幕。此次大会以"创造互信共治的数字世界——携手共建网络空间命运共同体"为主题，聚焦世界互联网最新发展趋势和前沿技术动态，重点探讨人工智能、5G、大数据、网络安全、"数字丝路"等热点议题，各国和地区政府、企业、技术专家及民间团体齐聚一堂，共商网络安全的应对策略与治理方案。在开幕式中，我国国家主席习近平的贺信深刻阐明了数字化时代全球经济发展的新航向，强调了全球各国和地区在推动数字经济蓬勃发展上的共同愿景与责任使命，即共同应对网络安全挑战、加强网络空间治理，让网络空间命运共同体更具生机活力[③]。

从忽米网搭建工业互联网创新平台的角度出发，网络安全直接关系到平台的稳定运行、数据的安全保护以及用户的信任与依赖，其重要性不言而喻。鉴于

---

① 微信公众号，《平台是核心、数据是基础、应用是关键，忽米网"平台+数据+应用"三位一体助力企业数字化转型》，2021 年 5 月 11 日。https：//mp. weixin. qq. com/s/EtQMHX9I0W6nDWWYJMhKcA.

② 上游新闻，《渝企战"疫"疫情下工业互联网平台大显身手，忽米网为企业复工复产按下"快进键"》，2020 年 2 月 25 日。https：//www. cqcb. com/yushang/xinwenbaodao/2020-02-25/2207491. html.

③ 中国日报网，《第五届世界互联网大会开幕，聚焦数字化经济》，2018 年 11 月 9 日。http：//www. chinadaily. com. cn/interface/zaker/1142842/2018-11-09/cd_37233010. html.

此，忽米不断加大网络安全防范力度，深度融合新一代信息技术与制造行业，专注于物联网、数字孪生、标识解析、大数据、工业 AI 等核心技术，将忽米 H-IIP 工业互联网平台全新升级为忽米 H-IIP 工业数智引擎。在数字安全意识、数字管理智慧、数智创新能力的多元加持下，在工业互联网平台安全能力迭代与安全测评中，忽米 H-IIP 工业数智引擎的安全保护等级达到等保三级的要求，即国家对信息系统安全保护等级的最高要求之一[①]；获得鲲鹏 COMPATIBLE 认证，获评工业互联网平台服务安全能力评价五星平台企业等。

作为工业互联网高质量发展的重要驱动力，忽米网积极参与工业互联网安全分类分级管理工作，通过对其平台及用户进行科学合理的分类分级，实现了对不同安全风险等级的精准防控。这一举措不仅有助于忽米网更好地识别和应对潜在的安全威胁，确保平台及用户的安全稳定运行；还有助于营造安全、可信的网络生态环境，为数字经济的蓬勃发展构筑坚不可摧的安全防线。

此外，忽米网还与国家工业控制系统与产品安全质量监督检验中心（以下简称国家工控安全质检中心）等国内头部网络安全机构达成战略合作，共同促进工业信息安全、信息安全产品测试及标识解析安全等方面的研究和应用，先后推出工控安全监测与审计系统、工控主机卫士、工业防火墙、统一安全管理平台、政企安全浏览器、信息安全管理系统、工控系统安全检查工具箱、工业主动诱捕系统、工业视频设备管控系统、工控网络安全应用系统等一系列工业互联网数字安全解决方案[②]，为工业互联网安全保驾护航，为构建网络空间命运共同体贡献忽米力量。

（3）研发智能设备，专注产品创新

自创立以来，忽米网便深入工业互联网行业发展，聚焦核心能力的研发与精进，探索数字技术的边界与突破，在数智创新领域持续深耕，致力于通过前沿数智技术赋能产品迭代革新、拓宽产品矩阵，力求在工业互联网的浪潮中独树一帜。为提升核心产品自研能力，忽米网与高校、职业院校、科研院所等机构进行深度交流，与中国信息通信研究院工业互联网研究所、成渝信息通信研究院、国家工控安全质检中心、四川省自动化仪表研究所、成都信息工程大学等国家级科研机构建立了长期稳定的合作关系，共同构建高质量人才培养的数字底座；并加

---

① 微信公众号，《忽米网 2021 回首丨"竞"水流深，争先，更争滔滔不绝》，2021 年 12 月 31 日。https://mp.weixin.qq.com/s/-wPAVX0GuMDIWTbWa203BA.

② 资料来源：忽米网官网，https://hmcloud.360humi.com/.

大对数智化复合型人才的引进力度，通过授课、培训、交流等方式，提高制造业企业员工的数字素养、创新思维和技能水平①。

目前，忽米网技术人员占比达 60% 以上，获批设立重庆市博士后科研工作站，拥有发明专利等核心自主知识产权近 300 项，参与 9 项国家标准、6 项团体标准、多项行业标准的牵头制定工作②。以博士后科研工作站为抓手，以数智技术创新为锚点，瞄准工业操作系统、工业软件等关键难题，忽米网面向产线、车间、企业应用场景提供精准解决方案，在装备智能化、生产智能化、运营智能化三大领域，构建多元化产品矩阵。在装备智能化方面，忽米网自主研发物易管 H-PHM 预测性维护、H-EAM 设备管理等核心产品。其中，物易管 H-PHM 是忽米网基于工业大数据、AI 和工业机理融合算法技术，针对钢铁冶炼、石油化工、水泥、火电、啤酒饮料、煤炭、水务等行业领域，打造的旋转设备精准运维一体化、数字化产品。截至 2023 年底，物易管 H-PHM 累计远程监测设备达 4000 台以上，看护设备类型超过 30 种，涵盖水泵、皮带机、空压机、风机等多种类型动设备，累计钢铁冶炼、石油化工、水泥等行业案例超过 100 多例，覆盖重庆、江苏、内蒙古、天津、深圳、成都 6 个省份和城市，诊断报警预测准确度超过 95%③。而 H-EAM 设备管理则主要面向汽摩、制药、装备制造等行业，从设备台账管理、突发性故障报修维修、预防性维保、点巡检、备件仓库等业务出发，致力于在设备全生命周期中实现标准化、精细化、智能化的业务管理④。

在生产智能化方面，忽米网自主研发 H-APS 高级排产、H-WMS 仓储管理、H-MOM 制造运营等核心产品。例如，为解决成都电机工厂设备利用率低、生产排产不合理等问题，忽米网通过引入产易通 H-APS 高级排产系统，基于 ERP 系统数据和生产情况规范计划排程基础信息，在确认生产订单和交期后，通过车间生产班次日历、设备停机计划、产线工艺工序多级建模，并根据 MES 系统的实

---

① 微信公众号，《忽米两会谈｜新华网、人民网、重庆新闻联播、重庆日报……2024 重庆两会期间主流媒体全面聚焦忽米》，2024 年 1 月 23 日。https://mp.weixin.qq.com/s/MSEvZrIM8uXLbDScgu7wEA.

② 微信公众号，《"领潮而行·中央媒体零距离探访工业互联网平台企业行"走进忽米科技，见证忽米物易管预测性维护解决方案全新发布》，2023 年 7 月 16 日。https://mp.weixin.qq.com/s/V_LtADZORd5-QJuC6jf9eg.

③ 微信公众号，《忽米 2023 回首｜万物向新，聚势而生，在存量时代变革中穿越周期》，2023 年 12 月 31 日。https://mp.weixin.qq.com/s/xUiQD3ei9V3SugRPyfJiCw.

④ 资料来源：忽米网官网，https://hmcloud.360humi.com/.

时反馈进行设备级精细排程，将先进算法和规划技术用于指导生产执行，最终达到资源利用率提升 35%、交付达成率提升 26% 的显著成效①。

在运营智能化方面，忽米网自主研发 H-IDRules 赋码应用、H-EMS 能源管理、H-BI 商业智能等核心产品。基于工业应用场景，忽米网将这类产品嵌入工业算法模型，并应用于信息编码、数据监控、指标展示、运营管理等多元化业务场景，致力于实现生产运营过程的编排可视化、维修规范化、管理数字化及工具智能化②。

（4）搭建软件平台，拓宽服务维度

为了深化服务广度与深度，在既有平台体系的基础上，忽米网持续深入产业链赋能、深挖行业核心诉求并不断扩大产品矩阵，如今已形成"1+6+9+12"工业互联网平台体系，旨在为政府、工业园区及广大制造业企业量身打造数智创新服务。这一体系不仅为各方提供了迈入工业互联网时代的坚实桥梁，还加速推进了数字化转型，助力向着政府智慧治理、工业园区高效运营、制造业企业智能制造的数智方向跃迁。

其中，"1"指一个国家级"双跨"工业互联网平台，即忽米 H-IIP 工业互联网平台（紫微垣），后于 2023 年全新升级为忽米 H-IIP 工业数智引擎。作为全国首家贯标试点评估工业互联网平台，忽米 H-IIP 工业数智引擎连续四年入选国家级"双跨"工业互联网平台，排名持续位列前十，连续三次入选工信部国家级工业互联网试点示范，入选 IDC、虎嗅、通信产业报、维科网等多个行业报告及榜单③。

"6"指忽米工业物联网平台、忽米工业大数据平台、忽米标识解析二级节点平台、忽米工业设备智能维保平台、忽米云应用平台、忽米工业设计平台六大专业级平台，这些紫微系列平台作为构建工业数字化底座的引擎内核，各自闪耀独特光芒且优势互补，携手为工业互联网的蓬勃发展注入强劲动力。例如，紫微 H-IoT 物联感知平台针对工业场景实现"云、边、端"协同管理，提供设备快速接入、高并发数据通信等物联网平台服务，解决了企业海量链接与异构信息、业务实时性、应用智能性方面的难点；忽米紫微 H-ID 标识解析平台则通过为工业领域的人、机、物、数据等全要素资源赋予唯一"身份标识"，让标识信息在标

---

① ② 资料来源：忽米网官网，https：//hmcloud.360humi.com/.

③ 微信公众号，《忽米科技 2024 年新春贺词》，2024 年 2 月 9 日。https：//mp.weixin.qq.com/s/Uu-saw2JmmDKCLzrG_pNx1g.

识解析架构体系内实现信息的全面共享和互联互通①。

"9"指京津冀、黔中、广西等九大特色区域平台。目前,忽米网已为全国近20个地方政府建设"产业大脑"(见图3、图4、图5),这些"产业大脑"不仅成为地方政府优化产业结构、实现智慧治理、推动高质量发展的得力助手,还深刻促进了区域产业生态的集聚与融合。通过大数据、云计算、人工智能等前沿数智技术的深度应用,忽米网帮助地方政府精准分析产业链现状,识别短板与机遇,为产业政策的制定提供科学依据,有效推动了传统产业的转型升级与新兴产业的培育壮大,帮助地方政府在产业结构优化、产业生态聚集、产业协同管理等多个领域实现提档升级,全面带动长三角、京津冀、北部湾、鲁西北,以及成渝地区双城经济圈和渝黔经济圈的数字经济发展②。

图3 忽米"园区产业大脑"解决方案

资料来源:忽米科技微信公众号。

"12"指汽摩、医疗、新能源、装备制造、电子信息、食品加工、泛半导体、危废治理、传动齿轮等十二大垂直行业平台。通过精准对接数智服务与行业痛点,忽米网不仅提升了生产效率和产品质量,还促进了产业链上下游的紧密协

① 资料来源:忽米网官网,https://hmcloud.360humi.com/.
② 微信公众号,《忽米科技入选 IDC 2022 年中国工业互联网平台政府侧市场份额报告》,2023 年12 月 15 日。https://mp.weixin.qq.com/s/6Wbsi1CytQHx2gOvOddZww.

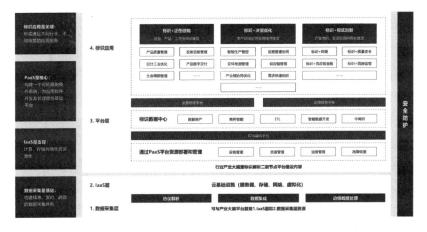

图 4 忽米"行业产业大脑"解决方案

资料来源：忽米科技微信公众号。

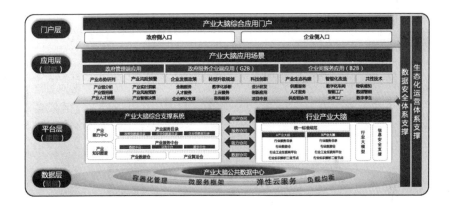

图 5 忽米"区域产业大脑"解决方案

资料来源：忽米网官网。

作与资源共享，构建了具有鲜明行业特色的工业互联网生态体系。目前，忽米网已帮助小鹏汽车、安徽康佳、赛力斯渝安减震等区域翘楚企业构建行业级平台；针对成都电子信息产业、重庆汽摩产业、长三角装备制造产业、贵阳及北海食品加工产业、德州健身器械产业等地方优势产业构建产业级平台①。这些行业特色

① 微信公众号，《｜重庆新闻联播｜头条报道｜忽米科技为重庆现代化产业体系建设注入"新动能"》，2023 年 3 月 30 日。https：//mp. weixin. qq. com/s/AlQjykJFrK9q7JgUjpDqFw.

平台的成功实施，不仅为企业带来了显著的经济效益和竞争优势，更为整个行业的可持续发展注入了新鲜气息和强劲动力。

3. 深挖共性需求，构造普适之策

(1) 连通"数字鸿沟"，助力园区转型

忽米网，作为智能制造领域的先驱，聚焦于产品从概念设计到市场退出的全生命周期管理，通过集成并分析这一过程中产生的海量数据，根据制造原理对企业研发、生产、物流等过程提供优化解决方案，实现工厂控制系统内部数字化信息的有效传递，链接生产过程的各个环节[1]。为规避传统工厂协作关系弱、生产效率低等问题，忽米网通过建设"园区产业大脑"，将园区管理方、运营方、园区企业、园区主导行业等数据汇聚起来，提炼其中的工艺技术、运营管理、行业知识与模型等，以工业互联网平台能力组件为具体形式构建指挥中枢，通过数字化推动园区资源要素融合[2]，帮助制造工厂进行数字化变革以及产线智能化提升，从而实现工厂数字化、生产自动化、流程可视化。工厂数字化即借助覆盖全厂的网络平台实现生产数据的实时采集，及时掌握生产运行情况，实现生产环境与信息系统的无缝对接，提升现场感知和监控能力。生产自动化即在智慧工厂车间引入自动化系统建设覆盖全厂的 DCS·SIS 等系统，实现对整个工艺过程的监测与控制。流程自动化即运用数字孪生技术，整合"5G+工业 AI+物联网"技术应用，融合企业多个信息化系统及硬件设备，实现对产线状态和数据的实时监测，对车间物料、物流、装配、检测异常问题实时预警及处理，最终达到车间管理透明化、异常问题处理高效化，打破"信息孤岛"，促进信息畅通，优化生产工艺等效果。

例如，忽米网结合先进的数字孪生、工业 AI、机器视觉、大数据等数智技术，创建装备制造相关的算法模型及组件，参与小鹏汽车 E38 车型左右域控制器测试系统搭建及硬件设计。依托忽米网强大的数智创新能力，小鹏汽车实现了一项创新性的技术飞跃，即将原本分散的功能控制测试全面整合至一个高效能的核心处理器中集中处理[3]。这一举措不仅革新了测试流程，使功能逻辑验证、故障模拟注入、静态电流管理、仿真模型校验以及 CAN/LIN 通信等关键环节能够并行且高效地执行，还推动了多节点间测试的无缝协同，构建了一个综合性的测试

---

[1][2][3] 资料来源：忽米网官网，https://hmcloud.360humi.com/.

生态系统。通过这种集中式与协同化的测试策略，小鹏汽车大幅提升了测试的自动化水平，减少了人工干预，从而显著缩短了测试周期，提高了测试效率与准确性；更重要的是，它还构建了一道更为坚固的网络安全防线。通过将所有测试活动集中管理，小鹏汽车能够更全面地评估系统的潜在风险点，及时发现并修复安全漏洞，确保车辆功能的稳健运行与数据通信的安全无虞。

（2）赋能多元场景，突破行业壁垒

忽米网凭借其对各行业特性的深刻理解与精准把握，积极赋能产业链协同，致力于强化与补充行业链条中的关键环节。以行业内的翘楚企业为引领力量，整合上下游企业、加工协作伙伴等多元化资源，以行业全要素连接的枢纽与工业资源配置为核心，最终共同构建完整的行业工业互联网"双跨"平台。在这一过程中，忽米网利用垂直行业工业互联网平台、标识解析和通用平台，贴合"行业产业大脑"推动企业创新变革、产业生态优化、政府精准服务的应用场景①。

在医药行业，忽米网为植恩药业建立智慧园区运营中心可视化平台，将园区运行核心系统的各项关键数据进行综合展现，支持从园区规划、园区资产、人物定位、设备监测、能耗监测管理等多个维度进行日常运行监测与管理，帮助园区用能管理效率提升 10%、运维成本降低 8%。

在铝业，忽米网通过引入占星者 5G 边缘计算器，基于设备状态监测、健康评估、异常预警、故障诊断、维修决策支持和维修活动等维度实现电机的预测性维护，对其主要（或需要）部位进行状态监测和故障诊断，判定电机所处的状态，预测电机状态未来的发展趋势，预先制订预测性维修计划，减少由电机故障引起的非计划停机损失。

在汽车制造行业，忽米网以其深厚的行业洞察力和技术创新能力，为小鹏、长安、比亚迪等多家领军企业量身定制了前沿的数字化解决方案。例如，为长安汽车绘制"长安百科"知识图谱，深化长安汽车在智能制造领域的探索，实现企业知识资产的数字化管理与高效利用的同时，为产品研发、生产优化及客户服务提供强有力的数据支持。

在火电行业，忽米网通过"云易搭（数据驾驶舱）+数字孪生"管理系统，对整个工厂各建筑构件、工艺、机电管线、给排水、消防管道及报警系统等进行综合的 BIM 建模及模型轻量化管理，实现全业务、全流程、全过程的可视化展

---

① 资料来源：忽米网官网，https://hmcloud.360humi.com/.

现，运行全过程的可视、可测、可控、可服务目标以及工艺 AI 自动优化、设备智能诊断和维保、三维可视化管理、产品性能验证等功能。

在家电行业，忽米网以安徽康佳电子企业级工业互联网平台为基础，建设滁州市家电行业工业互联网平台，利用区域级平台形成以安徽康佳电子为主导，整合家电电子行业上游客户、供应商、加工协作企业、检测等，实现运营成本降低15%～25%、质量管控提升 25%～35%[1]。

（3）推动区域变革，融通产业生态

忽米网凭借其敏锐的产业洞察能力和独特的数智创新思维，深度聚焦于打造全方位、多维度、深层次的"产业大脑"智慧生态，围绕资金、人才、政策、共性需求等产业要素，全方位发力，促进产业创新实现产业链、资金链、人才链、创新链和政策链"五链"融合，构建产业聚合发展体系，推动产业高质量发展[2]。

忽米网深刻认识到数字经济时代的浪潮已至，因此迅速响应"建设现代化产业体系，加快建设网络强国、数字中国"的国家号召，创造性地运用了"互联网+"模式的独特优势，即扁平化管理、高效交互性，以及信息传递的即时性，为传统产业安插数字化、智能化的敏捷"羽翼"。

忽米网立足服务各产业智慧化管理和综合治理，提供"双碳"工业互联网园区、数字乡村和智慧城市解决方案，实现各类资源要素的优化配置和高效利用，促进技术融合、产业融合、数据融合，推进决策科学化、治理精准化、服务高效化，推动区域变革，融通产业生态，为地方政府推动数字化转型注入新动能[3]。在产业结构优化方面，忽米网利用大数据、云计算、人工智能等先进数智技术，对地方产业进行深度探究和系统剖析，并因地制宜地提供科学合理的产业规划建议；在产业生态聚集方面，忽米网通过构建开放共享的数字化平台，打破"信息孤岛"，实现资源共享、优势互补和风险共担，促进产业链上下游企业之间的紧密合作与协同创新，以及产业生态的多元化和集群化发展；在产业协同管理方面，忽米网依托其强大的数智认知、管理智慧、协调能力，积极推动产业间的跨界融合与协同发展，促进不同产业之间的人力、物力、财力等要素的自由流动和优化配置，进一步提升整体产业的竞争力和影响力。

以重庆为起点，忽米网将工业互联网络扩散至苏州、北海、青岛、德州等地

---

[1][2][3] 资料来源：忽米网官网，https://hmcloud.360humi.com/.

区，并建立了区域工业互联网运营中心，形成以重庆为起点，立足西部，服务全国的格局，全面带动长三角、京津冀、北部湾、胶州半岛、成渝地区双城经济圈和渝黔经济圈数字经济发展①。例如，忽米网以天津西青区的产业、政策、区位优势为依托，构建京津冀工业互联网创新生态产业群，打造京津冀一体化工业互联网"新引擎"；落地苏州工业互联网生态创新基地暨忽米长三角总部中心，为长三角制造产业提振升级，为共建"一带一路"倡议注入新动能；与成都市双流区人民政府共同打造成都（双流）工业互联网创新基地，举办"忽米工业杯"工业 AI 创新大赛、中国工业互联网标识大会（西部）、成渝双城经济圈工业互联网创新发展论坛等一系列重大活动，塑造成都（双流）工业互联网标杆示范名片②。

● 未来：乘数字中国建设东风，助数字经济创新发展

"星光不负赶路人，江河眷顾奋楫者。"2023 年，忽米网因时而进、因势而新，连续四年入选国家级"双跨"工业互联网平台，排名持续位列前十，连续三次入选工信部国家级工业互联网试点示范企业，专业实力多次受到国家部委和行业认可。同年，忽米网入选 IDC2022 工业互联网平台企业侧市场份额报告和政府侧市场份额报告、虎嗅智库的工业互联网平台发展研究报告；荣膺 2023 年工业互联网 100 佳，获总榜前八，五大垂直榜单全国前十，同时荣获"2023 特色专业工业互联网 50 佳"，第十七届通信产业榜专项榜两项大奖，2023 年度工业互联网金紫竹奖中的两项大奖，入选"维科杯·OFWEEK 2023 中国优·智算力"年度评选等③。忽米网的品牌知名度和行业影响力不断上升。在快速发展并取得阶段成就的同时，"忽米人"并不满足于当下，而是积极预见未来、精心规划战略与布局发展蓝图，以确保在未来的道路上继续行稳致远，不断攀登新的高峰。

"工业互联网作为新型工业化的战略性基础设施，在推进新型工业化的各项

---

① 微信公众号，《忽米网 2021 回首｜"竞"水流深，争先，更争滔滔不绝》，2021 年 12 月 31 日。https://mp.weixin.qq.com/s/-wPAVX0GuMDIWTbWa203BA.

② 资料来源：忽米网官网，https://hmcloud.360humi.com/.

③ 微信公众号，《忽米 2023 回首｜万物向新，聚势而生，在存量时代变革中穿越周期》，2023 年 12 月 31 日。https://mp.weixin.qq.com/s/xUiQD3ei9V3SugRPyfJiCw.

关键任务中发挥着重要支撑作用。"在谈及公司下一阶段的战略规划与发展蓝图时，忽米科技 CEO 巩书凯表示。随着"数字中国"战略的深入实施，国家正以前所未有的力度推动数字经济与实体经济深度融合，这为制造业转型升级开辟了广阔空间，而工业互联网正是实现制造业高端化、智能化、绿色化，推动现代化产业体系建设的关键路径。面对呼啸而来的数智化浪潮，忽米网作为行业领先的工业互联网平台，将紧紧抓住这一历史机遇，充分发挥在系统化设计、精益化管理、自动化产线、信息化平台和数字化治理等方面的核心能力，为制造业企业数字化转型赋能，引领制造业企业迈向数字化、智能化发展的新征程①。

在推进新型工业化的时代大课题中，忽米网将怀揣"赋能中国制造业转型升级"的初心，秉持"中国工业互联网平台创新者与领跑者"的发展愿景和"赋能存量，创造增量"的企业使命，发挥忽米网强大的工业互联网平台资源优势和制造业赋能技术产品底蕴，专注数智创新，坚持长期主义，乘着数字中国的东风，驶向工业互联网的彼岸②。展望未来，以数智创新赋能制造业数字化转型、助推数字经济高质量发展任重而道远，忽米网已经踏上了新一轮的长征。

开发者观点

以数智创新勾画产业数字化的"忽米画卷"

李巍　教授/重庆理工大学 MBA 学院、管理学院

◆ 案例开发缘由

作为中西部首个国家级跨行业跨领域工业互联网平台，忽米网在"总体规划、自下而上、分级构建、先内后外、优化集成"数字化转型方法论的指导下，

---

① 微信公众号，《忽米两会谈｜新华网、人民网、重庆新闻联播、重庆日报……2024 重庆两会期间主流媒体全面聚焦忽米》，2024 年 1 月 23 日。https://mp. weixin. qq. com/s/MSEvZrIM8uXLbDScgu7wEA.
② 微信公众号，《忽米 2023 回首｜万物向新，聚势而生，在存量时代变革中穿越周期》，2023 年 12 月 31 日。https://mp. weixin. qq. com/s/xUiQD3ei9V3SugRPyfJiCw.

面向地方产业和制造企业提供两类解决方案：针对园区、行业、区域等不同层级构建"产业大脑"；针对产线、车间、企业等不同工业场景打造未来工厂。忽米网已为全国近 20 个地方产业、50000 家制造企业深度赋能。忽米网早已成为工业互联网领域的数智先驱。案例开发团队对其密切关注，并展开了周期访谈和交流活动。案例开发团队早期对于忽米网的关注点主要集中在其"赋能制造企业数字化转型"属性，例如，忽米网先后获得的"国家级跨行业跨领域工业互联网平台""首批工业互联网平台试点示范项目"和"国家专精特新'小巨人'企业"等行业荣誉便是佐证。但随着对忽米网相关信息与数据资料的持续跟踪，团队惊讶地发现，忽米网并非仅服务于制造业企业，而是以重庆为起点布局全国，针对成都电子信息产业、重庆汽摩产业、长三角装备制造产业、贵阳及北海食品加工产业、德州健身器械产业等地方优势产业构建产业级工业互联网平台，全面带动长三角、京津冀、北部湾、鲁西北、成渝地区双城经济圈和渝黔经济圈数字经济发展。

忽米网打造深耕工业场景的产业数字化赋能平台，致力于打造多维度赋能"企业—产业—城市—农村"的智慧生态版图，快速响应数字经济，强化互联网思维，充分利用"互联网+模式"具有的扁平化、交互式、快捷性的优势技术，实现各类资源要素的优化配置，促进技术融合、产业融合、数据融合，推进决策科学化、治理精准化、服务高效化。作为工业互联网平台，忽米网赋能数字化转型的管理模式、服务模式与发展模式是什么？在赋能数字化转型的过程中，忽米网赋能企业、行业、区域数字化、智能化转型的解决方案有何不同？在系统化设计、精益化管理、自动化产线、信息化平台和数字化治理等方面有何成效？在数智创新的过程中，忽米网为何要打造工业互联网创新生态圈？如何以工业互联网生态系统助推数字经济高质量发展？这些疑问与好奇驱使团队积极联络忽米网的高层管理者，在进一步收集和完善相关二手资料的同时，获得实地调研与访谈的机会。

◆ 实地调研新发现

案例开发团队系统地收集了来自忽米网官网及官方微信公众号、新闻报纸、多媒体平台相关报道、行业报告、书籍期刊等来源近 15 万字的二手资料，包含忽米网创立与成长过程中的重大事件、影响因素、成果奖项以及面临的相关问题等主要内容。对忽米网二手资料的进一步收集、梳理与分析，为后续实地调研与企业访谈做了充分准备。以 2024 年 6 月的忽米网实地调研为例，团队围绕"数智创新"这一主题，针对忽米网在赋能产业数字化转型、创新工业互联网生态系统等方面的企业管理经验与实践活动，设计了具有高度关联性的调研提纲，并提交给忽米网高层审核；在获得允许后，团队奔赴重庆市九龙坡区进入忽米科技集团进行实地调研，对相关高层管理人员进行访谈。在访谈交流过程中，案例开发团队询问了忽米网在发展过程中遭遇的关键事件、问题挑战以及成长机会，在数字生态创新、组织架构革新、数字能力建设、治理机制构建等方面的洞见、举措与挑战，以及从"聚能"模式到"赋能"模式对于平台未来发展的构想与目标等相关内容。

在调研中发现，忽米网在"中国工业互联网平台创新者与领跑者"的企业愿景和"资源集聚，共建共享，跨界融合"的平台定位的指引下，始终秉持"行业聚焦，垂直深耕"的经营理念，以数智创新为切入点，以忽米工业数智引擎为基础，赋能产业链、供应链数字化、智能化转型，赋能产业数字化转型，并持续创新工业互联网生态系统。与二手资料相比，深入现场的调研与访谈让团队较为清晰地认识和了解到忽米网在数智创新方面的具体规划和实践活动，包括在数字战略创新、主营业务规划、业态协同发展、赋能模式变革、产业数字治理等方面的创新成效。在新型工业化背景下，忽米网作为工业互联网平台，深度打造物联感知、数据智能、应用开发、标识解析、数字孪生五大引擎能力，不断强化工业互联网数字平台底座，深度为汽摩、轨道交通、电子信息、医药、装备制造、食品加工等九大行业和供应链、生产制造、仓储物流等九大领域赋能，为近 20 个地方政府构建了具有地方产业特色的数字化产业治理平台，为推动企业、行业、区域的数字化、智能化转型贡献"忽米力量"。

◆ 洞察企业新认知

通过系列调研，案例开发团队对忽米网的管理经验和实践特色进行了系统回顾、梳理与总结。团队成员一致认为，忽米网的企业特色主要表现在以下两个方面：

一是聚焦数智创新核心议题，构筑数智能力基座赋能传统行业转型。忽米网秉持"总体规划、自下而上、分级构建、先内后外、优化集成"的数字化转型基本方法论，深度打造物联感知、数据智能、应用开发、标识解析、数字孪生五大引擎能力，以工业数智引擎为核心，打造产线级、车间级、工厂级、企业级、行业级五大工业核心应用场景数字化转型解决方案，为推动传统制造行业数字化、智能化转型贡献"忽米智慧"。通过深化数智创新认知并深耕数智应用实践，忽米网基于战略视角统筹布局数字化、智能化、信息化等关键要素，同时不断强化赋能数字化转型的创新能力，核心自研"3+1+4"数智产品，为客户提供全链路数字化服务。忽米网始终秉承"赋能中国制造业转型升级"的使命和愿景，为促进数字经济与实体经济协同高质量发展添砖加瓦。

二是构建工业互联网生态系统，打通企业、行业、区域协同发展的创新链路。忽米网针对企业、行业、区域等不同层级构建"产业大脑"，并针对产线、车间、企业等不同工业场景打造"未来工厂"；通过跨领域交流会议、产业合作等方式，推动工业互联网在各制造行业深化应用，让成熟优秀经验能够在更广泛的范围内推广，致力于打破企业之间、行业之间和区域之间的数字化发展壁垒。围绕新型工业化建设需求，忽米网积极抢占工业互联网科技制高点，凭借其对各企业特性与行业共性的深刻理解与精准把握，积极赋能产业链协同，以行业全要素连接的枢纽与工业资源配置为核心，整合上下游企业、加工协作伙伴等多元化资源，与伊之密、360集团、中原智联、嘉程智宇等生态伙伴达成战略合作，共同书写数字化转型的时代篇章。

◆ 案例开发总结

世界百年变局加速演进，作为一家工业互联网平台企业，从赋能数字化转型到数智价值跃迁，忽米网在探索赋能数字化、智能化转型方案的进程中，持续构建并创新工业互联网生态圈，建立数智创新的长效机制。因此，让社会更全面、客观和真实地了解"忽米网"这一在重庆本土崛起的平台企业，不仅是团队开发本案例的初衷，也是我们践行重庆理工大学MBA教育中心"学科融通、产教融合、知行融升"教育理念的重要使命。

新型工业化的时代浪潮下，加快培育和形成新质生产力成为制造业数字化、智能化转型的关键议题，这是新一轮技术革命和产业演进中追赶数字潮流，甚至引领数字潮流的明智之举，也是助推数字经济高质量发展的内在要求和重要着力点。作为中西部首个国家级"双跨"工业互联网平台，忽米网聚焦"数智创新"

这一核心要素，深耕数字化、智能化转型实践应用，针对不同企业、不同行业、不同区域面临的差异化痛点与普遍性难题，深挖个性诉求与共性需求，构造普适性解决方案，为促进新质生产力发展贡献数智力量。在此过程中，忽米网以数智创新为核，深化数智认知，核心自研数智产品引领创新潮流；以实践应用为翼，深挖市场痛点，探寻传统产业数智价值跃迁之径。忽米网以打造工业互联网创新生态圈为己任，推动生态系统各方在数智化浪潮中乘风破浪，共同迈向数字经济高质量发展的新阶段。

附录

附录1　忽米网大事记

年份	重大事件
2017	·正式成立
2018	·平台上线并完成首条智能化产线（"摩发1011线"）改造工程 ·首次亮相第五届世界互联网大会，并发布全国首款针对工业领域的云计算产品——忽米云 ·担任工业互联网产业联盟重庆分联盟理事长单位
2019	·联合重庆高新区管委会和思爱普中国有限公司共建全国首家"中小企业智能化赋能中心" ·承建运营全国首个动摩行业工业互联网标识解析二级节点项目，也是重庆地区首个二级节点平台 ·广西北海北部湾工业互联网产业基地成立
2020	·发力工业App市场，落地全国工业App创新运营基地，打造PaaS级工业App开发平台和工业App应用市场 ·落地贵州双龙和江苏苏州，打造忽米贵州工业互联网产业基地及忽米长三角工业互联网产业基地 ·全球正式发布忽米H-IIP工业互联网平台（紫微垣），包含工业物联网平台、工业大数据平台、工业知识图谱、工业应用商店四大平台 ·四川工业互联网基地成立，打造基于电子信息产业的工业互联网标识解析二级节点服务平台，赋能川渝企业智能化转型升级 ·全球正式发布忽米H-ICV工业产品视觉检测平台（天枢） ·在天津市西青区落户天津工业互联网生态创新基地，打造京津冀工业互联网生态创新基地

续表

年份	重大事件
2021	· 全球首发忽米工业应用服务平台、忽米数字孪生体、忽米占星者 5G 边缘计算器、忽米云小匠工业设备智能维保服务平台四大核心产品，联合在渝国家级"双跨"平台开启"领航者计划" · 成为工信部信通院数字基建生态合作伙伴，担任工信部工业互联网创新合作中心主任成员单位 · 在巴南、贵阳、天津、成都的工业互联网基地相继开园 · 举行 IPO 启动会暨签约仪式
2022	· 在智能传感、工业数采、边缘计算三大领域打造了 H-S01 工业旋转类设备预测性维护传感器（占星者）、H-D01 工业数据采集网关（数易采）、H-D02DTU 数传终端（数易传）、H-E01 边缘计算网关（数易算）四款工业智能硬件产品 · 忽米标识注册量突破 30 亿，位列西部第一、全国前十；在全国范围内在建标识解析行业二级节点近 30 个，位列全国第一，成为重庆乃至西部首个获得工业互联网标识注册服务许可证的二级节点运营企业，正式取得在全国开展域名及标识注册服务的官方认证资质 · 在上海、安徽芜湖、江西九江、云南昆明、山东济南等地相继签约落地
2023	· 忽米科技全新升级忽米 H-IIP 工业数智引擎，正式形成由智能传感、工业数采、边缘计算三大全域感知硬件产品，物联感知平台、标识解析平台、数据智能平台、应用开发平台、数字孪生平台五大引擎内核，"产业大脑""未来工厂"两大解决方案构成的"感知+平台+应用""三位一体"产品体系 · 自主研发物易管设备预测性维护解决方案，累计远程监测设备达 4000 台以上，看护设备类型超过 30 种以上，涵盖水泵、皮带机、空压机、风机等多种类型动设备，积累钢铁冶炼、石油化工、水泥等行业案例超过 100 多例，覆盖重庆、江苏、内蒙古、天津、深圳、成都 6 个省份和城市，诊断报警预测准确度超过 95% · 为重庆汽摩、涪陵榨菜、长寿化工新材料、綦江齿轮、芜湖汽车零部件、德州体育用品、四川集成电路与显示器件制造业等九大行业建设行业级标识解析二级节点平台，标识注册总量超 70 亿，解析总量近 50 亿，位列西部第一、全国前十；全国在建标识解析二级节点近 30 个，数量位居全国第一
2024	· 出席政协第六届重庆市委员会第二次会议，为推动新型工业化建言献策 · 出席重庆市工商联（总商会）六届三次常委会议 · 联合启动年轻一代民营企业家"鲁渝行"活动 · 出席 2024 世界智能产业博览会并发表主旨演讲 · 承办 2024 忽米科技生态伙伴共创会 · 出席 2023 全球工业互联网大会工业互联网创新应用大赛

资料来源：由案例团队整理。

附录 2　忽米网主要成绩

年份	主要成绩
2018	·入选工信部发布的首批国家级工业互联网试点示范项目，是唯一入选平台试点示范项目的重庆企业 ·入选重庆市工业互联网平台和云服务资源池名单
2019	·荣获"2019年十佳上云（服务行业）优秀案例"奖
2020	·入选工信部发布的2020跨行业跨领域工业互联网平台公示名单，成为各行业各领域工业互联网平台的示范标杆 ·入选2020年度重庆市第三方工业互联网平台培育名单 ·先后入选工信部发布的国家级工业互联网平台试点示范项目、国家发展改革委等17个部门联合发起的数字化转型伙伴行动首批联合倡议单位
2021	·忽米工业互联网发动机数字孪生智能监测综合应用平台入选2021年重庆市工业设计"强基计划"项目 ·深入参与多项技术标准及标准化白皮书制定，获得双软、ISO9001、CMMI软件成熟度三级等多项认证及百余项技术专利软著 ·相继荣获福布斯中国"2021年度中国十大工业互联网企业"、Forrester Wave工业互联网平台、WISE 2021新经济之王—年度硬核企业、2021IDC数字化转型坚定者、工业互联网金紫竹奖—2021年度推动工业互联网发展贡献企业等行业荣誉
2022	·通过《工业互联网平台选型要求》国家标准符合性评估，获批"工业互联网平台选型评估推荐产品证书" ·连续三年入选国家级"双跨"工业互联网平台，排名位列前八，入选国家专精特新"小巨人"企业 ·入选IDC2021工业互联网平台企业侧市场份额报告，同时荣获5G+工业互联网十大标杆案例、2022数字经济案例TOP100、2022中国准独角兽企业100强、2022工业互联网优秀技术服务商、2021-2022工业互联网优秀解决方案等多项行业认可
2023	·获得鲲鹏COMPATIBLE认证，获评工业互联网平台服务安全能力评价五星平台企业 ·连续四年入选国家级双跨工业互联网平台，排名持续位列全国前十中西部第一，连续三次入选工信部国家级工业互联网试点示范 ·入选IDC2022工业互联网平台企业侧市场份额报告和政府侧市场份额报告、虎嗅智库的工业互联网平台发展研究报告 ·荣膺2023年工业互联网100佳，获总榜前八，五大垂直榜单全国前十，同时荣获2023特色专业工业互联网50佳、第十七届通信产业榜专项榜两项大奖、2023年度工业互联网金紫竹奖两项大奖、维科杯·OFWEEK 2023中国优·智算力年度评选、工业互联网金紫竹奖等多个全国级行业奖项

年份	主要成绩
2024	· 忽米物易管入选 IDC2023 年中国设备智能运维平台市场分析报告 · 旗下子公司双双入选 2023 年度重庆数字贸易 50 强榜单 · 入选全国工商联民营企业数字化转型典型案例（全市仅四家） · 连续四次入选工业互联网试点示范名单 · 两项产品入选工信部 2023 年中小企业数字化转型典型产品和解决方案名单 · 上榜 2024 世界物联网 500 强排行榜，入选潜力榜 100 强第 20 位 · 入选 2024 工业设备上云服务云平台 20 家，位列前六 · 被认定为重庆市瞪羚企业

资料来源：由案例团队整理。

附录3　忽米网主营业务

忽米网围绕行业特色、地方产业特色构建了十二大垂直行业平台和九大特色区域平台，核心自研"3+1+4"模式夯实数智创新能力基座，聚焦供应链协同、机加、焊接、装配、冲压、涂装、物流、经营管理等场景，打造产线级、车间级、工厂级、企业级、行业级五大工业核心应用场景数字化转型解决方案，主要包括智能制造解决方案及数字化运营解决方案，提供低成本、高效率、安全可靠的工业互联网数字化转型服务，助力企业实现工厂数字化、生产自动化、流程可视化，赋能离散型工业企业的智能供应链、智慧生产链及高效经营链协同管理。忽米科技业务覆盖京津冀、长三角、成渝地区双城经济圈等国家战略要地，为重庆、天津、苏州、芜湖、成都、山东等 17 个地方政府构建了"产业大脑"公共服务平台，聚焦汽摩、电子信息、装备制造、医药化工四大行业，为康佳、比亚迪、小鹏汽车、太极集团、植恩生物等近 5 万家制造业企业打造智能产线、智能车间、智能工厂。

附录4　忽米网核心产品

1. 平台级

（1）工业互联网平台

忽米工业互联网平台包含物联网平台、大数据平台、开发者平台、应用商店、知识图谱平台，在汽摩、泛电子、医药、新能源等领域，通过 SaaS 应用和 PaaS 的方式为企业提供服务，为制造业企业解决降本增效、产品技术创新的需求。

（2）标识解析服务平台

工业应用产品的数据中枢平台，通过标识数据采集、应用和融合忽米应用级产品形成面向 G 端、B 端的平台级、应用级能力，助推忽米工业互联网平台打造一体化工业数据池，打造多行业、多领域的创新应用和创新商业模式。

（3）智能维保平台

云小匠致力于打造工业设备智能维保"一站式"综合服务平台。通过故障隐患智能监控、辅助诊断设备故障并提供优质委外服务，在设备维保工作的各个环节提升管理与作业能力，缩短设备故障停机时间，提高整体维保效率，降低维保成本。

2. 序列化

5G 边缘计算器——占星者

占星者™5G 边缘计算器产品主要针对电力、水务、石油化工、采矿等制造行业的电机、泵、空压机等旋转设备的振动、噪声和温度进行"三位一体"实时监测和计算分析，准确预测故障，减少故障停机时间，保障生产持续稳定运行，把设备的事后维修变为事前预防，为企业提供关键设备健康管理的整体解决方案。

3. 应用级

（1）紫薇易算 Super Collector

紫薇易算是"设备接入+数据采集+设备应用"软硬件一体化产品，可解决企业在设备连接、设备数据采集、设备管理、统计分析四个环节存在的相关问题，为产业数字化改造奠定基础。

（2）紫薇云窗 Clound Maker

紫薇云窗作为一款用户开箱即用的低代码可视化搭建平台，主要由可视化编辑器、模板中心、资源中心、统一数据源管理四个部分内容构成。平台内置大量标准化工业组件、工业行业专业素材模板，通过简单拖拉拽即可完成实时数据、复杂交互、视觉震撼的可视化应用构建。

（3）瑶光云优 Balan IO

瑶光云优是针对汽车焊装生产线的设备动作优化软件，以数字孪生虚拟映射为基础、工业大数据和人工智能为核心，实时采集工业现场焊装设备生产过程数据，在云端构建数字孪生模型，实时计算设备最佳参数动作，实现焊装过程装备参数最优化。

（4）瑶光天巡 Clear

瑶光天巡以"数字孪生+AR 眼镜"的方式，为电力、化工、天然气、医药等行业的设备点巡检业务场景提供设备巡检内容引导、巡检监督、智能抄表、现场维修指导等，快速且高质量地完成现场的安全排查，减少设备隐患。

猪八戒网：复合式创新打造赋能平台[*]

案例概要

随着数字化时代的到来，数字创新已成为各行业领域中不可忽视的重要议题。自创立以来，猪八戒网经过十余年的稳健发展与经验沉淀，已构建起综合性数字服务平台与产业生态，为广大政府与企业用户提供全方位、"一站式"服务，助其处理客户咨询、营销推广、合同签署、资金管理、客户管理、项目管理等工作。猪八戒网以复合式创新打造综合型赋能平台，其特色主要表现在三个方面：一是"从1到N"，创办全生命周期的中小微企业服务平台，并建立广泛合作，打造"数据海洋+钻井平台"模式，打通数字服务全链条；二是链接线下，打造综合性"线上+线下"服务平台；三是协同共生，构建产业服务平台生态圈。本案例通过对猪八戒网数字创业驱动平台赋能的创新过程进行梳理与剖析，旨在引起读者对于平台企业在"从1到N再到平台生态"的数字创新过程的思考，并为平台企业的创立、成长及治理提供经营与管理方面的借鉴。

---

　　* 本案例由重庆理工大学MBA学院的李巍教授，方洲、黄斯玮、刘洪丽及阳建慧同学撰写，并得到猪八戒网数字化中心总经理谭光柱先生和IT运营经理巫云莎女士的支持。本案例旨在用于MBA教学中课堂讨论的题材，而非说明本案例所述的管理行为是否有效。

案例正文

引言

2024 年 1 月 26 日，由阿里云、猪八戒网、畅捷通、典名科技共同主办的"创享百城·重庆——AI 助力产业创新发展论坛"在重庆市两江新区举行。活动以"AI 助力产业创新发展"为主题，聚集众多行业领袖，共同探讨 AI 如何为产业创新注入强大动力。猪八戒网副总裁朱陶受邀出席本次主题论坛，并发表了主题为"数据+AI+服务为创业者赋能"的演讲[①]，分享了猪八戒网在赋能初创企业成长方面的最新探索。朱陶表示，在当前初创企业所面临的困境中，数字资产风险预警和管理难题长期被忽视，却又严重影响企业的健康经营，如财务、税务、法务、品牌、舆情、专利等。大部分初创企业负责人并不清楚企业有哪些数字资产，又面临哪些经营风险。猪八戒网在企业服务领域深耕了 17 年，对于中小企业管理数字资产的痛点深有感触。自进入 AI 时代以来，猪八戒网一直在探索如何通过"数据+AI"的方式解决初创企业的这一难题，逐步形成了"整合企业碎片数据→算法识别经营风险→专家匹配优化建议→整合服务解决问题"的完整服务链条。基于此，2024 年初，猪八戒网正式发布了"八戒企业管家"。在大数据智能化技术的加持下，"八戒企业管家"可围绕企业经营过程中的财务、税务、人事、品牌、营销、产品、专利和"互联网+"等 16 项指标进行"体检"，帮助企业全面诊断经营风险，并给出专业优化建议及解决方案。

近年来，猪八戒网持续推动技术升级和服务模式创新，协同国内多所知名大学开展产学研合作，与各大机构形成网状合作研发机制。依托 18 年企业服务平台运营经验，猪八戒网成功推出了八戒数字市场、八戒筋斗云、八戒云员工等多款创新产品和服务，获得了各界的广泛肯定。未来，猪八戒网将进一步整合企业大数据资源，大力聚合行业中各类优质企业服务能力，借助 AI 等技术持续为用

---

① 搜狐，《"创享百城·重庆"活动落幕，猪八戒网分享数据+AI+服务赋能创业者新思路》，2024 年 1 月 26 日。http://news.sohu.com/a/754357823_485782.

户企业数字资产管理提供赋能服务。在当前已经形成的"大数据+服务平台"的独特商业模式上，猪八戒网进一步深入开发数据海洋钻井平台，以此增强对市场状况的掌控能力、对市场的分析能力、对市场情况变化的应对能力。此外，猪八戒网通过企业合作加强大数据能力，对客户拥有更深入、更全面的了解，及时洞悉其服务需求，把握企业动态，以猪八戒网为基础，不断进行数字创新，拓展服务范围，打造全生命周期的服务平台，致力于构建服务产业平台生态圈。

● 企业概况

猪八戒网创立于2006年，是中国主要的定制化企业服务电商平台，是重庆本土数字经济领域龙头企业，是服务交易领域的独角兽企业。猪八戒网以"汇聚天下人才，服务全球企业"为使命，积极拥抱新时代、奋进新征程、扎根新重庆、服务全世界。猪八戒网平台注册用户超过3300万，服务种类650余种，覆盖全球25个国家和地区。在18年"取经"之路的积极探索中，猪八戒网始终着眼于线上平台，利用互联网和科技的手段建立并运营企业服务交易平台，通过智能匹配连接企业雇主需求和服务提供商专业技能，覆盖信息流和资金流，聚焦于中小微企业从创立到经营发展各个阶段的刚需服务品类，如品牌设计、营销推广、软件开发、公司注册、财税代账、商标注册、专利保护、资质办理等，并在这些核心品类上确立了自己的市场领先地位。在此过程中，猪八戒网积累了大量的平台用户，撮合了无数企业和服务商之间的交易，解决了几百万人的就业问题。

猪八戒网在确定了市场领先地位后，先后衍生出一系列线上金融产品，包括八戒知识产权、八戒财税、八戒工场、天莲云账等九大业务范畴，这些业务紧紧依附于猪八戒网的数字技术、大数据能力等。八戒公采，是政府服务采购平台，为政府、国有企业、高校搭建和运营服务采购平台，通过大数据、云计算、人工智能等技术，助力政企公共服务采购数字化，达到提升采购效率、降低采购成本、规范采购流程、落实监管责任、扶持中小企业等目的。截至目前，平台累计交易额突破150亿元，供应商95%以上为中小企业。八戒数字市场拥有海量低价数字资产资源，让客户实现低成本购买首推服务交易全透明，收费明细清楚，革新商标交易模式。八戒筋斗云，是深耕面向生产性服务业企业的公域获客私域运营—交付协同全链路SaaS产品，为企业提供企业服务交易商城、SCRM、项目交付管理工具，致力于成为上万用户规模的面向生产性服务业企业的行业领先 SaaS 产品，数字化赋能中小企业经营腾飞。

在 2006 年创立至 2016 年进入高速扩张期的 10 年间，猪八戒网完成了从产业升级到服务升级的腾云蜕变。如今，猪八戒网在数字创新的道路上砥砺前行，进一步探索"大数据+平台服务"创新应用与服务。作为定制化企业服务电商平台，猪八戒网一方面为中小微企业提供全生命周期服务，以解决中小微企业在各发展阶段的服务需求，降低服务采购成本；另一方面构建了数字化创客工作台，助力威客人才拓宽服务半径、提升服务效率。猪八戒网曾入选"国家'双创'示范基地""国家创业孵化示范基地""中国互联网百强企业""国家小型微型企业创新创业示范基地""国家电子商务示范企业"等，荣获"重庆市科技进步一等奖"等百余项。

• 企业发展历程

1. 初创阶段（2006—2010 年）

猪八戒网的创立，源于其创始人、时任《重庆晚报》首席记者的朱明跃在 2005 年的一个突发奇想："能不能将点子拿到网上卖？"他花 500 元找人做了一个网站，取名"猪八戒网"，定位于一个非实物互联网交易平台，买卖双方所交易的都是不需要物流送递的智力或创意类产品。2006 年 5 月，猪八戒网开始采用一种新兴商业模式——威客，英文称为"Wit Key"，意思是"智慧的钥匙"。简单讲就是，需要为公司设计 Logo 或者搭建简单的公司网站的用户，可以在"威客"平台网站上发布需求，然后等待有人接单提供创意或服务，最后由买家择优录用并支付报酬，而威客类平台网站则在其中提取佣金。2006 年 9 月 8 日，猪八戒网正式运营，凭借其强大的宣传攻势吸引了广泛的传统企业关注，其搭建的三方收益平台让企业从中获得了满意的方案、威客从中找到了利润、网站也从中求得了发展。同年 9 月 10 日，猪八戒网在正式运营的第三天便接到了中国威客类网站招标的第一大单，金额高达 30 万元，由重庆新鸥鹏集团投标[1]。

---

[1] 茂名新闻网，《重庆新鸥鹏早有远瞻性 花 30 万元办了 300 万元的事》，2014 年 7 月 23 日。http://news.winshang.com/html/026/7428.html.

　　在猪八戒网创立之初，虽然其发展看起来似乎非常顺利，但当时全国已经有三四十家类似的创业公司，猪八戒网身处其中，并不起眼。据朱明跃回忆，最初的猪八戒网是为初创公司设计标志，而设计标志这件事具有很强的低频性、非标准化特点。另外，买方多是中小微企业，自身资金底子薄导致消费决策非常理性。交易低频、非标准化，加之顾客大多为小顾客，这两方面的原因致使猪八戒网举步维艰，管理团队也深刻认识到必须要调整升级才能在市场上存活；但资金不足又是一大难题。幸运的是，2007 年，猪八戒网获得博恩科技集团 500 万元人民币的天使投资，因为博恩科技集团董事长熊新翔看中了威客模式在中国的发展前景，他认为："中国越来越重视创新的重要性，朱明跃做的就是创业+创新，他有梦想，能坚持，我投这笔钱很值。"[①] 正是这笔资金为猪八戒网的调整升级注入了"活水"。同年，猪八戒网入选"中国最佳商业模式 100 强"。

　　2009 年，猪八戒网启动"腾云计划"，公司业绩实现了跨越式增长。每一次将产品模式、运营模式、组织架构、商业模式等推倒重来，就叫一次"腾云行动"。随着不断进行数字创新、调整升级，2010 年，猪八戒网在威客行业的注册用户规模位居同行业第一，并于当年举办了首届"全球威客大会"，大会的主题是"互联网与工作革命"。会上，朱明跃强调了威客模式的突出优势：威客用一根网线、一台电脑就可以开展工作，从而避免普通白领四处奔波上班的烦恼。猪八戒网在开展"腾云计划"的道路上从未止步。2018 年 11 月 5 日，猪八戒网"腾云 10 号"正式上线[②]。此次"腾云行动"以雇主为中心，以成交为目的，全面升级公司运营模式；以实现平台的成交率大于或等于 80% 为核心指标，建设沉淀全集团的信息流、资金流及用户数据的系统；以创造 100 亿元营收为目标，构建雇主、人才和平台的三方共赢的平台生态体系。"腾云 10 号"的上线，让搜索排序唯成交总额（Gross Merchandise Volume，GMV）论成为了历史，也打破了平台流量被大商家垄断的局面。

2. 快速发展阶段（2011—2017 年）

　　凭借 2007 年从博恩科技集团获得的 500 万元的天使投资，猪八戒网度过了

---

　　① 人民网，《猪八戒网：从卖"点子"到在数据海洋中钻井》，2016 年 6 月 24 日。http：//it. people. com. cn/n1/2016/0624/c1009-28474216. html.

　　② 搜狐，《"腾云 10 号"上线，新变化将使雇主更方便，服务商能力更快提升》，2018 年 11 月 13 日。https：//www. sohu. com/a/275403121_99904809.

4年艰难的初创期。2011年4月，IDG资本对猪八戒网投入了666万美元的A轮融资，猪八戒网得到了新的发展资金与机会。在此期间，它的对手们一个个没"熬"过激烈的市场竞争而退出行业，猪八戒网"笑"到了最后。在创业过程中，猪八戒网积极学习同行经验，探索我国数字市场的潜在价值与风险，采取了一系列举措来克服平台发展与治理难关，例如：提供多种定价策略和相关的智能服务来对交易双方进行指导，建立健全有效的定价管理机制；提供多种交易模式，完善交易机制漏洞和不合理问题，严格控制收益和费用比例；健全交易双方的信用机制，量化信用体系，实现信用水平管理；拓展多样化数字服务生态，共享跨专业跨领域资源，提供中小微企业全生命周期的一条龙服务；等等。猪八戒网逐渐获得了市场与用户的广泛认可，提升了企业的公信力和知名度，为未来的快速发展奠定基础。

随着企业用户和平台规模的持续扩大，以及外部经济环境的不断变化，猪八戒网在创立初期采用的"比稿模式"已经不再适用。因此，猪八戒网推出了"招标模式"。在"招标模式"下，雇主发布任务，个体服务商抢单"投标"，"中标"后分阶段提交任务，雇主也分阶段付款。但在这个模式下，猪八戒网要抽取20%的平台佣金，这使很多用户难以接受。"招标模式"的目的是让雇主得到应有的产品和服务，从而吸引越来越多的雇主参与。但由于"招标模式"更倾向于照顾雇主的权益，而忽略了个体服务商的权利，因此当个体服务商无利可图时，便对猪八戒网失去了兴趣。长期来看，"招标模式"的佣金制度在遭遇其他平台竞争时，极有可能因为佣金抽成而丧失平台竞争力。"招标模式"的弊端引起了猪八戒网的重视，并得到优化和改进。2012年，猪八戒网开始尝试"店铺模式"，实施"定时完成雇主任务，否则全额退款"的规则。2013年，在店铺模式下，入驻猪八戒网的服务商交易额几乎翻番，猪八戒网的名声也越来越响亮，佣金也赚得越来越多。同年，猪八戒网注册用户超过1000万，被评为"国家电子商务示范企业"。为了进一步吸引优质服务商入驻，猪八戒网开始对服务商的管理进行升级，同时也对平台上的雇主需求进行行业细分，加强平台服务的专业性和针对性，并建立和利用信誉等级来增强"需求—服务"的匹配度，提高雇主需求的满足率。

2014年，猪八戒网再次从IDG和重庆文投集团获得1750万美元的B轮投资。同年，"八戒知识产权"创立，这是"互联网+知识产权"的"一站式"服务平台。现在，"八戒知识产权"因"互联网+知识产权"与"知识产权大数据区域平台"的创新发展模式受到各级政府的关注，赢得了行业与客户的认可和信任。2015 年，猪八戒网获赛伯乐投资集团和两江产业集团合计 26 亿元人民币的 C 轮融资，这轮融资为猪八戒网的持续转型升级奠定了充裕的资金基础。基于此，猪八戒网开始推行"零佣金制"，平台免除佣金，将平台网站的盈利模式转变为"大数据+平台服务"。虽然"零佣金制"让猪八戒网丧失了 1 年近亿元的佣金收入，但也极大地加快了猪八戒网的发展速度。

更想为中小微企业解决切实问题的猪八戒网开始在全国建立销售团队，推出了"交易免费，延伸服务收费"的交易政策，形成了"数据海洋+钻井平台"的"钻井模式"。过去，猪八戒网只是帮雇主解决商标问题，在钻井模式下，其还能帮助企业解决生命周期里面所遇到的生存与发展问题，提升雇主对平台的黏性。在钻井模式下，"零佣金制"得到了进一步改进，猪八戒网也对不同模式加以融合，并进行了多个业务品种和平台的扩张。

2016 年，猪八戒网布局全国，创建"八戒空间"，开始启动实体园区创业孵化。猪八戒网利用自己的海量数据，使平台上的交易量迅速提升，非标准化服务向着标准化服务转变，利用数据优势带来了可观的利润；打造了首个服务电商节"八月八免单日"，并举办"互联网+中国服务交易会"，开启线上线下相结合的模式，由单一的服务平台向综合性交易服务平台转变。同年，猪八戒网推出"八戒普惠"业务，以解决中小微企业因融资信息不对称而导致的融资难、融资贵等问题。2017 年，猪八戒网正式推出专业品质服务交易平台"天蓬网"，并入选国家双创示范基地。"天蓬网"现在已经更名为"天蓬云帐"，从原本的综合服务众包平台，变成垂直类服务——财税 SaaS 平台。猪八戒网实现了飞速的发展和成长。

3. 转型升级阶段（2018 年至今）

2018 年，全国"两会"期间，习近平总书记听取了猪八戒网创始人朱明跃的汇报，勉励猪八戒网"不忘初心，方能取得真经"。同年，猪八戒网打造了全国首个政府服务采购数字化平台——"重庆市政府采购云平台服务超市"，利用大数据分析和人工智能技术对政府服务采购的供应链和供应商进行管理，推进政府采购与数字化深度融合。该平台打破了传统"找服务"的采购模式，推动了服务类采购数字化转型，建立了供应商入驻、开店、交易、退出一体化的运营管理体制。同时，猪八戒网组建了专业匹配程度高的运营团队，为采购人、供应商、监管部门提供政策建议、业务培训、智能客服、安全保障等系列服务，保障了平台安全平稳运营的质量。此外，猪八戒网还在交易中强化数据监管，针对不同的用户场景，为监管部门提供不同的数据视角，采购人、供应商、监管方都可以通过平台查看交易数据。通过大数据实时检测，精准掌握服务采购动态，保障采购流程公开透明；利用大数据、云计算、人工智能等数字技术，为采购人高效匹配合适的服务资源，采购公告、直接采购等多种采购模式可满足不同应用场景，实现交易流程、定价模式、交付方式、服务工具的标准化，提升采购服务水平。在使用过程中，政府数字化服务采购平台进一步规范了政府服务采购过程，提高了办事效率，降低了中小企业参与政府采购的门槛，对优化营商环境、激发中小企业数字化转型发挥了重要作用。2021 年，"重庆市政府采购云平台服务超市"在中国国际服务贸易交易会举办的服务示范案例颁奖典礼上入选"发展潜力示范案例"，这也是本次重庆唯一获评的示范案例①。

2019 年，猪八戒网召开首届"全球生态合作伙伴大会"，携手行业大咖助力企业转型发展；同年，猪八戒网入选国家创业孵化示范基地、商务部首批线上线下融合发展数字商务企业。2020 年，面对突发的新冠病毒感染疫情，猪八戒网积极在严防严控中复工复产，在低迷的创业环境下，全国落地运营"互联网+"型创新创业园达 119 个，建设数字产业化服务中心 4 个，累计孵化企业 15 万家，提供就业工位超过 4 万个，园区总面积超过 35 万平方米，覆盖行政区域 90%以上②。此外，通过科技创新和模式创新，猪八戒网帮助人才突破时空限制、提升工作效率、降低创业门槛，帮助 178 万人实现了灵活就业。

2021 年，全球经济还未走出疫情的阴霾，网络经济逐渐成为国内经济环境发展的主流趋势，猪八戒网的注册用户超过 3000 万个。在满足生产性服务企业日趋增长的社交私域运营需求、降低企业数字化成本的同时，猪八戒网为中小微企业定制化打造了许多专属服务云平台，针对中小微企业招人难的问题推出了一系列定制化招聘服务，进一步提升了雇主和服务商双边用户满意度，成功地在公司政府服务采购数字化解决方案中入选"百佳服务示范案例"，并斩获同年度"重庆市科技进步一等奖"③，成为重庆本土数字化企业创新突破的佼佼者。

① 搜狐，《渝企荣获 2021 服贸会发展潜力服务示范案例奖》，2021 年 9 月 5 日。https：//www.sohu.com/a/487777246_121106619.

② 上游新闻，《"猪八戒"创新创业故事：一场逐梦之旅，"产业锈带"变"创业绣带"》，2020 年 10 月 20 日。https：//new.qq.com/rain/a/20201020A0AUTE00？no-redirect=1.

③ 八戒科技服务官网，《祝贺！猪八戒网荣获 2020 年度重庆市科技进步一等奖》，2021 年 11 月 24 日。https：//kjfw.zbj.com/xinwen/detail/dae8e0bb68af4dd0ae3ce7866ea55810.

2022 年，各大网站平台与数字企业看到疫情下的网络商机，共享式网络经济的发展迎来了一波新的浪潮，但由于存在抗风险能力偏低、融资困难等问题，中小微企业利润下滑严重，这也为降本增效、提升办公效率、灵活用工、协同办公等增值服务创造了新的发展机遇。猪八戒网从众多同类型平台企业中脱颖而出，在全国"双创"示范基地年度评估结果中，位列"企业示范基地"民营企业、互联网企业第一。在业绩逆势增长现象的背后，是数字经济下以中小微企业为代表的平台多主体的价值共创，同时也是猪八戒网以数字化信息为关键资源、以互联网平台为主要信息载体、以数字技术创新驱动为牵引、以一系列新模式和业态为表现形式的高效发展理念的体现。

2023 年，猪八戒网推出的"八戒云员工"产品，助力企业远程灵活用工、人才远程灵活就业。人才可以通过"八戒云员工"客户端在线接单，在线与客户沟通，在线完成项目交付。用人企业则通过"八戒云员工"客户端随时沟通需求详情，查看"八戒云员工"工作屏幕、生成工作报告、项目进度，实时把控工作时长、工作状态。分享经济的繁荣背后，是快速变化的产业格局。当前，资金、资源和人手等制约因素是中小企业难以构建推进数字化转型专职团队的一大痛点，而猪八戒网刚好可以为这些企业提供即采即用的数字化转型赋能。

数字创新驱动平台赋能

1. 从 1 到 N，创办全生命周期服务平台

（1）从 1 出发，创建平台

猪八戒网一方面为企业提供全生命周期服务，以解决企业在各发展阶段的服务需求，降低服务采购成本；另一方面构建数字化工作台，助力人才拓宽服务半径、提升服务效率。猪八戒网这一路走来的成绩，就是对所有的挑战、迷茫、质疑最好的答案。那么，猪八戒网是如何实现"从 1 到 N"，最终为企业提供全生命周期服务的平台的呢？答案是创新。创新深深地融入猪八戒网的精神特质，猪八戒网始终注重接纳新观念、包容新事物、支持新创造，大力营造产业发展的良好生态。自创立以来，猪八戒网持续推动技术升级和商业模式创新，获得了各界的广泛肯定。习近平总书记勉励猪八戒网要"不忘初心，方能取得真经"。

猪八戒网自正式商业运作时起，便凭借其独特的商业模式出现在大众视野。

2006 年，创始人朱明跃开始留意到一种新兴商业模式，即"威客"：需要为公司设计 Logo 或者搭建简单的网站的雇主可以在网站上发布需求，待人接单，最后由雇主择优录用支付报酬，而网站则在其中提取佣金。依托于大数据和数字技能，猪八戒网不断进行产品创新、服务创新、业务创新，从单一业务发展为能替企业解决全生命周期问题的平台，为平台赋能提供重要助力。

（2）向 N 拓展，构建体系

基于过去 9 年沉淀下来的用户和企业数据，猪八戒网在 2014 年取消了为其带来绝大部分收入的交易中心，但有了通过做延伸服务带来更多收益的信心。因此，在之后的发展过程中，猪八戒网陆续创立了八戒知识产权、八戒财税、八戒科技服务、八戒筋斗云等。例如，于 2014 年创立的八戒知识产权，是基于"互联网+知识产权"及"知识产权大数据区域平台"的创新发展模式，以商标、专利、版权、交易、维权/诉讼、人才教育、项目服务七大业务线为核心，形成了完善的服务体系与全产业链服务能力，受到了各级政府的关注，赢得了行业与客户的认可和信任。八戒筋斗云作为猪八戒网整合 15 年非标准化企业服务平台运营能力打造出的服务数字化经营平台，不仅可以服务猪八戒网现有用户，理论上还可以为所有从事生产性服务的企业和创业者提供数字化经营赋能。它可帮助企业挖掘全域流量做生意、提供强大的 SaaS 解决方案、帮助企业推广获客做成交，让企业在一分钟内构建起专属服务数字化经营平台，从而可以根据需要在猪八戒网、微信、抖音、微博等各流量平台开展经营活动，有效解决了客户沉淀、私域客户经营、交付管理、企业经营管理、渠道获客等多方面痛点，进而赋能企业运用数字化工作方式、经营方式寻找第二增长曲线。八戒筋斗云（园区版）则是针对产业园区的招商、运营、物业、资产、财账、企业服务、数据安全等领域量身定制的数字化升级方案。它整合多个领域的信息进行大数据分析、智能化应用，实现"一站式"、全场景、全链路的智慧管理，帮助政府推动产业园区服务提档升级，助力产业园区构建高效敏捷的数字化运营管理体系与智能互联的企业服务体系。猪八戒网通过多年的发展，依托于以平台为核心的数字创新，已经延伸出来一整套面向企业全生命周期的服务内容，为平台吸引了大量的入驻者，并持续进行创新和技术更新，为平台赋能保驾护航。

（3）数据赋能，深挖钻井

此外，猪八戒网曾荣获"国家'双创'示范基地"等资质奖项百余项。据悉，猪八戒网能够成为国家'双创'基地——共享经济的主力军，得益于其一次模式创新,即"数据海洋+钻井平台"①。这是一个比喻的说法:数据海洋是指多年来沉淀的大数据,钻井平台是指通过深挖产生的延伸服务。钻井模式不是为雇主的一个任务服务,而是为一个雇主的很多项目服务,这就让不同个体服务商、企业服务商可能会为一个雇主服务,让不同的服务商间产生了交集,提升了个体服务商团队作战的满足感。猪八戒网认为,企业要做"轻结构",要挖掘背后延伸服务的需求,必须好好利用沉淀积累下来的几十年的产业数据,这样才能够产生新的服务模式。猪八戒网在实际推动"数据海洋+钻井平台"布局时,以数据赋能为抓手,主要分为三步。第一,数据连接。平台将企业用户、服务商、作品数据和交易行为数据打通,形成人与人、人与信息、人与物、物与物等之间的连接,让信息同步分享,内容同步呈现。第二,数据分析。平台利用人工智能、区块链、云计算、大数据等技术,对海量数据进行分析,洞察用户的需求特征。第三,数据决策。通过数据连接和数据分析,猪八戒网精准捕捉到了用户的需求,然后围绕未被满足的需求推出了知识产权、印刷、财税、金融等服务。猪八戒网通过企业"数据海洋+钻井平台"的战略布局,为"大众创业、万众创新"搭建了良好的平台,大大激活了基层创新创业活力。

朱明跃说:"我们可能比用户自己更早知道它什么时候要注册商标、登记版权、报税、做资产负债表。通过一系列数据分析、预测和判断,我们能够了解用户当下和潜在的需求,这就是平台数据的力量。"② 猪八戒网通过平台数据赋能拓展延伸服务,使自己从单一服务平台逐步转变为综合性服务平台,让用户的多样性需求得到满足,进而使平台交易从低频变为高频。此外,猪八戒网希望通过与全社会广泛的合作,打造"数据海洋+钻井平台"模式,从而打通全链条。例如,猪八戒网和华为签署了两个战略协议,希望在软件开发、工具开放等方面打造出一个软件开发的云生态,向制造业的前端去延伸。猪八戒网可以利用服务中高端客户的优势、国家"双创"基地的优势,从每个企业自身众包平台的建立到与中小企业的对接,以及自身的"双创"建设等方面,展开合作、共同交流。

---

① 人民网,《猪八戒网:从卖"点子"到在数据海洋中钻井》,2016 年 6 月 24 日。http://it.people.com.cn/n1/2016/0624/c1009-28474216.html.

② 搜狐,《猪八戒网:如何实现跨越式增长?》,2020 年 7 月 23 日。https://www.sohu.com/a/409236815_479780.

2. 链接线下，打造综合性数字服务平台

（1）拓展线下，推出八戒工场

一直专注于线上平台发展的猪八戒网，2017 年迎来了新的突破。当年，在恢复"抽佣"的同时，朱明跃开始在线下推出八戒工场服务，并将其定位为"一个有生意的社区"①。八戒工场是猪八戒网旗下联合办公产品，2021 年，八戒工场品牌升级为猪八戒网旗下专业的数字经济产业园。基于猪八戒网十多年来领先的企业服务平台资源整合能力，在全国百城布局专业的数字经济产业园——八戒工场。线下全国近百个园区可为中小微企业提供灵活的办公空间、融合的社群氛围、高效的生意保障、专业的数字化经营工具赋能及优质的专属企业服务，赋能各区域中小微企业发展成长，助力各区域培育产业生态，推动产业高质量发展。其实，在整个猪八戒体系中，八戒工场不是用来赚钱的，它是整个商业闭环中的线下据点，向周边区域辐射，源源不断地吸引服务商和用户集聚到平台上来。

猪八戒网总裁王楠表示，十年积累，猪八戒网的服务商数量年均增长率达83.1%，为海量的中小企业搭建了服务生态圈。对于服务商，为其提供包括 PC 端解决方案以及移动办公体系钉耙等完善的工作平台，并运用多维度数据赋能，让数据成为服务商的核心运营抓手。通过猪八戒网正在布局的线下产业园，方便猪八戒网服务商及入驻者进行服务实施与落地②，而这些举措吸引了更多的用户、服务商等加入猪八戒网，公司也由此形成了"线上+线下"的完整服务体系。可以说，猪八戒网凭借其自身的数字能力，在创新的路上永未止步，而最终又通过数字创新进一步推动了平台赋能。

（2）广泛合作，平台创新赋能

除了积极推动线下八戒工场的建设之外，猪八戒网还努力寻求与政府、高校、科研院所的合作。例如，猪八戒网与地方政府携手，对传统行业进行数字化改造，并取得了积极成效。2019 年，猪八戒网携手长春合心集团在大足打造了八戒合心智能制造共享工厂，2020 年上半年工厂投入运营。借助合心科技的专

---

① 新商业学院，《猪八戒网：如何实现跨越式增长？》，2020 年 7 月 23 日。https：//baijiahao.baidu.com/s？id=1672980075540485354&wfr=spider&for=pc.

② 创投时报，《猪八戒网十周年平台战略发布会召开 用大数据赋能服务商发展》，2023 年 12 月 28 日。http：//www.ctsbw.com/article/10582.html.

业技术以及猪八戒网的数字化服务能力，实现了人才、技术、资本、数据的全要素共享，数字经济和传统产业的深度融合，使简单、重复的劳动力人工减少了3/4。技术型人才搭配智能制造产业园的先进技术，使工厂的产能提升了 2~3 倍，为传统产业焕发新的活力赋能。

2021 年 6 月，广西产业技术研究院与猪八戒网在南宁签署全面合作协议①。曹坤华表示，广西产业技术研究院致力于解决产业技术的关键共性难题，聚集产业技术人才，打通科技成果转化的"最后一公里"；猪八戒网以网络平台优势，集聚各方人才，为创新企业"把脉问诊"，积累了丰富的经验和资源。双方可在众创空间、工业互联网等方面针对技术需求开展研发。朱明跃对广西科技厅和广西产业技术研究院的支持表示感谢。他表示，将和广西产业技术研究院合作，打造一个东盟版的猪八戒网，搭建起从中国到东盟平台的桥梁。双方将利用自身优势在数字化平台、大数据分析、人才库建设等方面深入合作，共同推动广西企业的创新、数字平台的建设以及城市国际化的发展。

此外，猪八戒网为政府搭建和运营服务采购平台，通过大数据、云计算、人工智能等技术，助力政企公共服务采购数字化，达到提升采购效率、降低采购成本、规范采购流程、落实监管责任、扶持中小企业等目的。同时，猪八戒网让自己平台上的服务商入驻到政府服务采购平台上。一来，可扩大政府采购的可选择范围；二来，也可以给平台的服务商提供更多的商机，帮助中小微企业和政府建立连接，增强用户黏性。为培育更多优质服务商，2020 年 3 月 6 日，"八戒公采"宣布发起"启航计划"，参与计划的服务商将获得免收交易服务费、培训费等帮扶支持。"启航计划"从协助入围政府采购库、政府采购领域专业知识培训、官方运营专家一对一指导、品牌背书、运营工具赋能五大方面，为服务商提供赋能，希望为服务商解决公共采购获客难、专业度高、采购形式多样化、新领域客户信任度低、电子化公共采购操作难等一系列问题，把"启航计划"打造成供应商进入公共采购领域的敲门砖。首批招募计划于 2023 年 3 月 6 日开启，仅 3 天时间，36 个服务商招募名额便被一抢而空。截至目前，"八戒公采"累计交易额突破 150 亿元，供应商 95% 以上为中小企业。

---

① 科技部官网，《曹坤华出席广西产业技术研究院与猪八戒股份有限公司签约仪式》，2021 年 7 月 14 日。https://www.most.gov.cn/dfkj/gx/zxdt/202107/t20210714_175847.html.

3. 协同共生，构建产业服务平台生态圈

（1）线上线下，平台协同

猪八戒网相关负责人表示，自创立以来，猪八戒网积极发挥自身服务交易平台基础设施作用，通过推动"双创"、产业数字转型等形式，助力共同富裕。猪八戒网以"聚众智、汇众力、创众业"为发展理念，构建"三级火箭"的企业服务数字化枢纽，集"平台基础服务、延伸服务、行业解决方案"为一体的"三级火箭"，从线上线下平台有机结合，到知识产权、科技服务、财税服务、品牌营销、灵活用工、IT服务等，最终全方位构建由政府采购、产业服务、直播电商、教育、文旅相结合的行业解决方案，形成一个较为完备的发展体系。

对猪八戒网而言，构建协同共生的生态圈的理念一直都有。2018年，全国拥有各类市场主体超过1.1亿户，90%是中小微企业，工业互联网平台企业的转型升级正在持续发力中。猪八戒网作为全国领先的人才共享平台和国家"双创"示范基地，为25个国家和地区的客户提供服务，有力地助推了工业互联网时代的就业、创业。在这样的大环境下，猪八戒网也有自己的难处，横亘在服务交易平台面前的有三座大山，即非标、低频、跳单：服务产品没有统一标准，客户产生需求的频率低、获客成本大，买家和雇主越过平台进行线下交易。为了解决"跳单"的难题，2014年，猪八戒网尝试降低佣金比例，从最高20%降到了最低5%。虽然"跳单"现象有所减少，但并没有完全消除。2015年，猪八戒网又推出平台免佣金政策。这一政策确实消除了"跳单"现象，也使平台的交易规模突飞猛进，但又产生了一个副作用——服务商通过刷单来提升交易额。2017年，朱明跃决定恢复抽佣政策，但与之前固定抽佣比例不同，新的抽佣比例视服务商经营情况而定，最终通过维护企业、服务商、雇主等多方主体的利益，形成多方协同发展的生态圈。

此外，猪八戒网自2015年6月对外宣布平台外包业务交易全部免佣金之后，再次宣布将在知识产权、财税、法律等领域全面取消自营，实现平台化。今后，猪八戒网将与平台上的服务商共生共赢，以培育服务经济的新型生态[①]。落实到行动上，猪八戒网的做法就是，"放弃一切可以挣快钱的机会"，着眼于未来和

---

① 中国新闻网，《平台战略+生态布局 猪八戒网下个十年主打"共生"》，2017年1月5日。https://www.chinanews.com/m/it/2017/01-05/8114438.shtml.

布局，筹划一个围绕企业服务交易的平台型生态系统。所以猪八戒网重新梳理了自己的价值链，逐步取消自营，实施平台开放战略，并发布了"一揽子"战略与计划，从纵、横两条线上，着力打造服务产业的大生态。横线上，包括"天梯计划"与"天鹰孵化"。"天梯计划"，即万名优秀服务商扶持计划，通过阶梯式扶持十万级、百万级、千万级、亿级服务商；而"天鹰孵化"则主打创业群体，即猪八戒网平台联合国家部委与全国多所高校合作推出的专门针对大学生创业的扶持计划。猪八戒网不仅着力于线下产业园区的布局，而且推出了"大数据研究院"，继续深挖大数据产能，大幅提升配对管理能力，全面提升大数据引擎提升连接效率，建立服务封装和交易标准，搭建数据化链接生态，完成平台从基础交易配对服务到纵深系统服务的转变，全面完善、构建产业互联网。纵线上，猪八戒网深入产业带：围绕共建"一带一路"的六条经济走廊及其通道布局线下园区，打造全国服务百城，满足各地城市的个性化产能服务需求，打造城市定制化的服务生态体系。如此一来，对于猪八戒网来说，不仅拥有收入亿级的头部效应，还有一个很长的长尾价值链，构成了整个服务经济的"共生"大生态链。

（2）合作赋能，生态协同

一直以来，猪八戒网实施实践学习主导的创业学习[①]：一方面，通过实践探索，在内部"腾云行动"中不断发现问题、优化模式；另一方面，实行战略转型，全面接入政府、学校和服务机构等多个主体，针对政府部门众创园区资产面积空置痛点，统筹政策支持、税收补贴和猪八戒网市场资源，低成本、高质量地构建线下园区和数字运营中心，联合各地政府开展"百城万企帮扶行动"，通过产业运营和产业服务两套体系，聚集孵化周边人才和服务机构，服务当地企业和产业；针对学生创业就业痛点，推出"天梯计划"和"天鹰计划"，分别计划扶持出万名优秀服务商和助力大学生创业项目，进而以"政府引导、企业主体、市场运营、开放共享"为原则，形成"互联网+双创"的O2O生态圈，通过生态协同共生收取会员服务费、项目酬金、平台技术服务费、套餐服务费等。

"共生"生态实现的措施和保障，依然是猪八戒网的"大数据+平台服务"。

① 周文辉、李婉婉：《创业学习视角下服务电商平台O2O商业模式转型研究——以猪八戒网为例》，《管理现代化》，2021年第41卷第2期，第49-52页。

以大数据为驱动，通过线上线下的"一站式"全生命周期服务工具链，为服务企业保驾护航。走进新时代，企业需要转变独立发展的思路，着手构建生态共生体系。猪八戒网，创业前 10 年，处于单平台发展时期；紧接着的三年，自建了以八戒知识产权、八戒财税、八戒科技、八戒园区等为代表的小生态圈。经过多年的摸爬滚打，随着产业的发展，朱明跃及其团队深知，提高联结效率，建立"产业互联网"是企业、产业服务的大势所趋，源源不断地吸引服务商和用户集聚到平台上来，就能在一定程度上提高用户的黏性。2019 年 6 月 23 日，猪八戒网"取经大会"暨生态合作伙伴大会在重庆召开，猪八戒网将立足自有小生态圈，建立一个更大的开放生态圈。大会核心聚焦服务交易行业发展和猪八戒网生态链合作伙伴。同时，猪八戒网正式发布全球生态合作伙伴计划，将招募分销合作伙伴、供应链合作伙伴和战略合作伙伴三大类合作伙伴，合作内容覆盖平台七大核心业务，以此共建产业开放生态圈，实现服务商、雇主、平台企业等多方主体的协同发展。

● 未来

猪八戒网的财税服务、设计电商和 IT 服务等业务都还有很大的增长空间，八戒数字市场、文化产业服务等方面也需要进一步投入和扩大规模，而对于一些不太成功的尝试，如八戒印刷、职业教育等计划已逐渐被放弃。针对线下的八戒工场，猪八戒网基于投入产出比的考虑，将做出进一步收缩，从 100 多个产业园收缩为 70 多个。具体而言，猪八戒网目前正在进行以下两方面的创新，以驱动平台赋能：

第一，通过交叉复购，提升平台价值。目前，平台服务商提供的部分设计类服务很难使同一雇主实现同品类复购。例如，大多数企业的 Logo 基本上不会产生频繁的变动，甚至有些企业一辈子只做一次 Logo 设计。猪八戒网想通过对中小微企业用户提供全生命周期的服务，从企业创立到经营运行，关注中小微企业成长发展的每个阶段，从而实现跨品类复购。例如，创立初期会需要企业取名、公司注册等服务；发展到品牌建设阶段时，需要品牌设计、Logo 设计、包装设计等服务；再继续发展，可能会涉及推广服务、企业管理服务、数字化开发服务等。

第二，构建猪八戒网的平台知识底座（库）。猪八戒网将基于海量的用户数据和智能算法，构建平台知识底座大模型，增强猪八戒网的平台服务能力，以解决以下几点问题：首先，猪八戒网强化"顾问服务"以后，雇主可能不需要猪八戒网，只需要"顾问"就可以解决需求痛点、完成交易。在这种情况下，猪八戒网的平台影响力将会减弱，不利于猪八戒网的进一步发展。其次，通过"顾问服务"解决雇主需求的方式对于"顾问"的专业能力与素质水平的要求很高，这增加了猪八戒网寻找"高端顾问"的成本和难度，同时"顾问"们的专业能力与素质差异也可能影响雇主的感知服务水平与满意度，这些都不利于猪八戒网的平台发展。最后，猪八戒网平台上的很多业务场景之间具有一定的逻辑关联性，例如，完成了 Logo 设计的服务交易后，猪八戒网就会自动给雇主生成一个商标注册的需求提示，通过这样的业务场景嵌入不断提供延伸服务，满足雇主的潜在需求。基于以上考虑，猪八戒网正在尝试构建平台知识底座大模型，使其平台服务过程相对标准化、流程化，提高平台产出与服务价值。

猪八戒网表示，未来将以"汇聚天下人才，服务全球企业"为使命，统筹多方面资源，做大猪八戒网平台规模、做强猪八戒网平台生态，提升平台数字服务能力，通过数字创新驱动企业赋能，助推更多中小微企业获取更多新增长点和新动能。

开发者观点

呵护中小微企业的"数字成长管家"

李巍　教授/重庆理工大学 MBA 学院

◆ 案例开发缘由

作为中国互联网百强企业、服务交易领域独角兽企业、中国领先的定制化企业服务电商平台，猪八戒网的注册用户超过 3300 万，服务种类 650 余种，服务覆盖全球近 30 个国家和地区。对于如此耀眼的重庆本土数字经济领域龙头企业，案例开发团队与猪八戒网的相关企业管理者早已建立起深厚的友谊和良好的校企关系，并收集了大量一手资料与二手资料。案例开发团队发现，猪八戒网自2006年创立以来，虽历经风雨但屹立不倒，仍在持续推动数字技术升级和商业模式创新，努力做好呵护中小微企业健康成长的"管家"角色：一方面，聚焦于中小微企业全生命周期，为其提供有针对性的定制化全链条服务，以解决中小微企业在各个发展与成长阶段的服务需求；另一方面，积极构建服务知识图谱，助力中小微企业实现核心业务数字化，帮助其突破关键发展瓶颈。猪八戒网的成果和成功经验获得了各界的肯定，习近平总书记勉励猪八戒网要"不忘初心，方能取得真经"。猪八戒网入选"国家双创示范基地""国家创业孵化示范基地""国家小型微型企业创新创业示范基地""国家电子商务示范企业"等，并荣获"重庆市科技进步一等奖"等百余项。作为"企业服务界的淘宝网"，猪八戒网有哪些独特优势？猪八戒网在发展过程中，其主要的业务发生了哪些变化？作为综合性服务平台，猪八戒网在数字产品创新与数字技术创新方面面临哪些难题与挑战？这些疑问引起了案例开发团队的极大兴趣，驱使团队积极联系猪八戒网的高层管理者，从而获得实地调研与访谈的机会。

◆ 实地调研新发现

案例开发团队系统地收集了来自猪八戒网官网及官方微信公众号、企业传记、新闻报纸、多媒体平台相关报道、行业报告、书籍期刊等来源近20万字的二手资料，包含猪八戒网创立与成长过程中的重大事件、影响因素、成果奖项以及面临的相关问题等主要内容。对猪八戒网二手资料的进一步收集、梳理与分析，为后续实地调研与企业访谈做了充分准备。以2023年7月的猪八戒网公司实地调研为例，团队围绕"数字创新与平台赋能"这一主题，针对猪八戒网在数字产品与技术创新和平台赋能等方面的企业管理经验与实践活动，设计了具有高度关联性的调研提纲，并提交给猪八戒网的高层审核；在获得允许后，团队奔赴重庆市渝北区猪八戒网股份有限公司进行实地调研，对相关高层管理人员进行访谈。

在访谈交流过程中，案例开发团队询问了猪八戒网在发展过程中遭遇的关键事件、问题挑战以及成长机会等相关问题与内容；针对企业面临的环境挑战和数字化难题，询问了猪八戒网的发展历程及业务变化；深入学习猪八戒网作为综合性服务平台在发展过程中的战略决策、赋能中小微企业数字化、"线上+线下"立体"双创"模式等方面的成功经验，并讨论了猪八戒网作为"企业服务界的淘宝网"的成长路径及独特优势。与二手资料相比，深入现场的调研与访谈让团队更为清晰地认识和了解到猪八戒网在数字创新与平台赋能方面的具体规划和实践活动，真切感受到猪八戒网对于全方面服务中小微企业健康成长的积极态度和决心。

◆ 洞察企业新认知

通过系列调研，案例开发团队对猪八戒网的管理经验和实践特色进行了系统回顾、梳理与总结。团队成员一致认为，猪八戒网在数字创新驱动平台赋能方面的企业特色主要表现在以下三个方面：

一是"从1到N"，创办全生命周期的中小微企业服务平台。猪八戒网通过平台数据赋能拓展延伸服务，从单一服务平台逐步转变为综合性服务平台，使用户的多样性需求得到满足，进而让平台交易从低频变为高频。此外，猪八戒网希望通过与全社会广泛的合作，打造"数据海洋+钻井平台"模式，从而打通服务的全链条。

二是链接线下，打造综合性"线上+线下"服务平台。猪八戒网在发展线上平台的同时，在线下推出八戒工场服务，在全国百城布局专业的数字经济产业园，赋能各区域中小微企业发展成长，助力各区域培育产业生态，为中小微企业提供灵活的办公空间、融洽的社群氛围、高效的生意保障、专业的数字化经营工具赋能及优质的专属企业服务。

三是协同共生，构建产业服务平台生态圈。猪八戒网以"聚众智、汇众力、创众业"为发展理念，构建集平台基础服务、延伸服务、行业解决方案为一体的"三级火箭"，从线上线下平台有机结合，到知识产权、科技服务、财税服务、品牌营销、灵活用工、IT服务等，最终全方位构建由政府采购、产业服务、直播电商、教育、文旅相结合的行业解决方案，形成一套较为完备的产业服务平台大生态体系。

◆ 案例开发总结

　　历经十余年的摸索与发展，猪八戒网从一个小网站"蛹变"为如今的综合性数字服务平台，为中小微企业提供客户咨询、营销推广、合同签署、资金管理、客户管理、项目管理等多种服务的"一站式"高性价比解决方案。从猪八戒网身上，案例开发团队不仅洞察到重庆本土企业在探索与成长过程中形成的创新精神与毅力，也感受到其勇于探索和革新的胸怀与担当。本案例通过对猪八戒网数字创业驱动平台赋能的创新过程进行梳理与剖析，旨在引起读者对于平台企业在"从1到N再到平台生态"的数字创新过程的思考，并为平台企业的创立、成长及治理提供管理方面的借鉴。

　　当前猪八戒网的经营发展遭遇挑战，这使更加全面、客观和真实地认识"猪八戒网"变得更加重要和迫切。作为重庆本土崛起的数字经济领域龙头企业，猪八戒网代表了重庆企业在数字化时代的创新与创造，是对新时代蓬勃生机的重庆力量最好的注脚之一。

附录

附录1　猪八戒网主要业务

1. 猪八戒（zbj.com）

　　猪八戒是猪八戒股份有限公司旗下官方交易服务平台，服务于企业经营发展全生命周期，从公司注册成立到不同阶段的发展，平台可以提供各种类型的专业服务。平台累计注册用户超过2800万。平台的服务宗旨为"全、多、好、省"。"全"，全品类轻松解决需求：500余种服务品类，海量优质人才。"多"，多模式自由选择人才：按项目/工时随心合作，招标比稿一呼万应。"好"，注重品质平台全程监督：人才100%实名认证，担保交易满意再付款。"省"，划算、灵活、用工更省钱：无须定岗招聘，项目灵活外包，省钱更省心。

2. 八戒知识产权（ipr. zbj. com）

八戒知识产权创立于 2014 年，是"互联网+知识产权""一站式"服务平台。平台以商标、专利、版权、交易、维权/诉讼、人才教育、项目服务七大业务线为核心，形成了完善的服务体系与全产业链服务能力。现已为 42 万家企业提供知识产权专业解决方案，累计提供商标、专利、版权等服务逾 220 万件。八戒知识产权已在全国 16 个城市设立分部。八戒知识产权以"互联网+知识产权"及"知识产权大数据区域平台"的创新发展模式受到各级政府的关注，赢得了行业与客户的认可和信任。

3. 八戒财税（cs. zbj. com）

八戒财税成立于 2016 年，是专为中小微企业提供工商注册、代理记账及资质办理等的互联网财税服务品牌。它专注于给初创企业提供工商注册和代理记账服务，服务于海内外城市，为客户提供"线上+线下"的财税服务模式。八戒财税采用一套完整流程体系，将会计记账标准化、规范化，有专人审核步骤，为企业提供专业记账、报税等服务。

4. 八戒科技服务（kjfw. zbj. com）

八戒科技服务是猪八戒网聚焦创新领域的独立事业板块，专注于创新资源市场化配置、创新服务数字化运营、区域创新体系化赋能。它依托平台汇聚全国海量科技成果、科技人才、科技政策、科研设施和科技服务等科技创新资源大数据，以"平台基础服务+严选创新服务+行业解决方案"模式，构建全域创新服务生态，面向全国创新创业者、企业、院校、园区、政府提供"一站式"创新服务，助力创新驱动与经济高质量发展。

5. 八戒工场（一个有生意的社区）

八戒工场是猪八戒网旗下联合办公产品，2021 年八戒工场品牌升级为猪八戒网旗下专业的数字经济产业园。基于猪八戒网 16 年来领先的企业服务平台资源整合能力，在全国百城布局专业的数字经济产业园——八戒工场。全国近百个线下园区可为中小微企业提供灵活的办公空间、融洽的社群氛围、高效的生意保障、专业的数字化经营工具赋能及优质的专属企业服务。赋能各区域中小微企业发展成长，助力各区域培育产业生态，推动产业高质量发展。

6. 八戒筋斗云

八戒筋斗云是深耕面向生产性服务业企业的公域获客私域"运营—交付"协同全链路 SaaS 产品，为企业提供企业服务交易商城、SCRM、项目交付管理工具等，通过数字化赋能中小企业经营腾飞。

7. 八戒公采（cg.zbj.com）

八戒公采是猪八戒网旗下品牌。猪八戒网基于近二十年在服务交易平台的建设及运营经验，打造了全国首个"政府服务采购数字化平台"——八戒公采，以填补限额以下服务类电子化采购平台的空白，助力各地政府更好地提升政府采购数字化完整程度，进一步推动"互联网+政府采购"，强化采购人主体责任，优化政府采购营商环境，扶持中小微企业发展，推动区域经济发展。

8. 洋骠驹（又名八戒国际知识产权）

洋骠驹是猪八戒网旗下国际服务平台，从事国际知识产权、海外工商财税、国际认证等"一站式"国际服务，旨在为中外企业提供专属解决方案，帮助企业拓展海外市场，走向国际舞台。

9. 天莲云账

天莲云账是猪八戒网旗下领先的财税技术服务平台，2017 年成立至今，为全国数千家代理记账企业提供技术服务、产品赋能与管理赋能，用技术驱动行业发展。在技术研发方面，该平台累计获得近百项技术专利，自主研发智能财税 SaaS 服务平台，集云端开票、智能财务、客户管理和呼叫系统于一体；同时拥有销售管理、客户工单管理、财务风险检查等实用工具，已服务全国数千家代理记账公司。其中，智能财务系统板块，为代账行业数字化转型和降本增效提供"一站式"解决方案。

附录2 猪八戒网发展历程

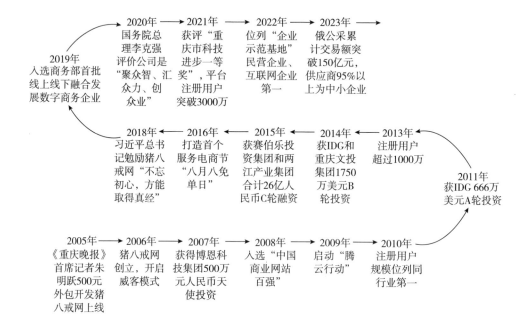

资料来源：根据官网信息绘制。

后　记

....

　　重庆理工大学 MBA "三融" 案例精选丛书的策划及出版得到学校各级领导及各职能部门的大力支持。重庆理工大学党委书记康骞教授，作为学校 MBA 事业的领导者和亲历者，为 MBA 事业发展谋篇布局、把舵定向，并为本案例精选丛书的策划提供悉心指导；重庆理工大学副校长廖林清教授，作为学校 MBA 项目的创建者和引领者，为学校 MBA 项目的茁壮成长倾注无私的心力，鼓励我们办出有重庆理工学科特色的 MBA 教育；重庆理工大学研究生院院长苏平教授，作为学校 MBA 工作的管理者和指导者，为学校 MBA 工作的高质量开展提供了平台与机遇，鞭策我们办好负责任、有情怀的 MBA 教育。感谢学校领导及事业前辈对重庆理工大学 MBA 事业的重视以及对案例开发及教学的支持，给予我们贡献学校 MBA 教育及案例事业的宝贵机会。

　　在案例精选第二辑《数智创新——技术赋能价值创造》的编写过程中，我们实地调研了在数智创新与管理方面进行前沿探索，并取得卓有成效的重庆地区企业，各项参观和访谈工作得到相关企业管理者的大力支持和参与，他们分别是：重庆百货党委书记何谦、行政总监陈果女士，登康口腔总经理赵丰硕先生、市场部部长陈宁先生、数智发展部部长周阳先生，重药控股证券部陈畅女士，远大印务总经理张璐女士、远见信息总经理张友遵先生，新大正集团首席数字官于亭先生、运营管理中心总经理冯刚先生，渝烟物流副总经理周俊杰先生、大数据发展部部长李劲先生，忽米网市场总监李泯汉先生、项目部经理黄辉扬先生和生态采购部经理杨斯雅女士，猪八戒网数字化中心总经理谭光柱先生，等等。在他们身上，我们感受到这些企业的管理者对数字技术深刻的行业理解，以及在数字时代实现创新与创造的持续追求。我们向重庆地区的这些优秀企业管理者和创新者致敬，感谢他们为中国新质生产力的培育以及社会经济高质量发展注入磅礴的

"重庆力量"！

重庆理工大学MBA"三融"案例精选丛书第二辑出版得到教育部人文社会科学研究规划项目（编号：23YJA630048）、重庆市教委人文社会科学研究重点项目（编号：25SKGH186）、重庆市研究生导师团"数智时代创新与创业管理"建设项目以及重庆理工大学MBA教学案例库建设基金的资助。同时，在本书的资料核实、编辑校订过程中，重庆理工大学MBA学院的刘洪丽、李亮、李丹等同学，以及创新驱动创业协同研究中心的胡春霞、黄千禧、蒋鸿茜、黄绍婷等硕士研究生付出了辛勤努力，由此才得以确保本辑案例集的高质量出版。感谢经济管理出版社编辑在本辑案例出版中的专业付出，让重庆理工大学的师生的智慧结晶以绝伦的方式呈现在大家面前。

此外，案例撰写过程中借鉴和引用了案例企业的新闻、公众号推文及内部发言等资料，这些均是重要的前人智慧成果，因此我们尽力将所有引用进行规范标注，但由于案例篇幅及资料追溯限制，难免有所遗漏。在此，我们向案例开发工作的所有直接与间接贡献者表示最衷心的感谢。

感谢重庆理工大学MBA案例收集、分析工作的所有相关者。无论是充溢着教育情怀的企业家和管理者，还是坚守着实践初心的教育者和研究者，抑或是追寻着成长梦想的求学者和探索者，让我们共创、共享、共赢、共荣，携手在重理工商科教育事业中贡献各自的智慧力量，留下共同的奋斗印记！

本辑编者

二〇二四年十一月